나에게
길이
있다

나에게 길이 있다

임순희 지음

침묵의 향기

프롤로그

끊임없는 변화, 멈춤 없는 도전이 삶의 본래 모습인 줄 알았습니다. 그러나 그게 아니었습니다. 우리 존재 자체는 변화하는 가운데서도 한결같고 한결같으면서도 늘 새로운 변화 그 자체였습니다.

변화가 쉬지 않고 일어납니다. 그렇기에 늘 새롭지만, 근본적으로는 아무런 변화가 없습니다. 그래서 늘 평화입니다. 살아 있지만 마음의 헐떡임은 사라지고, 앞날을 내다보지만 희망이라는 망상에 사로잡히지 않습니다. 망상에서 벗어나 바라보고, 흐르는 물처럼 유연하게 삶에 반응합니다. 현상은 변하지만 아무 일이 없습니다.

어느 순간부터인가, 평온과 자유의 참맛을 느끼게 되었습니다. 그것을 성취해서가 아니라 안팎으로 추구하던 마음의 헐떡임이 멈추어졌을 때 이미 이 삶 자체가 고요이고 평화임을 깨달았습니다. 마치 아주 오래되어 인적이 끊어진 옛 우물의 뚜껑을 걷어 내고 신선하게 샘솟는 물을 마신 것처럼, 이 물이 흘러넘쳐 온 우주를 적셔 버린 것처럼 나 스스로가 그것이 되어 부족함 없이 만끽하는 충만을 느낍니다. 이 샘물은 시작된 적도 없고 멈출 일도 없습니다. 항상 흘러넘치건만 다른 곳에 눈이 팔려 온 세상을 부유하듯 떠다녔습니다. 다른 것이 없다는 명징한 자각이 불현듯 찾아왔습니다. 이제 다른 것을 찾으려는 마음이 사라져 버렸습니다.

　밖을 향해 구할 것이 없고, 안으로 궁리할 것이 없다는 자각은 무한한 자유를 불러옵니다. 이미 그러했다는 전환은 깊은 휴식을 선물처럼 줍니다.

　이것을 맛보는 일은 의외로 간단합니다. 스스로에게서 일어난 생각에 속지 않는다면, 거짓된 관념에서 깨어날 수 있다면, 무한한 내면의 빛을 따라 아무것도 돌아보지 않고 들어갈 수 있다면 누구나 이것의 참맛을 만끽할 수 있을 것입니다.

금정산 고당(姑堂)봉 아래
임순희 합장

차례

프롤로그 __5

1장 영원에 대한 그리움 __9

2장 바로 지금 이 마음뿐 __45

3장 삶의 구속, 삶의 자유 __163

4장 이야기 속 깨우침 __253

5장 본성을 깨우는 두드림, 똑똑똑! __315

에필로그__418

1장

영원에 대한 그리움

1. 봄꽃이 서글프다

제가 사는 곳은 산과 맞닿은 아주 조용한 아파트 단지입니다. 아파트 사방으로 초목에 둘러싸여 있습니다. 아파트 앞으로 화단도 넓게 조성되어 있어서 목련이며 벗나무, 영산홍들이 즐비하게 심어져 있습니다. 주변의 모습에서 계절의 변화를 실감할 수 있습니다.

어느 날 낮에 마침 막내가 학교를 마칠 시간이라 아파트에서 운영하는 작은 셔틀버스를 탔습니다. 아파트에 사는 연세가 많은 분들은 자가용을 두지 않고 이 버스를 애용합니다. 그래서 자리는 언제나 가득 차는 편입니다.

마침 제가 앉은 뒷자리로 칠순을 훌쩍 넘긴 할머니가 탔습니다. 옆에 앉아 있던 비슷한 연배의 할머니가 반갑게 맞이합니다.
"형님, 그동안 잘 지내셨어예? 그동안 못 봤지예? 허리를 다쳤다고 하는데 많이 좋아졌어예?"
"많이 좋아졌는데 허리도 치료할 겸 여기저기 아픈 데가 있어서 병원에 가는 길이야."
두 분은 형님 동생 하며 잘 알고 지내는 사이인가 봅니다. 나이가 점점 드니 여기저기 아픈데도 많고 몸이 좋지 않다는 말을 합니다. 그러면서 차창 밖으로 피어난 꽃들에 대해 얘기합니다.

"저렇게 꽃이 많이 피어 좋긴 한데 서글퍼지기도 해. 저 꽃들이 피는 걸 보면 왜 이리 시간이 빨리 가나 싶어 슬퍼."

가끔 이런 생각에 눈물이 나기도 한답니다. 그 말을 듣던 동생분이라는 할머니의 눈가에도 물기가 촉촉합니다.

"그렇지예. 저도 그래예. 꽃이 피는 게 반갑지가 않아예."

저는 옆에 있다가 조금 놀랐습니다. 모든 사람들이 꽃을 보면, 반갑고 따뜻한 봄이 오면 마음이 생기로워질 것이라고 여겼습니다. 그런데 그렇지 않은 사람들이 있었습니다.

저렇게 아름답게 핀 꽃이 슬프고 두렵고 마음을 무겁게 합니다. 꽃이 핀다는 것은 세월이 흐른다는 것을 피부로 느끼게 합니다. 시간이 흐른다는 것은 육체가 시들어 사라져 가고 있음을 상기시킵니다. 그렇지 않아도 여기저기 몸이 아파 와서 마음속으로 '저 세상 갈 날이 멀지 않았구나' 여기고 있었는데, 엊그제까지 휑했던 나무에 꽃이 활짝 피니 시간의 흐름을 대놓고 광고하는 것 같습니다.

'봄꽃이 서글퍼. 꽃들을 보면 슬퍼.'

할머니의 마음도 이해가 갑니다. 꽃은 이 육체의 죽음을 적나라하게 상기시키고 있으니. 이 육체가 자신이라고 여길 때는 세월의 흐름이 반갑지 않습니다. 계절의 변화가 점점 스스로의 죽음을 예고합니다.

그러나 이 육체가 내가 아니라는 진실에 눈을 뜬다면, 꽃이 지고 피는 것에 별 관심이 가지 않을 수 있고, 활짝 핀 꽃을 아무런 근심 없이 있는 그대로 볼 수 있습니다.

자연의 변화를 누구나 경험합니다. 육체의 노화 또한 누구나 경험합니다. 생겨난 것들은 당연히 사라지는 순간을 맞이합니다. 그래서 드러나 변화하는 것을 실체로 여긴다면 고통이 싹틀 수밖에 없습니다.

그런데 이러한 고통이 세상의 참모습에 어두워 착각 속에서 생겨난 고통이라는 사실을 깨닫는다면, 현상의 변화가 아무런 구속이 되지 않을 것입니다. 드러난 현상은 그림자와 같습니다. 꽃을 보며 아무 생각이 없을 때는 삶과 죽음이 없습니다. 그러나 꽃을 보며 삶과 죽음을 생각하고 삶과 죽음을 받는 '나'를 떠올리면, 피어난 꽃은 고통이 됩니다.

나, 꽃, 생사, 깨달음 등 모든 일어난 현상이 이렇게 일어난 생각과 이미지, 기억과 감각의 산물일 뿐임을 사무치게 깨달아 그것들에 대한 동일시에서 벗어날 수 있어야 합니다. 고통은 실재하지 않는 것을 실재한다고 여기는 데서 생깁니다.

지금 온갖 꽃이 피어나지만 그 꽃들은 시간의 흐름이라는 상징도 아니며, 나의 죽음을 예고하는 신호도 아닙니다. 전체가 모두 내 마음에서 일어나는 일임을 깨닫고 보면 모든 것이 한 송이 꽃입니다. 이게 우리가 사는 세상의 본래 모습입니다. 인연 따라 지금 이렇게 꽃이 피고 떨어지고 육체가 점점 시들어 가지만, 그 모든 것이 내 마음 하나에서 비롯된 것이기에 텅 빈 관념입니다.

저 봄꽃이 아름다운 이유는 차가운 겨울을 뚫고 피어나서가 아니라, 지금 이 순간 피고 지는 모습으로써 피는 것도 아니고 지는 것도 아님을 몸소 가리켜 보여 주기 때문이 아닐까요? 삶과 죽음이라는 생각이 일어나는 여기로 돌이킨다면 삶도 없고 죽음도 없습니다.

2. 영원

우리는 영원을 꿈꿉니다. 끝나지 않는 생명, 깨뜨려지지 않는 평화, 오염되지 않는 순수.

나름대로 훼손되지 않는 완전체를 꿈꾸며 시간을 살아갑니다. 그러나 우리에게 주어지는 것은 우리의 염원과는 정반대의 것들입니다. 삶은 나의 바람과 불일치하는 것들의 연속입니다. 그래서 우리는 희망과 절망 사이에서 길을 잃습니다. 삶은 더욱 모호해지고, 인생이 무엇인지 가늠되지 않습니다. 영원은 점점 더 아득해지기만 합니다.

그런데 영원은 내 안의 일이었고, 완전이란 나의 본질이며, 순수란 내 존재 자체였습니다.

습관적으로 밖을 향해 추구하던 것을 멈추고 본다면, 이미 완전한 평화가 나 자신에게 도래해 있음을 목격할 것입니다. 영원이란 추구의 대상이 아닙니다. 우리 존재 자체가 이미 영원입니다.

내가 세상을 살아가는 것이 아니라 삶이 내게서 펼쳐지고 있습니다. 모든 것의 본성은 영원하고 아무런 구속이 없으며 어느 것에도 물들지 않는 순수 자체입니다. 그러기에 영원은 그리움의 대상도 아니고 찾아 나서야 할 그 무엇도 아닌 바로 지금 나 자신의 참모습입니다.

영원과 평화와 순수를 추구한다면 결코 그것을 만나지 못할 것입니다. 하지만 이 모든 추구와 모든 형상들이 자기에게서 비롯되고 있음을 본다면 세상을 있는 그대로 사랑하게 될 것입니다.

3. 시원

젊은 시절 문학에 매료되어 새로 발표되는 소설을 꼬박꼬박 읽은 적이 있습니다. 그 시절 인상 깊은 소설은 윤대녕의 〈은어낚시통신〉이었습니다. 내용은 뚜렷이 기억나지 않지만 작품에 등장하는 한 단어가 지금도 또렷이 기억납니다.

시원(始原).

주인공은 은어가 고향으로 회귀하듯 존재의 시원으로 회귀하고 싶은 열망을 보입니다. 나도 이때 시원이라는 단어에 매료되었던 것을 보면 존재의 시원에 대한 갈망이 강했나 봅니다.

시원!

인간의 발길이 닿은 적이 없는 밀림을 걸어가야 할 것 같은 신비와 원시성이 강하게 느껴졌습니다. 동행 없이 오직 홀로 원시림을 뚫고 들어가야 할 것 같은 흥분이 느껴졌습니다.

17

꼭 찾아가 보고 싶은 열망이 꿈틀거리게 하는 단어였습니다. 그러나 그런 나의 꿈은 소설의 마지막에서 아쉬움을 남긴 채 어쩔 수 없이 책장을 덮어야 하는 것처럼 삶을 살아가면서 나도 모르는 사이에 덮이고 말았습니다.

그러나 잠시 가려진 것일 뿐이지, 가슴 한켠에 있던 존재의 근원에 대한 열망이 사라진 것은 아니었습니다. 존재의 원시성, 존재의 신비를 암시하는 시원은 여전히 나를 자극하는 말이었습니다. 그만큼 그리웠다는 얘기일 것입니다.

20여 년이 지난 오늘, 문득 시원이라는 단어가 떠올랐습니다. 예전의 감흥은 없지만 그래도 매력 있는 단어입니다.

바로 지금 시원에 있습니다. 누구나 그렇습니다. 우리는 결코 여기를 떠날 수 없습니다. 그 사실을 모를 뿐입니다. 예전의 꿈결 같은 원시림은 아니지만, 시원이 주는 안정감과 분리의 사라짐, 충만이 눈앞에 있습니다.

시원은 원시의 환상이 아니라 일상이었다는 사실이 놀랍고 다행스럽습니다. 늘 시원 속에 있으면서 시원에 대한 이미지에 사로잡혔다는 사실에 웃음 짓게 됩니다.

시원!

이제 그리움의 대상이 아니라, 너무도 당연한 나 자신의 다른 이름입니다. 늘 떠난 적이 없는, 떠날 수도 없는, 그리워할 이유가 전혀 없는.

지금 가만히 온갖 마음의 열망을 내려놓고 일어나는 소리에 귀를 기울여 보십시오. 모든 것이 여기에서 비롯되고 있지 않습니까?

4. 현실 너머에 무엇이 있을까?

삶에 눈뜨고 인생이라는 단어를 알게 되었을 때, 내 앞에 드러난 삶이 너무도 불만족스러웠습니다. 초라하고 깡마르고 허접하여 늘 또 다른 삶을 꿈꾸었습니다.

저 길의 끝에 무엇이 있을까?
저 하늘 뒤로 어떤 세계가 펼쳐져 있을까?
저 고매한 정신 속에는 어떤 사상이 있을까?
저 숭고한 문학 속에는 어떤 깊이가 있을까?

세상 모든 것이 도전의 대상이었고, 늘 현실 너머를 꿈꾸며 그리워했습니다.

이제 인생의 절반을 넘어선 나이지만 예전과 크게 다르지 않은 현실 속에 놓여 있습니다. 결혼을 하여 마음을 써 줘야 하는 가족이 생긴 게 조금 다를까요? 이 나이의 여느 여인들처럼 돌아갈 가정이 생겼다는 것이 다를까요?

그러나 내가 꿈꾸던 현실 너머의 그 세계는 아닙니다. 동경하던 하늘 너머, 정신 너머, 문학의 숲 속 보석들, 숭고한 그 어떤 것도 성취하지 못했습니다. 여전히 십여 미터 앞에 펼쳐진 세상을 바라보고 살고, 안으로래야 단 일 미터도 안 되는 육신 속에서 그 무언가를 생각하곤 합니다.

그러나 더 이상 바라지 않게 되었습니다. 세속의 비밀을 알아 버린 청춘에게 삶의 낭만이 사라져 버린 것처럼 나 또한 비밀스러운 삶의 궤적을 동경하거나 좇지 않게 되었습니다.

마음이 늙어서가 아닙니다. 정열이 식어서가 아닙니다. 지금 눈앞에 펼쳐진 현실 너머의 세계란 실재가 아님을 보았기 때문입니다.

지금 마주한 이 빛깔들.
지금 맞닥뜨린 사건들.
지금 몸에 와 닿는 감각들.
지금 들려오는 탁상시계의 똑딱거림.

사실은 이게 전부이기 때문입니다. 놀랍지만 이게 진정한 나이기 때문입니다. 지각 속에 펼쳐지는 십여 미터 안팎의 세계, 안으로 상상되는 모든 상념들, 저 멀리 아득한 세계가 있을 것이라는 생각들…… 그것에 해당하는 무언가가 따로 있는 것이 아니라 그것 자체로 나이기 때문입니다.

현실 너머를 목말라했던 개인이 내가 아니라, 그렇게 동경하던 세계가 나이기 때문입니다. 나는 이 십여 미터 시야의 세계이기도 하고, 내가 동경하던 그 모든 세계이기도 합니다.

언제나 모든 것이 나이기에 더 이상 찾지 않게 되었습니다. 이미 완전하게 찾아져 있었기에 무언가를 얻으려는 마음이 사라져 버렸습니다. 가끔 예전의 찾는 습관이 일어날 때도 있습니다. 그러면 금방 픽 웃고 맙니다.

현실 너머에 무엇이 있을까?

무엇이 있든 이제 아무 마음이 없습니다.
무엇이 있더라도 다른 무엇이 아니기에.

5. 이제는

이제는 더 이상 세상을 향해 불평하지 않게 되었습니다.

이제는 더 이상 세상과 갈등하지 않게 되었습니다.

이제는 더 이상 세상이 불편하지 않게 되었습니다.

이제는 더 이상 세상을 미워하지 않게 되었습니다.

이제는 더 이상 세상을 향해 바라지 않게 되었습니다.

이제는 더 이상 세상을 남의 세상으로 보지 않게 되었습니다.

이제는 더 이상 세상과 나 사이에 거리가 있다고 보지 않게 되었습니다.

이제는 어디에 내가 있는지 묻지 않게 되었습니다.

이제는 더 이상 내가 구속이 되지 않게 되었습니다.

이제는 더 이상 만족도 생각하지 않고 불만족도 떠올리지 않게 되었습니다.

이제는 더 이상 뭐라고 할 말도 없고, 이룰 일도 없음을 보게 되었습니다.

이제는 분명하기를 바라지 않게 되었고, 분명하지 않은 것이 주는 불안도 어디론가 사라져 버렸습니다.

간혹 예전의 흔들림이 일렁이기는 하나, 이제는……

늘 언제 어디서나 나 하나뿐인 세상.
내가 나가 아니라, 모든 것이 다르지 않은 나임을.

여름을 재촉하는 바람이 시원합니다.

6. 이 길밖에 없다

마음공부에 들어서고 문득 텅 빈 성품을 체험하고 났을 때 참으로 시원했습니다. 더 이상 찾을 것이 없다는 안도감이 컸습니다. 그러나 시간이 흐르면서 많이 흔들리는 자신을 보게 되어 당황스러웠습니다. 이것에 대한 확신이 없는 것은 아니지만, 여전히 삶은 나를 힘들게 했습니다. 찾을 것이 없다는 안도감은 다른 한편으로 태만함을 불러왔습니다. 마음공부에 예전처럼 몰입하지 않게 만들었습니다. 공부를 하거나 그러지 않거나, 법문을 듣거나 그러지 않거나 다른 것이 없다는 경솔한 확신은 그동안 이 길에 부여했던 강력한 발원을 느슨하게 만들었습니다.

모든 것이 다른 일이 아니라는 속삭임을 입에 달고 다니면서도 삶은 여전히 불만스러웠습니다. 법문을 듣고 회상에 참여할 때는 아무런 일이 없는 듯하지만, 실생활로 돌아와 여러 가지 좋고 나쁜 일들을 만나면 내면은 흔들리고 시끄러웠습니다. 가뜩이나 극복하기 어려운 일에 부딪치면 내면은 소용돌이와 헐떡임으로 전쟁터와 같았습니다. 그간 해 온 공부의 밑천이 다 드러나 보여 참담하기 그지없었습니다. 이런 공부라면 그만두어 버릴까 싶기도 했습니다. 그러나

가만히 보니 이 길밖에 없었습니다. 더 이상 다른 길이 없었습니다. 이 길만이 모든 문제를 해결해 줄 것이었습니다.

공부를 하면서 만나게 되는 온갖 일들이 스스로를 돌아보게 합니다. 삶의 온갖 경험들, 특히나 고난들이 이 공부의 참된 가치를 알게 합니다. 인간이 가장 두려워하는 죽음의 문제를 해결해 줄 것은 이 길밖에 없습니다. 이 길에 대한 확신이 중요합니다. 그래야 나의 생각을 믿는 대신 내 존재 자체를 믿고 모든 욕망을 내려놓게 됩니다. 만약 이 길 외에 다른 탈출구가 있다면 고통의 근원인 '나'와 '나의 모든 집착'을 내려놓지 못할 것입니다.

진리가 나를 자유롭게 할 것이라는 강력한 믿음, 진리만이 진실할 뿐 다른 것은 허망한 것이라는 확신이 실체 없는 에고의 구속에서 벗어나게 할 수 있습니다. 만약 여기에 모든 것을 걸지 않는다면 변신에 능한 에고는 빈틈을 노려 여러 가지 모습과 권위로 우리를 구속할 것입니다. 생로병사의 모든 고통에서 벗어나는 길은 '나'라는 허상에 부여해 온 권력을 회수하여 참성품에 모든 것을 내맡기는 것입니다.

이 길밖에 없습니다. 이것만이 삶과 죽음을 비롯한 모든 갈등과 고통을 없앱니다. 이것만이 진실입니다.

살아 있는 고요, 막힘없는 자유, 움직이지 않는 평화!

7. 웃어도 좋고 울어도 좋아

　진실은 언제 어디서나 우리를 떠나 있지 않습니다. 우리는 항상 이 속에서 숨을 쉬고 생각하고 느끼고 알고 걸어가고 잠을 자고 있습니다. 그러나 진실을 깨닫기 전에는 오리무중입니다. 물의 나라에 사는 물로 된 사람이 물로 된 마을에서 물을 마시며 분리 없는 물 가운데 생각하고 느끼고 알고 아파하고 행복해합니다. 그 속에서 다시 물이라는 깨달음을 그리며 찾아 나섭니다.

　그러나 그 모든 것이 하나의 물일 뿐이듯이, 지금 우리가 경험하는 모든 것이 하나의 진실입니다. 드러나는 모양은 가지각색이어서 어느 것도 같은 것이 없습니다. 그러나 그 모양을 생각하지 않고 그 모양에 사로잡히지 않는다면, 모든 모양이 하나의 진실입니다.

　지금 당장 경험하고 있습니다. 글자가 드러나고, 여백이 보이고, 나라는 존재가 느껴지고, 온갖 사물이 한눈에 들어옵니다. 생각도 덩달아 일어나고, 거기에 따라 이런저런 감정과 감촉이 일어납니다.

　이 모두에 마음을 두지 않을 때, 어떻습니까? 이 모든 것을 따라가지 않을 때, 어떻습니까? 이 모든 모양에 사로잡히지 않을 때, 어떻습니까? 온갖 드러나는 것에 손을 대지 않는다면, 모든 것이 있는 것도 아니고 없는 것도 아닙니다.

온갖 모양이 있는 그대로 실체감을 잃어버립니다. 여전히 생각도 하고 감촉도 드러나고, 색깔이나 모양이 사라지지 않았습니다. 그러나 그 모든 것에 아무런 영향력을 느끼지 못합니다. 그 모든 것이 여전히 빛을 발하고 있지만, 실체가 없고 오직 이렇게 시계의 째깍거림, 빛의 반짝임, 후텁지근한 살아 있음의 연속입니다. 어떠한 것도 정해진 그것이랄 게 없지만 여전히 깨어 있고 쉼 없이 생동하고 있습니다.

모든 드러나는 것은 진실을 가리켜 보이고 있습니다. 모든 것이 진실의 몸입니다. 그 어느 것도 내버릴 것이 없습니다. 이것을 취사선택할 필요가 없습니다. 전체가 하나여서 어느 것을 취하고 다른 것을 버릴 수 없습니다.

세계 곳곳에 온갖 몹쓸 짓이 일어나더라도 이 모든 것이 진실 아닌 것이 없다는 사실은 어찌 보면 냉혹하게마저 느껴집니다. 그러나 이게 진실입니다. 나의 존엄과 인간의 선악과 좋고 나쁨을 넘어선 절대적인 진실, 절대적인 나. 이러니 울어도 좋고 웃어도 좋습니다. 온갖 희로애락에 울다가도 웃고, 웃다가 울어도 실제로는 이 모든 것이 아무 일이 아니라는 사실에 숙연해집니다.

8. 생각을 제대로 본 적이 있는가?

생각은 시도 때도 없이 일어납니다. 생각은 온갖 내용을 가지고 있습니다. 생각은 때로 감당할 수 없는 감정의 소용돌이를 일으키기도 하고, 많은 경우 잔잔한 물결처럼 일렁이다가 사라지곤 합니다.

우리 삶에서 생각은 공기와 같습니다. 삶을 살아간다는 것은 생각 속을 누비는 일이며, 거기에 영향을 받고 행동하는 일이며, 자기도 모르게 사로잡히는 일의 연속입니다.

생각 따라 감정도 일어납니다. 어떤 생각과 그것에 부여한 의미, 생각의 내용물이 우리를 흥분시키기도 하고 즐겁게 하기도 하고 고통을 느끼게 합니다. 대부분의 감정은 생각의 결과물입니다.

우리는 늘 생각 속에 살지만 생각을 제대로 본 적이 없습니다. 마치 숨을 쉬면서도 공기의 존재를 의식하지 않는 것처럼 늘 생각을 하면서도 생각의 정체를 잘 모릅니다. 따라서 감정도 제대로 들여다본 일이 없습니다.

지금 생각하고 있겠지요. 만약 생각을 하지 않는다면 이 글을 읽어 낼 수 없을 것입니다. 너무도 자연스럽게 생각이 일어납니다. 이 내용이 그리 자극적이지 않다면 아무런 감정의 일렁임을 느끼지 못할 것이고, 만약 이 글을 따라 생각을 하면서 다음 말들이 궁금하다면 호기심이 일어날 것이고, 이해되지 않는다면 답답함을 느낄 것이며, 아무런 의미도 두지 않는다면 그저 아무렇지도 않은 감정 상태일 것입니다.

우리가 삶 속에서 크게 문제가 될 때는 자신이 강하게 의미를 부여한 생각이 일어날 때입니다. 예를 들어 집에 가기 위해서 몇 번 버스를 타야 하는지 생각할 때는 별 문제가 되지 않지만, 사랑하는 사람이 다른 이성을 만난다는 생각을 하게 되면 불편한 감정이 일어납니다.

우리는 늘 자기도 모르게 생각을 따라가고 감정을 따라가고 있습니다. 그런데 대개 소소한 생각에는 불편함을 느끼지 않지만 강하게 구속된 생각이 일어날 때는 문제가 됩니다. 생각과 감정은 서로 영향을 주고받으며 상승 작용을 일으키거나 하강할 것입니다. 우리는 늘 생각과 감정으로 살면서도 그것에 대해 면밀히 들여다보지 못합니다. 습관적으로 생각에 사로잡히고, 습관적으로 감정에 지배당합니다.

생각은 한순간 일어난 실체 없는 생각일 뿐입니다. 감정 또한 마찬가지입니다. 생각은 늘 지금 이렇게 일어나며 감정 또한 마찬가지입니다. 온갖 것이 바로 지금 이렇게 일어나고 있습니다. 마치 습기를 머금은 대지 위로 태양이 비칠 때 아지랑이가 일어나는 것처럼, 모든 생각과 감정이 어떤 계기가 주어지면 저절로 일어납니다. 내가 의도하여 일으키는 것이 아닙니다.

그래서 생각은 뜬금없을 수 있고 감정 또한 아닌 밤중에 홍두깨처럼 요동칠 수 있습니다. 뜬구름 같고 아지랑이와 같아서, 그것에 대한 판단이나 조작을 하지 않고 가만히 보면 그 실체가 없다는 것을 알 수 있습니다. 생각과 감정은 우리가 생각과 감정의 정체에 어둡기 때문에 문제가 되는 것입니다. 그것이 실체가 없음을 밝게 본다면 생각과 감정은 쓸모 있는 삶의 도구일 뿐입니다.

생각과 감정에 사로잡혀 버리면 그게 고통이 되지만, 밝게 바라본다면 생각은 실체가 있는 것도 아니고, 누군가를 구속할 수도 없습니다. 마음공부에서 극복하기 어려운 것이 생각에 습관적으로 사로잡히는 병입니다. 문제가 되는 생각이 일어나면 또다시 습관적으로 그 생각을 상대하여 싸우려 합니다. 앞생각을 제거하거나, 멈춰 있지 않은 생각을 붙들어 매려 합니다. 그러나 생각은 제거할 수도 없고 붙들 만한 것도 못됩니다. 그저 습관 들여진 대로 조건에 따라 반응하고 있는 것일 뿐입니다. 있는 그대로를 직시하면 생각은 한낱 생각일 뿐입니다.

생각은 회피의 대상도 아니고 제거의 대상도 아니며, 우리가 굴복할 수밖에 없는 무소불위의 권력자도 아닙니다. 모든 애씀을 멈추고, 그것이 묘한 환상과 같음을 바로 본다면 아무 일이 없는 것입니다. 생각이나 감정에 아무런 판단 없이 직면하는 것입니다. 판단과 조작을 멈추고 대면하다 보면 그것의 민낯을 적나라하게 볼 것입니다. 거기에는 아무것도 없습니다.

9. 생각에 사로잡히는 것이 병

모든 것이 자기에게서 비롯됩니다. 나를 떠난 세계란 존재하지 않습니다. 내가 생각을 할 때 그 모든 것이 생겨납니다. 내가 생각하지 않는다면 아무것도 있다거나 없다고 규정할 수 없습니다.

온갖 것이 나를 통해 드러난다는 깨침은 찾는 마음을 쉬게 합니다. 모든 것이 나의 상념이며 이미지라면 나라고 할 만한 것조차 따로 둘 수 없습니다. 지금 이렇게 나를 통해 드러난다는 생각을 하고 있는 이것조차 허망하기 때문입니다. 이해가 아니라 투철한 깨달음이 필요합니다. 참된 선각자들은 모두 이것을 깨달은 것입니다.

모든 말할 수 있고 생각할 수 있고 느낄 수 있고 알 수 있는 것들이 나 혹은 이것의 소산이라면 드러나는 대상경계에 저절로 마음이 가지 않습니다. 바로 지금 어떠한 일이 벌어지더라도 실체가 없는 것이기 때문입니다.

지금 홀연히 한 생각, 즉 대상화가 일어나지만, 그런 일이 없습니다. 대상화란 모두 망상이기 때문입니다. 생각이기 때문입니다. 그런데 생각은 끊임없이 일어납니다. 이 생각의 출몰은 나의 의지로 어떻게 할 수 없는 것입니다. 스스로의 인연이 이렇게 조건 지어져 있기 때문에 인연따라 일어나는 것입니다. 그러니 생각을 통제하려는 의도를 내려놓아 버리십시오.

생각은 끊임없이 일어나지만 허망한 것이기 때문에 생각에 관심을 두지 않을 수는 있습니다. 진실하지 않은 일에 사로잡힐 이유는 없습니다. 진짜가 아닌 일에 매일 필요가 없는 것입니다.

온갖 생각이 일어나더라도 거기에 매이지 않는다면 생각은 아무런 힘을 발휘하지 못합니다. 뿐만 아니라, 감정이나 이미지, 사물이나 여러 가지 대상들이 드러나더라도 마찬가지입니다.

온갖 드러나는 것에 사로잡히지 않는다면 마음의 헐떡임이 점점 사라지면서 시야가 맑아집니다. 생각이 전부인 세상에 사로잡혀 있다가, 그게 다가 아니라는 체험을 하게 되는 기회가 열리는 것입니다. 누구나 생각이 물들일 수 없는 성품을 갖추고 있기 때문에 생각에 강하게 오염되어 있지 않다면 어렵지 않게 이것을 체험할 수 있습니다.

많은 선사들이 "지금 이 순간 여기에 머물러라." 혹은 "바로 이것이다." 등 시공간의 여지를 두지 않는 말을 통해 생각에 떨어지지 않게 이끕니다. '지금 이 순간'이나 '바로 이것'은 생각할 여지를 주지 않기 때문에 당장 본성을 깨닫지는 못하더라도 생각을 쉬게 하는 역할을 합니다. 그런 가르침을 꾸준히 들으면 마음이 편안해지는 느낌을 받는 이유는 이 말의 효험을 통해 자기도 모르게 생각 속에 사로잡히지 않게 되기 때문입니다. 생각에 사로잡히는 것이 번뇌이기에 그런 변화를 느끼는 것입니다.

그러니 평소에 어떤 생각이 일어나더라도 마음을 두지 않는 휴지기가 필요합니다. 어차피 생각에서 해방되는 공부입니다. 결국에는 생각을 하더라도 아무 일이 없다는 깨달음을 체득하는 일이지만, 시작부터 그런 능력이 생기는 것은 아닙니다. 생각에 사로잡히지 않게 되면 번뇌가 줄어드는 변화를 겪으면서 자기도 모르게 생각에 부여했던 믿음을 거두게 됩니다. 그러면서 조금씩 생각에 사로잡히는 습성에서 벗어나게 되고, 그러다 보면 어느 순간 생각 아닌 본성을 체험하게 됩니다. 이것을 체험하면 생각의 허망함이 더 적나라하게 드러납니다. 이런 변화를 통해 완전한 해탈에 대한 견고한 믿음을 갖게 됩니다. 스스로도 이 길밖에 없다는 분명한 확신을 하게 됩니다.

어떠한 생각에도 마음을 두지 않는다면 모든 생각, 이미지, 상념의 본성인 텅 빈 바탕이 저절로 드러납니다. 내가 찾아낸 것이 아니라, 생각이 쉬어지니 가려져 있던 이것이 선명히 드러나는 것입니다. 본래 이것인데, 망상이 가리고 있어서 깨닫지 못했을 뿐입니다. 모든 것이 당연하고 분명한 이 일입니다.

과거나 미래, 현재라는 테두리 안에서 마음을 확인하지 않습니다. 과거, 현재, 미래로 향하던 생각이 멈추어지면 바로 그 자리가 생생히 깨어 있는 마음자리입니다. 지금 이 순간 경험하는 모든 것이 이하나입니다.

온갖 대상이 드러나더라도 그것이 아닌, 이 일로서 항상합니다. 이 일은 찾을 필요 없이 누구에게나 갖추어져 있습니다. 이 하나가 온 우주이고, 이것이 진정한 나입니다. 그러니 무슨 일이 일어난들 일어난 것이 아닙니다. 온갖 생각과 느낌과 사물과 행동 가운데 유유자적할 뿐입니다.

지금 당장 그 어느 것에도 마음을 두지 않을 수 있다면 세상의 참모습이 저절로 깨어날 것입니다.

10. 다만 생각을 쉬기만 하라

"진실은 구할 필요가 없다. 다만 견해를 쉬기만 하라(不用求真, 唯 須息見)."-완릉록

지금 이렇게 생각하고, 사물이 드러나고, 크고 작은 소리가 드러 납니다. 온갖 감정이 꿈틀댑니다. 일어나는 것들에 대해 마음을 비 우고 가만히 보면, 있는 듯 없고 없는 듯 있습니다. 마치 허공에 구 름이 일어났다가 사라지는 것처럼 존재감을 느끼지 못합니다. 간혹 일어난 구름의 모양을 보고 동물을 떠올리고 새를 떠올리면 잠시 그 런 것이 있는 것 같지만, 무심하면 이내 존재감 없이 흩어져 사라집 니다.

지금 경험되는 일들도 마찬가지입니다. 예상되는 일이든 그렇지 않은 일이든 일어나고 사라지지만 잡으려고 하면 이미 지나가고 없 습니다. 이 모든 것은 정해진 어떤 것이 아니기 때문입니다. 만약 구 름을 볼 때 동물이 연상되어 그 모양에 집중하면 잠시 동물이 살아 움직이는 것처럼 여겨지지만, 이내 구름이라는 사실을 알고 의미를 두지 않으면 하늘에 동물은 없습니다. 비슷한 모양의 구름이 여전히

떠 있을지라도 그것의 존재감은 사라지고 없습니다.

우리 앞에 펼쳐지는 모든 일들도 이와 같습니다. 시시때때로 여러 가지 자극이 일어나지만 거기에 무심하면 그것은 실체 없이 사라집니다. 그러나 거기에 의미를 두고 사로잡히면 정말로 있는 것 같습니다. 만약 지금 눈앞에 어떤 일이 실재한다면, 그것이 실재해서가 아니라 그것에 많이 사로잡혀 있다는 뜻입니다.

생각이란 것은 묘해서 거기에 의미를 부여하면 할수록 존재감을 더하고 진짜 있는 일처럼 느끼게 합니다. 그러나 생각은 생각일 뿐이어서 툭 털어 버리면 조금 전까지 스스로를 괴롭혔던 생각 또는 생각되어진 일들이 아무런 존재감을 남기지 않고 사라집니다. 사실 어떤 일이 있는 것이 아닙니다. 어떤 일에 대한 집착된 생각이 그것이 있는 것처럼 느끼게 할 뿐입니다.

세상의 참모습을 깨닫는다는 것은 애써 무언가를 하는 일이 아닙니다. 지금 일어나는 일을 있는 그대로 보는 것입니다. 모든 것이 존재한다고 믿는 자신의 신념이 과연 타당한 것인지 돌이켜 보는 일입니다. 생각으로 이리저리 궁리하는 것이 아니라, 일어나는 생각을 뜬구름 보듯 내버려 두고 가만히 지금 여기에 있다 보면 저절로 모든 것이 실체가 없다는 사실이 확인될 것입니다.

찾고 헤아리고 알려는 마음을 쉬고 가만히 지금 이 순간에 있어

보십시오. 소리를 따라가지 말고, 생각을 따라가지 말고, 감정에 사로잡히지 말고 가만히 있으십시오. 모든 것이 지금 이렇게 살아서 꿈틀대고 있습니다. 바로 지금 여기에서. 그러나 그것의 실체는 아무것도 없습니다. 모든 것들이 그 모습 그대로 아무런 실체가 없습니다. 오직 텅 빈 깨어 있음만이 한결같습니다.

정신적, 물질적으로 드러나는 모든 일들이 똑같은 하나의 허공입니다. 이 한 개의 모양 없는 진실만이 실재입니다. 알 수 없고 잡을 수 없지만, 내버릴 수도 없는 이 하나의 성품뿐입니다. 이것이 우리 존재의 참모습이고, 온 우주가 이것의 표현입니다. 이것은 늘 항상 한 일이지만 일어나는 일에 사로잡히기 때문에 이 사실을 깨닫지 못하는 것입니다. 지금 당장 온갖 현상에 사로잡히지 않는다면 바로 이렇습니다.

생각이 쉬어져서 습관적으로 찾고 헤매고 구하려는 마음이 멈추어지면 저절로 분명해질 것입니다. 중국 당나라 시대에 약산유엄이라는 승려가 마조도일 스님 밑에서 공부하고 있었습니다. 마조 스님을 모시고 3년의 세월을 지낸 어느 날, 마조 스님이 약산유엄에게 물었습니다.

"그대의 요즘 견처(見處)가 어떤가?"
"피부가 다 떨어져 나가고 오직 하나의 진실이 있을 뿐입니다."
"그대가 얻은 것은 마음의 본체에 합하고 사지에 두루 퍼졌다고 할 만하다.”

얻을 것은 아무것도 없습니다. 이미 완전하게 갖추어져 있기 때문입니다. 다만 헤아리는 마음, 찾는 마음이 떨어져 나가지 못했을 뿐입니다. 깨달음이라는 생각도 쉬고, 무언가를 얻으려는 마음도 내려놓고, 안팎을 향해서 달리는 온갖 욕망이 멈추어지면 저절로 분명해질 것입니다. 묵묵히 진실과 하나가 되면, 온 세상이 있는 그대로 고요하면서도 생생히 깨어 있을 것입니다.

11. 이제 이별할 때가 되었다

드러나는 생각을 따라가지 않고, 감정에 사로잡히지도 않습니다. 들리는 매미 소리, 사람의 말소리에 뜻을 두지 않고 마음을 두지 않습니다. 온갖 감촉과 자극이 일어나더라도 생각으로 규정짓지 않고 감촉에 의미를 두지 않습니다.

'모든 드러나는 경계를 떠나 내 마음자리가 따로 있다.'는 생각이 일어나더라도 생각이니 따라가지 않습니다. '모든 것이 지금 이 순간 여기에서 일어난다.'는 생각이 일어나더라도 의미를 두지 않고 지키지도 않습니다. '모든 현상들이 나에게서 일어난다.'는 생각도 잊어버립니다. 모든 것에 마음을 두지 않으면 발 디딜 데가 없어서 '허무에 떨어질 것 같은 두려움'이 일어나더라도 거기에 마음을 두지 않습니다.

밖으로 드러나는 온갖 사물들, 바깥 경계에 대한 단상들, 감정적인 것들에 대한 분별들은 습관대로 일어납니다. 그러나 그 내용에 마음을 두지도 않고 그것에 사로잡히지도 않습니다. 드러나는 현상 이면의 마음, 본성, 바탕, 법이라는 것도 모두 헛된 생각에서 비롯된 것이니, 안에도 마음을 두지 않고 의미를 부여하지 않습니다.

안팎에서 온갖 현상들이 일어납니다. 그러나 그러한 일이 일어나더라도 거기에 사로잡히지 않을 때, 어떻습니까? 아무런 일이 없습니다. 분별할 만하고 단정 지을 만한 일이 아무것도 없습니다. 하지만 이렇게 생각도 일어나고 사물도 저절로 잘 드러나며 소리도 잘 드러납니다. 아무것도 '이것이다' 할 수 없는 가운데 홀연히 온갖 현상들이 일어나고 있습니다.

만약 어떠한 일이 있다면, 이처럼 아무 일 없는 가운데 일어난 환상과 같은 것들입니다. 여기에 사로잡히면 일 없는 가운데 일이 있다는 착각에 떨어지는 것이지만, 있는 그대로를 보면 있는 것처럼 보이더라도 본래 없는 일입니다.

바로 지금 이 순간 허공 가운데 홀연히 여러 일들이 일어나고 있습니다. 본래 빈 것인데 모양은 있는 것처럼 드러납니다. 그러나 있는 것처럼 보이더라도 없는 일입니다. 바로 지금 이 순간 이 텅 빈 성품을 자각할 수 있다면 온갖 일이 그대로 아무 일이 아닐 것입니다.

이제는 더 이상 허망한 현상에 속지 않을 때가 되었습니다. 평생을 감각과 환상에 속아 살았습니다. 사실 감각과 환상에 속은 '나'라는 존재도 실재하는 것이 아닙니다. 이 모두가 바로 지금 이렇게 드러나고 있는 실제 같은 환상입니다. 모든 영상이 하나의 바탕 위에 드리워진 그림자이듯이 바로 지금 모든 존재들이 존재인 것처럼 드러나는 존재감일 뿐입니다.

이제 이 사실을 돌아볼 때가 되었습니다. 지금 우리가 마주한 세상의 참모습을 보아 갈등과 분리의 환상에서 벗어날 때가 되었습니다. 허망한 분별과 애착하는 것들에 대해 이제 마음으로 이별할 때가 되었습니다. 꿈에서 깨어 밝은 정신으로 꿈임을 볼 때가 되었습니다. 그때서야 그 꿈 전체가 모양 아닌 하나로 진실하다는 사실도 깨닫게 될 것입니다.

2장

바로 지금 이 마음뿐

1. 통렬히 깨달아 아무 일이 없어질 뿐

바로 지금 이 마음입니다. 소리가 드러나고 사물이 드러나는 바로 지금 이 바탕입니다. 이것은 애써 찾을 필요가 없는 것입니다. 우리가 애써 소리를 들으려고 하지 않아도 소리는 저절로 드러나며, 사물 또한 이렇게 저절로 드러납니다.

이것입니다. 바로 이 항상한 바탕입니다. 우주의 모든 것은 지금 여기에서 온갖 소리를 띠고 형상을 띠며 생각으로 드러나고 감정으로 드러납니다. 여기에서 온갖 것이 생동하고 있습니다. 이것이 따로 있는 것이 아니라 바로 지금 이 모양으로 알 수 없는 것이 온갖 것으로 드러나고 있을 뿐입니다.

전체가 바로 이 하나의 성품입니다. 온 우주가 바로 이것 하나의 표현입니다. 이것이 진실이고, 이것이 전부입니다. 진실은 노력하여 찾는 것이 아닙니다. 찾으려 하는 것이 바로 이것의 드러남이기 때문입니다. 우리는 한순간도 여기를 떠나 존재할 수 없습니다. 우리 자신조차 이것입니다. 이 생생히 살아 있음. 이 텅 빈 성품.

이것이 전체임을 깨달아 아무런 챙김이나 마음의 구속 없이 자유로이 행동하고 생각을 합니다. 그렇더라도 거기에 남겨진 것은 아무것도 없습니다. 모든 것이 하나라면 무엇이라고 구분할 것이 없기 때문입니다.

이것은 따로 의식할 필요가 없는 것입니다. 이것은 따로 찾을 필요가 없는 것입니다. 우리가 이것 밖으로 나갈 수 없기 때문입니다. 이것은 생각의 대상이 아닙니다. 이것을 생각한다면 이것으로 인해 '이것'을 대상화한 허망한 생각이지, 실제의 이것이 아니기 때문입니다. 찾고 헤아리고 애쓸 필요 없이 당장 이것임을 깨달을 뿐입니다.

이해가 아니라 당장 실감하며, 생각이 아니라 당장 만끽할 뿐입니다. 물고기가 물속에서 '이게 물이구나, 이게 물이구나.' 하지 않듯이, 온갖 인연을 만남에 '이게 도다, 이게 도다.' 하지 않습니다. 그저 온갖 인연 가운데서 다른 일이 없을 뿐입니다.

단 한 번도 진리를 보지 않은 적이 없으며, 단 한 번도 진리를 듣지 않은 적이 없습니다. 단 한 번도 거짓된 삶을 산 적이 없으며, 어떤 경험을 해 왔고 지금 무슨 일을 하고 있더라도 그것 그대로 바로 이 하나의 진실일 뿐입니다. 분명히 깨달아 아무 일이 없어질 뿐 다른 마음을 품지 않습니다.

48

2. 지금 이 순간 완전하다

과거, 현재, 미래는 모두 생각의 산물입니다. 생각을 통하지 않는한, 과거와 현재와 미래는 존재할 수 없습니다. 생각은 실재가 아닙니다. 우리는 어떤 생각이라도 할 수 있습니다. 어떤 상상도 할 수 있습니다. 그러나 생각과 상상은 지금 이렇게 일어나는 실체 없는 상념들이고 텅 빈 이미지입니다.

그러니 과거에 일어났던 일, 추억들, 자신의 탄생, 여러 가지 사연들은 존재하지 않습니다. 지금 이 순간 그러한 내용의 생각이 일어난 것입니다. 또한 미래에 일어날 만한 일, 미래에 대한 생각에서 오는 여러 가지 두려움, 미래에 이루고 싶은 소망, 이 모두가 지금의 생각입니다. 현재의 일 또한 마찬가지로 생각이 일어나 현재라는 관념이 되는 것입니다.

시간 속의 모든 일은 생각이고, 생각 속에서 펼쳐진 실체 없는 것들입니다. 공간도 마찬가지입니다. 생각이 없을 때는 공간이 존재하지 않습니다. 공간이란 여러 가지 감각 작용과 생각이 어우러진 복합적인 결과물입니다.

끝도 시작도 없는 시간이 바로 지금 이 순간의 생각이니, 시간 속 모든 일들은 바로 지금 이 순간 떠올린 실체가 없는 것들입니다. 그러나 여기에 사로잡히면 시작도 끝도 없는 시간 속의 미아가 됩니다. 시간이란 분리이며, 분리란 주관과 객관의 분열입니다. 생각 자체가 분리이고 분별입니다. 분리, 분별 없는 생각이란 없습니다.

모든 시간과 공간이 출몰하는 여기는 모든 분리의 시발점이지만 어떠한 분리도 물들 수 없습니다. 그런데 우리가 살아온 습관대로 생각에 사로잡히면, 분리된 것들 중 '나'라는 존재의 그림자에 자기를 가두어 버립니다. 이것이 구속의 시작이며, 고통과 갈등을 불러일으킵니다.

그러나 바로 지금 온갖 생각이 미치지 못하는 여기, 분명하고 또렷하지만 분별되지 않는 스스로의 성품을 깨닫는다면, 나와 세계는 둘이 아니고, 과거 · 현재 · 미래 그리고 온갖 공간과 공간 속의 일이 모두 똑같음을 볼 것입니다. 여기에는 무엇이 없습니다. 무엇이 있다면 여기서 일어난 생각이나 느낌과 같은 분별의 그림자입니다. 온갖 생각과 의도, 욕망을 놓아 버렸을 때 이 사실은 분명해집니다.

이것이 본래 갖추어진 천진한 성품이고, 이것이 참된 나이며, 변함없이 항상한 것입니다. 이것을 위해 아무것도 할 일이 없습니다. 어떠한 생각도 할 필요가 없고, 어떠한 의지를 일으킬 필요가 없습니다. 이미 완전하게 갖추어져 있기에 나의 노력을 결코 요구하지 않습니다. 오히려 나의 노력이 이것을 깨닫는 데 방해가 될 뿐입니다.

이 순간 소리가 드러나고, 사물이 드러나고, 생각이 일어나고, 감각이 드러납니다. 온갖 일이 경험되고 있습니다. 그러나 드러나는 여러 가지 것들에 사로잡히지 않는다면 무슨 일이 있습니까?

온갖 찾고 구하고 헤아리고 애써 지키는 마음의 헐떡임이 멈추어지면 저절로 분명해집니다. 진실이 본래 완전하게 갖추어져 있어서 이것을 위해 나라는 개인이 할 일이 아무것도 없다는 사실은 큰 기쁨입니다.

3. 지금 무슨 일이 일어나고 있습니까?

손가락이 움직이고 눈이 글자를 따라갑니다. 탁상시계가 째깍째깍 울리고 눈앞의 책장에 책들이 아름다운 색채를 뿜내며 꽂혀 있습니다. 잠시 전에 밖에 나갔다가 데리고 온 한기가 발끝에 남아 있고, 책상 위의 스탠드에서 불빛이 흘러나오고 있습니다. 지금 온갖 것이 쉴 틈 없이 자신의 존재를 드러내고 있습니다. 그러나 잠시 창밖을 내다보며 앞 동 아파트 창문에 떨어지는 아침 햇살을 보노라면 이전의 일들이 감쪽같이 사라져 버립니다.

이전 것이 지나간 자리에 새것이 펼쳐져도 아무런 흔적이 없습니다. 지나간 것이 새것에게 항의를 하거나 불만을 토로하지 않습니다. 언제나 끊임없이 눈앞에서 변하고 다양한 모습으로 나고 사라지지만 아무런 저항이나 장애가 없습니다. 모든 것이 지금 이렇게 나고 사라지고 있습니다. 온갖 것이 지금 이렇게 생각되고 느껴집니다. 여기에 어떠한 장애도 없고 어떠한 불만도 없습니다.

온갖 것이 나고 사라지는 가운데 어느 것에도 마음을 고착시키지 않는다면 아무런 일이 없습니다. 드러나는 모든 것은 우리가 의미를 부여하든 그렇지 않든, 소중하게 여기든 더럽게 여기든 평등합니다. 깨끗하다고 오래 머물게 하는 것도 아니고, 더럽다고 드러내지 않는 것도 아닙니다. 인연이 닿기만 하면 너무도 자연스럽고 장애 없이 드러나고, 조건 없이 사라집니다.

우리 자신이 드러나는 것에 특별히 애착하거나 배척하며 그로 인해 고뇌하고 갈등하는 것이 문제입니다. 그러나 그러하더라도 본질적으로 무슨 문제가 있는 것은 아닙니다. 그러한 습관적인 사로잡힘 때문에 착각 속에 고뇌했을 뿐, 본래는 아무런 일이 없습니다.

잠시 사로잡혔던 착각에서 벗어나면 이런저런 것들은 흔적도 찾아볼 수 없습니다. 여기에 내가 드러나도 변함없고, 세상의 온갖 일들이 드러나더라도 한결같습니다. 내용물이 끝없이 대체되더라도 본래 아무런 일이 없는 것입니다. 이게 우리 존재 자체이고 우주만물의 실상입니다.

이 모든 것이 나고 사라지는 경험의 장은 아무런 뜻도 의도도 없이 모든 것을 인연 따라 드러냅니다. 이것은 깨달아 얻은 것도 아니고, 깨닫지 못했다고 없는 것도 아닙니다. 이것이 무엇인지는 알 수 없습니다. 그러나 당장 온갖 현상에 사로잡히지 않는다면 어렵지 않게 직감할 수 있습니다.

지금 맞닥뜨린 내적, 외적 현상들 일체는 그 내용에 상관없이 이 하나의 알 수 없고 그릴 수 없고 잡을 수 없는 일입니다. 아무리 알고 싶어도 알려는 것이 이것이고, 모르겠다는 것이 이것입니다. 그러니 아는 일도 아니고 모르는 일도 아니지만, 알고 모름이 다르지도 않습니다.

집착하는 습관이 발동하여 이것을 잡고 싶어 합니다. 그러나 잡을 수 없습니다. 그렇다고 잡지 못하는 것도 아니고 잡을 수 있는 것도 아닙니다. 이 모든 허망한 시도가 이 바탕 위에서 펼쳐지고 있을 뿐입니다. 이것으로 인해 모든 것이 가능하고 모든 것이 이것일 뿐임을 묵묵히 인정할 뿐입니다. 스스로 이것을 대상화해서 집착하려는 온갖 시도를 내려놓을 뿐입니다. 이것을 위해 할 수 있는 일이 아무 것도 없음을 깨달을 뿐입니다.

그렇다고 이것과 별개인 채로 살아가는 것이 아니라, 언제나 헤아릴 수 없는 시간과 공간 속에서 이것과 한 몸임을 절감합니다. 시계가 째깍째깍하는 여기에서 온갖 의도와 꿈과 사로잡힘이 부서져 내릴 뿐입니다. 그러고 보면 시계가 울리고 있으나 울린 적이 없고, 부서질 망상이 실제로 있는 것도 아니어서 있는 그대로 아무 존재감이 없습니다. 뭐라고 말할 수 없는 이 자체가 될 것입니다.

4. 본성을 회복하는 일

깨달음은 생각의 굴레에서 벗어나 본성을 회복하는 일입니다. 우리 모두의 본성 자체는 아무런 장애도 없고 구속도 없는 자유 그 자체입니다. 그런데 이 참마음에서 드러난 여러 가지 분별된 현상에 사로잡혀 본성은 잊고, 본성으로 인해 드러난 그림자와 같은 것들을 진실이라고 여기면서 아파하고 즐거워하며 온갖 고통을 받습니다.

지금 말할 수 있고, 생각할 수 있고, 느낄 수 있는 것들은 모두 분별현상입니다. 지금 소리가 들리고, 냄새가 드러나며, 감촉이 느껴지는 것들은 본성의 허망한 분별상입니다. 이 모든 것은 시작도 없고 끝도 없이 거대한 물결처럼 나타났다가 사라집니다. 이것은 시시각각 변하여 정해진 모습이 없습니다. 정해진 모습이 없다는 것은 그것이라고 고정할 만한 무엇이 없다는 것입니다.

내가 통제할 수 있는 것도 아니어서, 때가 되면 자연스럽게 일어났다가 때가 되면 사라집니다. 이러한 현상들 가운데는 나라는 존재, 너라는 존재, 이 세계라는 것, 깨달음이라는 것, 일상생활에서 경험하는 일, 과거에 대한 추억, 앞으로 일어날 일에 대한 예상들이 모두 포함됩니다. 무엇이라고 할 만한 것들은 모두 일어난 것이고, 이것은 때가 되면 흔적 없이 사라지는 것들입니다.

개인적인 문제, 사회의 여러 가지 현상들, 정의와 불의, 세계정세, 지구의 문제, 우주의 변화를 포함하여, 깨달음에 대한 생각과 추구, 수행 등이 모두 이러한 운명입니다. 뿐만 아니라 바로 지금 이런저런 얘기를 하고, 듣고, 이해하는 것조차 이런 운명인 것입니다. 어느 것도 항상한 것이 없고 어느 것도 멈춰 있는 것이 없습니다. 어느 것도 그것이라고 할 것이 없고, 어느 것도 집착할 만한 것이 없습니다.

밖으로 향하던 마음을 접고 가만히 멈추고 보면, 이 모든 분별현상이 바로 지금 이렇게 나타나고 있음을 보게 됩니다. 생각에 사로잡히지 않고 가만히 보면, 이 모든 것이 바로 지금 이렇게 깨어서 생동하고 있음을 경험하게 됩니다. 이 경험의 장은 항상합니다. 나도 바로 이 항상함이고, 너도 바로 이 생생함이며, 깨달음조차도 바로 이 일임을 보게 됩니다. 모든 무상한 것들 그대로가 바로 이 깨어 있음임을 깨닫게 됩니다.

모든 무상한 것들의 본체는 그대로 한결같습니다. 색깔, 느낌, 생각, 감각 그대로 이 참마음임을 실감나게 깨닫게 됩니다. 이것으로 일체가 되어 활동하고 있습니다. 온갖 추구하는 마음, 찾으려는 의지, 드러나는 현상 속에서 발견하려는 마음을 쉴 수 있다면 곧바로 이 하나의 본성을 체험할 것입니다.

56

진실에 익숙해지다 보면 세상만사가 이 일을 벗어난 것이 아니어서, 앞도 없고 뒤도 없으며, 왼쪽도 없고 오른쪽도 없으며, 과거·현재·미래, 온갖 마음 상태, 온갖 얘깃거리, 온갖 사건들이 있는 그대로 하나로서 진실함을 보게 될 것입니다.

5. 온 세상이 열반에 든다

모든 것이 내 마음의 소리들입니다. 모든 생각이 스스로에게서 일어나고, 모든 감정이 스스로에게서 일렁이며, 모든 사물이 스스로가 비춘 것들이며, 그 외 알고 모르는 모든 것들이 자신에게서 비롯됩니다.

그래서 자기가 소리를 지르지 않는다면 메아리도 없을 것이라는 말이 있습니다. 모든 알고, 이해하고, 느끼고, 보이고, 들리는 것들이 자신에게서 시작되고 자신에게로 돌아옴을 깨달으면, 드러나는 모든 것이 힘을 잃어버립니다. 모든 것의 바탕이 하나임이 분명해지면, 생각과 감정과 사물들이 그 모습 그대로 그림자처럼 고요해져 버립니다. 그러니 자기가 깨달으면 드러나는 모든 것이 열반에 드는 것입니다.

이것을 《금강경》에서는 모든 몸과 마음의 분별현상들, 즉 중생(衆生)들을 제도하고 보니 제도된 중생이 없더라고 했습니다. 모든 것이 자신이니 깨달음도 자신에게만 있는 것입니다. 모든 것이 자신이라는 깨달음이 만물의 평등을 실현하는 것이며, 본래 그러했다는 것을 발견하는 일입니다. 그러므로 우리 각자에게 커다란 소명이 있는 것입니다. 차별 없고 예외 없는 자유와 평등은 각자가 실현해야 하는 몫인 것입니다.

자기가 깨닫지 못하면 이 세상은 불평등하고 자유롭지 못한 상태로 보일 수밖에 없습니다. 저 밖의 누구의 잘못이 아니라 자신이 세상의 참모습을 깨닫지 못하기 때문에 생기는 불평등과 부자유입니다. 문득 모든 것이 본래 자기에게로 돌아오면, 이 세상은 평등하지 않은 적이 없으며 자유롭지 않은 적이 없음을 알게 될 것입니다.

나라는 존재를 비롯한 모든 생각들이 지금 이 마음에서 비롯됨을 철저히 깨달을 수 있어야 합니다. 생각으로 깨달으려 하지 말고 모든 생각의 근원으로 돌아가고, 감정 상태로 마음공부를 측정하려 하지 말고 모든 감정의 근원으로 돌이키며, 특별한 능력이나 비범한 경계, 뛰어난 지위에 오르려 하지 말고 이 모든 찾고 구하고 탐하는 욕망의 출처로 돌이킬 수 있어야 합니다.

일어나는 생각은 메아리와 같아서 그 생각을 좇아가면 몸과 마음만 바쁩니다. 한 생각이 일어날 때 모든 생각의 근원을 간파할 수 있다면 온 우주의 근본이 다 드러날 것입니다. 기회는 언제나 열려 있습니다. 우리가 우주를 벗어나 살 수 없듯이 모든 것은 바로 이 한계 없는 바탕에서 비롯됩니다. 바로 지금 이 순간 모든 것이 이 하나의 본성일 뿐입니다.

6. 자기를 떠난 일이 없다

진실은 늘 스스로에게 완전히 갖추어져 있습니다. 본래 진실 아닌 것이 없습니다. 무엇을 보든, 무슨 소리를 듣든, 무슨 생각을 하든, 무엇을 느끼든, 모두가 진실 안의 일입니다. 이 모두가 우리 스스로 갖추고 있는 본성의 발현입니다. 이 본성을 떠나 어떠한 것도 존재할 수 없고, 이것을 떠나 어떠한 일도 일어날 수 없습니다.

그러나 우리가 이 사실을 깨닫지 못하는 것은 자기도 모르게 사로잡힌 편견과 고정관념 때문입니다. 우리는 너무도 강하게 생각이나 감정에 사로잡힙니다. 이것에 사로잡히면 생각과 감정으로 드러난 것을 실재한다고 믿어 버립니다. 그러나 온갖 생각과 감정이 일어나더라도 여기에 사로잡히지도 않고 거부하지도 않는다면, 이 모두가 그림자와 같은 일임을 자각할 수 있습니다.

온갖 생각도 상황 따라 시시각각 달리 일어나고, 감정도 그렇고, 사물도 조건에 따라 달리 인식되는 것입니다. 모든 것이 그렇습니다. 누군가의 말을 따라 이해하는 것이 아니라, 스스로를 돌아보고 진실로 온갖 생각과 감정에 아무런 실체가 없다는 것을 깨닫는 것입니다. 그렇지 않으면 깨달음에 대한 '생각'만 견고해질 뿐입니다.

　지금 당장 무언가를 향해 추구하는 마음, 생각으로 알려는 마음을 멈추고, 자기에게서 일어나는 것을 돌이켜 보십시오. 나의 뜻과 상관없이 생각, 감정, 소리, 사물들이 드러나고 있습니다. 모든 것은 생각, 감정, 소리, 색깔, 모양의 형태를 띠고 드러납니다. 이것을 벗어난 것은 이 세상에 아무것도 없습니다.

　그런데 이 생각, 감정, 소리, 색깔, 모양은 남에게서 일어나는 것이 아닙니다. 자신이 비춘 것들입니다. 그러니 세상만물의 근원은 저 밖 아득한 어딘가, 혹은 조물주라는 존재가 지어낸 것이 아니라, 바로 지금 이 마음, 자신의 마음에서 드러나고 있는 것입니다.

　만물의 주인이 나를 떠나 있는 것이 아닙니다. 받아들이기 어려운 일이지만 이게 사실입니다. 이 사실을 돌이켜 자기가 일으킨 실체 없는 것들에서 구속을 받지 않는 것입니다. 우리는 매사에 남을 보거나 밖의 것을 경험하는 것이 아닙니다. 자신이 자신을 보고, 자신이 자신을 경험하고 있을 뿐입니다.

　지금 이렇게 모든 것이 바람 따라 물결이 일어나듯 주체도 객체도 없이 일어나고 있습니다. 이것을 바라보는 나라는 존재도 그저 인연 따라 일어난 하나의 물결입니다. 이러한 사실에 대한 깨달음이 생각과 감정의 허울에서 깨어나게 합니다. 스스로의 증험이 모든 현상적인 것들에 대한 사로잡힘에서 벗어나게 합니다.

깨달음이란 이해도, 생각도, 특정한 감정 상태도 아닙니다. 모든 것이 주체도 객체도 없이 홀연히 일어난 텅 빈 그림자와 같다는 것에 통하여, 이 사실에 의심이 사라지는 일입니다. 오직 자기에게 길이 있고, 자기가 모든 것입니다.

7. 발 딛고 선 자리

모든 것이 내 마음 하나라는 자각은 드러나는 현상에 손을 대지 않으면서 그 각각의 것을 환상처럼 보게 합니다. 본래 이러한데 우리 스스로가 분별망상에 사로잡혀 이것을 보지 못하고 있습니다. 일어나는 모든 생각들이 모두 자기에게서 비롯된 것이고, 자기에게서 비롯된 생각들이 세상의 온갖 변화무쌍한 것들을 만들어 냅니다.

일어나는 모든 감정과 기분이 모두 자기에게서 일어나고, 자기에게서 일어난 감정과 기분일 뿐인데, 다른 사람들이 그렇게 느낄 것이라고 인지합니다. 세상의 모든 형상과 빛깔과 감각이 모두 자기로부터 일어난 것들입니다. 자기에게서 일어난 형상과 빛깔과 감각이 생각과 감정과 어우러져 지금 우리가 알고 이해하고 있는 세계로 비쳐진 것입니다. 자기를 떠나 존재하는 것은 아무것도 없습니다.

내가 존재하지 않는다면 세상이 있을 수 없고, 자기가 아니라면 이 세상은 성립할 수 없습니다. 모든 것의 근본은 바로 나 자신이며, 나 자신이라는 개체까지 드러내는 나의 성품인 것입니다. 이것은 바로 지금 여러분 모두가 경험하고 있습니다.

더 자세히 말하자면, 경험하는 주체와 경험되는 객체가 따로 있는 것이 아니라, 바로 이것이 주체와 객체로, 또는 온갖 경험으로 드러나고 있습니다. 지금 당장 이 성품이 아니라면 이 글을 읽을 수도, 이해할 수도 없습니다. 본래 완전히 갖추어진 것인데, 일어난 생각과 이미지에 사로잡히기 때문에 이것을 깨닫지 못하는 것입니다.

온갖 생각이나 상상이나 감각, 감정이 일어나더라도 그것에 속지 않는다면 문득 이것이 체감될 것입니다. 바로 지금 온갖 경계가 일어날 때 이것이 명백합니다. 평생 동안 길들여져서 순식간에 현상에 사로잡혀 버리는 마음의 습관에 지배당하지 않는다면 이 사실을 깨닫는 게 어렵지 않습니다.

항상 경험하는 가운데 확인됩니다. 지금 온갖 것이 드러나는 데서 확연합니다. 이것은 어떤 것이 아니기에 그동안 행해 오던 마음의 습관대로 이것을 분별하려 한다면 점점 아득해질 것입니다. 그러나 마음을 텅 비워 밖으로 찾으려는 마음, 안으로 무언가를 지키려는 마음과 갖가지 선입견을 내려놓는다면, 온 존재로 이것을 체험할 것입니다.

이 사실에 익숙한 삶을 살다 보면 어느 순간 자기도 모르는 사이에 이 사실이 당연해져 있다는 것을 알게 될 것입니다. 이것은 인간의 사유나 행위나 의지로 가늠할 수 있는 것이 아닙니다. 오히려 인간의 모든 노력, 추구, 욕망이 사라졌을 때 본래 그러하다는 것이 분명해지는 것입니다.

 이 사실이 분명해지면 온갖 일이 꿈결처럼 느껴집니다. 아무런 제
한도 없고, 걸림돌도 없고, 삶의 무게, 존재의 버거움이 없을 것입니
다. 본래 없는 일이기 때문입니다.

8. 서울 사람 서울 가기

서울에 사는 두 사람이 있었습니다. 한 사람은 자신이 서울에 사는 줄을 잘 알고 있었지만, 다른 사람은 그 사실을 몰랐습니다. 둘은 서울 광화문 앞 광장에서 대화를 나누게 되었습니다.

다른 사람이 한 사람에게 묻습니다.
"서울에 가려면 어떤 차를 타고 어떤 길을 따라가면 되겠습니까?"
그러자 한 사람이 말없이 손가락으로 발밑을 가리킵니다.
그러나 다른 사람은 그것을 이해하지 못하고 재차 묻습니다.
"그러니까 여기로 어떻게 가야 하는데요?"
다시 한 번 발밑을 가리킵니다.
알아듣지 못한 사람은 손가락의 생김, 손가락의 움직임을 보며 거기에 무슨 가리키는 바가 있을 것이라고 생각에 잠깁니다.

깨달음, 공(空), 마음이라는 말은 드러나자마자 이미 그것을 다 가리켜 보인 것입니다. 깨달음이라는 말을 이해하려고 따라간다면 손가락의 생김새에 머물러 있는 것이지만, "깨달음"이라는 말이 생겨날 때 어디에도 사로잡히지 않는다면 "깨달음" 이것이 깨달음인 것입니다.

마찬가지로 공(空)이라고 할 때 참된 공은 "공"이라는 말이나, 텅비었다는 뜻이 아닙니다. '공'이 생겨날 때 공의 뜻과 말이 아닌 그냥 '공'이기만 하다면, 이것이 텅 비었지만 깨어 있는 진짜 공입니다.

모든 것이 그렇습니다. 서울이 궁금한 사람에게 그 사람이 서 있는 공간이 전부 서울이듯이, 깨달음은 말 한 마디 한 마디, 생각 하나하나, 움직임 하나하나, 느낌, 감촉, 모양, 빛깔, 드러나는 모든 것이 참된 깨달음입니다.

그러니 깨달음은 이미 도래해 있고, 이것을 떠난 것은 아무것도 없습니다. 우리가 이 사실을 깨닫지 못하는 이유는 분류하고, 규정하고, 분석하고, 이름 짓는 분별심에 사로잡혀 있기 때문입니다. 드러난 모양, 인지된 현상에 습관적으로 사로잡히기 때문입니다.

모든 것이 드러날 때, 그 모든 것이면서 그것이 아닌 본성을 돌이켜 볼 일입니다. 거기로 가는 길은 없습니다. 거기로 가기 위해 생각, 감정, 움직임을 이용할 필요가 없습니다. 왜냐하면 모든 것이 바로 이것이기 때문입니다.

깨닫고 싶다면 "깨달음" 하고 말해 보십시오. 아무런 뜻도, 알려는 마음도, 소리도 따라가지 않는다면, 어떻습니까? 뜻은 만들어진 것이고, 알려는 마음은 이미 있는 것이 아니고, 소리도 사라졌습니다.
이 모든 부유물에 마음이 없을 때 어떻습니까?

똑똑똑! (책상을 두드린다.)

9. 취하고 버릴 일이 없다

〈신심명〉에 '지극한 도는 어려움이 없으니, 가려서 선택하지만 마라.'는 구절이 있습니다. 이 말은 어떤 대상을 취하고 버리지만 않을 수 있다면 깨달음이 성취되는 것은 어렵지 않다는 뜻으로 풀이할 수도 있습니다. 그래서 많은 사람들이 취하고 버리지 않으려고 애를 쓰는 경우가 많습니다. 하지만 이것은 취하고 버리지 않으려는 마음을 취하고 있는 것입니다. 자기가 '취하고 버리지 않으려는 취함'에 사로잡혀 있는 줄 모르고 있는 것입니다.

그런데 어떤 일을 취하고 버리거나 또는 취하지 않고 버리지 않으려는 노력에 앞서, 취하고 버릴 만한 것이 아무것도 없다는 사실을 깨달아야 합니다. 취하고 버릴 만한 것이 있다고 여길 때는 취하고 버리는 행위가 순식간에 일어나게 되지만, 취하고 버릴 만한 물건이 없다는 사실에 밝아진다면, 저절로 취하고 버리지 않게 됩니다. 그러니 취하고 버리지 않으려는 마음도 자연스럽게 갖지 않게 되는 것입니다.

실질적으로 이 세상에는 취하고 버릴 만한 것이 따로 없습니다.

모든 일은 마음 하나로서 본질적으로 평등하기 때문입니다. 생활 속의 모든 경험, 가르침의 말들, 진실에 대한 염원, 깨닫지 못하는 것에 대한 자책, 흔들리는 내면, 무심하게 들려오는 온갖 소음이 모두 마음 하나에서 비롯됩니다. 그 뿌리가 똑같다는 것입니다.

모양은 어느 것도 같은 것이 없지만, 본성은 동일한 것이어서 각각의 존재가 없습니다. 때에 따라 다른 모양으로 드러나 상황에 맞게 취사선택할 수밖에 없는 일이 생기지만, 실제로 모든 모양은 모양 없는 하나의 본성입니다. 그러므로 본질적으로는 취사선택할 수 있는 분리된 어떤 것이 없습니다. 취해도 취한 것이 아니고, 버려도 버린 일이 없는 것이 본래의 일입니다.

우리의 내면을 보면 자기도 모르게 어떤 일은 취할 만한 일로 여기거나, 버릴 만한 일로 여깁니다. 그러나 이런 마음의 습관은 본래 모든 모습이 실체가 없다는 사실에 어둡기 때문에 일어나는 현상입니다. 온갖 일이 나 밖에서 객관적으로 존재한다고 믿어 버리기 때문에 생기는 일입니다.

그러나 모든 것은 내 본성의 투사입니다. 내 본성의 그림자이며, 자신이 투영한 환영입니다. 만약 그러한 것들이 따로 존재한다면, 나를 거치지 않고 존재할 수 있어야 합니다. 그러나 모든 것은 나의 생각, 감정, 기억, 지식, 감각에 의지하여 드러납니다. 그러지 않는 것은 아무것도 없습니다. 그러니 모든 것은 이 본성의 산물입니다.

그것들은 내 육체 밖에 있는 것처럼 드러나는, 마음의 투사입니다.

실재는 우리 참 존재 자체로 똑같습니다. 모든 것이 나의 일이고 하나로서 평등하기에 어떤 일을 경험할 때 외적으로는 온갖 다양한 행위와 경험으로 드러나지만, 내적으로는 주객이 따로 없고 할 일도 따로 없어서 모든 것이 텅 비어 버린 느낌을 받습니다. 모든 것이 똑같다는 깨달음은 모든 장애를 거두어 버립니다.

그런데 이 사실에 어두워 현상을 따라 이것저것이 따로 있다고 보고서 취하고 버리고, 행하고 행하지 않고, 받아들이고 거부한다면, 모든 것이 장벽이 되고 갈등의 요소가 됩니다. 그러나 본래는 갈등거리가 될 만한 것들이 아무것도 없습니다. 그래서 갈등에서 벗어날 일도 없는 것입니다. 자유는 이미 도래해 있습니다.

행위나 반응이나 생각이나 감정은 각각 다르게 드러납니다. 인연 따라 길들여진 대로 반응합니다. 그러나 그러한 것들이 모두 따로 있는 것이 아님을 몸소 깨달을 수 있어야 합니다. 이것이 자유로 향하는 길이며 구원의 길입니다.

그것은 무언가를 제거하거나 취해서 달성되는 것이 아니라 모든 요소요소가 본래 텅 빈 일이라는 깨달음에서 비롯됩니다. 자유를 위해 어떤 일을 대상으로 삼아 취하고 버리는 시도를 하는 것이 아닙니다. 다만 지금 일어나는 현실에 밝아지는 것입니다. 일어나는 현상이 늘 변한다는 사실을 알고, 모든 현상에 마음을 두지 않게 된다면, 모든 현상의 이면, 혹은 현상에 가려진 텅 빈 깨어 있음에 눈뜨게 될 것입니다.

자신의 본성이 드러나 버리면 우리들은 저절로 현상에 부여했던 실체감을 거두게 됩니다. 아주 자연스럽게 일어나는 내면의 변화입니다. 이것은 오직 자신만이 느낄 수 있는 체험입니다. 드러내 보일 수도 없고, 자랑할 거리라곤 하나도 없으며, 냄새도 없고, 흔적도 없습니다. 다만 스스로가 이 사실을 믿게 되고, 스스로가 이 사실의 증명이 되어, 이 하나로 승화되어 버립니다.

10. 바로 지금 이 마음

　모든 것이 지금 이 마음의 일입니다. 나를 떠나 세상은 존재하지 않습니다. 나라는 것도 모든 것 가운데 하나이니 '나' 또한 한 마음을 벗어나지 않습니다. 지금 무슨 생각을 하든 바로 이것이며, 지금 무엇을 느끼든 느끼는 주체와 느끼는 대상과 느끼는 일이 바로 이 마음의 표현입니다. 이 마음을 떠난 세계는 존재하지 않습니다.

　그동안 우리는 모든 것의 근본을 돌아보지 않고 표현된 것에 사로잡혀 살았습니다. 마음이 드러낸 여러 가지 생각들, 여러 가지 좋고 나쁜 감정들, 수많은 사물들, 갖가지 소리들에 사로잡혀 그것들이 실재인 줄 알고 살았습니다. 그러나 이 모든 것들이 미세하든 거칠든, 옳든 그르든, 마음에 들든 그렇지 않든, 모두 마음 하나의 이런 저런 표현들입니다.

　어떤 일을 당했을 때 왜 그런 일이 일어나는지 궁금하기도 하고, 왜 내게만 이런 일이 일어나는지 화도 나고, 내가 원하는 일에 매료되고 집착하는 마음이 생기지만, 이 모든 것을 내려놓고 가만히 자기 앞으로 와서 보면 모든 것이 그저 이 마음 하나를 벗어나지 않았음이 분명합니다.

바로 지금 이 마음. 여기에서 온갖 분열과 갈등과 해탈과 깨달음을 노래하고 있습니다. 바로 지금 이 마음. 이것 위에 정의와 불의, 행복과 불행, 즐겁고 즐겁지 아니한 일이 일어나고 있습니다.

그러나 이 모든 것은 멈춰 있는 것이 아니고, 진실한 것도 아니고, 평등한 것도 아니고, 믿을 만한 것도 아닙니다. 그 반대의 것일지라도 이 마음 하나의 일시적인 표현이라는 데 이르러서는 모두 실체를 잃어버립니다.

마음이라고 하지만 '이 마음' 또한 마음이라고 할 만한 고정된 무엇이 아닙니다. 오히려 이것으로 인해 '이 마음'이라는 말이 가능한 것입니다. 본질은 이름 붙일 수 없지만 온갖 이름을 다 붙이며, 구분하여 붙잡을 수 없지만 모든 분별과 잡는 행위를 드러냅니다.

바로 지금 이것. 잡을 필요도 없고 지킬 필요도 없는 이것. 변함없고 움직이지 않는 이것. 모든 것과 따로 있지 않은 이것.

텅 빈 허공과 같은 것이 귀뚜라미의 울음이고 새들의 지저귐입니다. 이것이 전부일 뿐 달리 마음 쓸 일이 없습니다. 마음 쓸 일이 없어져 버리면 모든 일에 장애가 없어질 것입니다. 인연 따라 물 흐르는 대로 삶 아닌 삶을 살아가게 될 것입니다.

11. 본래 이것

마음의 병은 실상에 어둡기 때문에 생깁니다. 드러난 분별을 실재한다고 여기고 여기에 집착하면서 분열과 갈등이 일어납니다. 드러난 생각, 드러난 감정, 드러난 소리, 드러난 사물, 드러난 냄새 등 지금 눈앞에 드러난 모든 분리된 것들을 실재한다고 여기거나 여기에 습관적으로 집착하기 때문입니다.

그러나 가만히 보면 이 모든 현상세계는 지금 이렇게 드러난 모습일 뿐입니다. 스스로의 생각과 감정과 감각과 의식의 조합으로 지금 이렇게 드러나고 있습니다. 바깥세계에서 들어온 것이 아니라, 모든 것이 지금 이렇게 여기에서 생동하며 드러나고 있습니다.

우리는 드러난 낱낱의 모습에 속아 이것이 실재한다고 강하게 믿고 사로잡혀 왔습니다. 그러나 그 모든 것은 허망하고 뒤집어진 인식입니다. 나라는 것도 지금 이렇게 드러난 의식의 산물입니다. 저 앞에 드러나는 컵도 지금 이렇게 감각과 생각의 조합으로 일어난 것입니다. 내가 산다는 것도 지금 이렇게 드러난 생각이고, 아프다는 것도 지금 이렇게 생각과 감각이 어우러져 드러난 상념입니다.

이 모든 알 수 있고 볼 수 있고 들을 수 있는 대상과, 보고 듣고 느끼고 아는 나조차 인연 따라 이렇게 일어난 그림자와 같은 것입니다. 세상의 참모습을 바르게 보면 아파도 아픈 게 아닙니다. 보아도 본 게 아닙니다. 들어도 들은 게 없고, 고통스러워도 고통이 없습니다.

모든 것이 허망하여 텅 비었습니다. 고정된 그것이랄 게 없는 생각, 감정, 감각과 의식의 조합입니다. 나를 포함한 모든 외적인 세계, 내적인 세계가 그렇습니다. 그래서 공(空)하다고 하는 것입니다. 이 공은 공하다는 것마저 공한 공입니다.

그러니 지금 온갖 일이 일어나지만 아무 일이 없습니다. 지금 온갖 생각과 감정이 일어나지만 고요하고 고요한 것입니다. 본래 드러나는 모든 생멸변화는 실체가 없어서 이 모든 생멸변화 가운데 아무 일이 없으니 고요하고 고요한 것입니다. 온갖 높고 낮은 소리, 움직이고 멈추는 몸짓, 생각 따라 우주 끝까지 달려가더라도 적멸입니다. 본래 적멸이니 다시 적멸을 얻지 않습니다. 지금 당장 이 사실에 마음의 눈이 뜨일 뿐입니다.

지금 눈앞에 탁상시계가 있습니다. 시계소리가 째깍째깍 울리며 흔적도 없이 사라집니다. 봄기운을 담은 바람이 살짝 스치고 지나가도 흔적이 없습니다. 생각도 글자를 따라 일어나서는 이내 아득하게 사라집니다. 평온한 감정이 일렁이다가도 문득 강한 자극이 일어나면 생각과 함께 감정이 변합니다. 모든 것이 그림자처럼 나타났다가는 흔적도 없이 사라집니다. 모든 것이 드러나고 사라지지만, 아무런 뜻도 없고 내용물도 없으며 자취도 없습니다.

본래 이러함이고, 본래 이것입니다. 이것이 실상이며, 이것이 본래면목, 본지풍광입니다. 고요하고 고요한 가운데 온갖 것들이 봄의 싹처럼 생동하고 있습니다.

12. 진정 보는 것이 본성일 때

보는 것이 본성이고 듣는 것이 본성이라고 말할 수 있지만, 언어적으로 분별되는 어떤 개념을 말하는 것이 아닙니다. 보는 것, 듣는 것뿐만 아니라 보이는 것, 들리는 것 모두 본성 아닌 것이 없습니다. 그런데 보는 것이 본성이라는 말을 들으면 우리는 이 말을 개념으로 간직해서 '보는 것이 본성'이라고 여깁니다.

이것이 깨달음 공부의 큰 장애입니다. 본성은 관념의 대상이 아니고 개념으로 규정할 수 없습니다. 모든 것이 본성이라고 이해하는 것과 진정한 깨달음은 정반대의 내적 현상을 불러옵니다.

모든 것이 본성임을 깨달으면 모든 것이 본성이라는 관념마저 사라져 고요해집니다. 그러나 모든 것이 본성이라고 이해한 것이라면 이 관념을 정당화시키는 분별이 꼬리에 꼬리를 물고 일어날 것입니다. 분별심은 분별하려는 속성을 끊임없이 보입니다. 이것이 고뇌이고, 이것이 시끄러움이고, 이것이 쉬지 못하는 것이고, 이것이 생사입니다.

우리가 살아가면서 고통과 갈등에 사로잡히는 결정적인 이유는 실체 없는 생각과 감정에 속기 때문입니다. 이것들을 기정사실로 인정하기 때문에 분열과 갈등에 빠지는 것입니다. 보는 것이 본성이라는 말을 들었다면, 이 생각마저 내려놓고 아무런 의도나 목적 없이 그냥 보십시오. 지금 보고 있는 이 성품이고, 지금 듣고 있는 이것뿐입니다.

여기에는 '이것이다, 저것이다' 하는 헤아림이 없습니다. 그냥 보고 듣고 느끼고 아는 모든 것이 항상해서 아무런 분별도 한계도 없습니다. 이것뿐임을 스스로 확실히 깨닫는다면 아무리 많은 것을 보고 듣고 느끼고 알더라도 그 어느 것에도 사로잡히지 않으면서 때에 따라 행하는 데 아무런 장애가 없을 것입니다.

마음공부는 관념을 주입하거나 간직하는 공부가 아닙니다. 오히려 모든 관념의 허상이 드러나 그 모든 관념에서 자유로워지는 것입니다. 묶여 있던 것에서 풀려날 뿐이지 깨달음이라는 특별하면서도 위대한 구속을 갖는 일이 아닙니다. 참된 깨달음은 세상을 거꾸로 보는 인식이 원래대로 돌아오는 것일 뿐, 새로운 깨달음의 세계를 얻는 것이 아닙니다.

13. 이 세계의 신비

온갖 일과 마음의 변화가 바로 지금 이 하나의 일이어서, 각각의 일이 없습니다. 바로 지금 모든 것이 일어나고 사라지는 이 마음바탕을 떠난 일이란 세상에 존재하지 않습니다. 우리 누구나가 갖추고 있는 이 하나의 바탕이 전부입니다. 지금 분명하게 깨어 만물을 드러내고 있는 이 일이 있을 뿐입니다.

마음이 지옥과 같고, 천국과 같고, 평범하여 있는 듯 없는 듯한 일상이 펼쳐지더라도 전부가 바로 이 하나입니다. 이것만이 실재이고, 나머지 나고 사라지는 것들은 정해진 모습이 없습니다. 실체가 없다는 것입니다.

드러나기는 온갖 모습으로 드러납니다. 그러나 그 모습 그대로, 그 존재 그대로 다르지 않습니다. 불교에서 드러나는 분별현상을 실재라고 믿을 때, 이것을 마군(魔軍) 또는 마왕(魔王)이라고 부릅니다. 마음이 마음에 어두워서 드러나는 모습에 실재감을 부여하면 이것이 마군이고 마왕입니다.

너무도 실감나게 드러나는 각양각색의 것들이 사실은 그 실재감 그대로 색깔도 없고 냄새도 없는 하나입니다. 이 하나가 나의 참모습이고, 이것만이 실재이며, 이것만이 항상합니다. 이것은 시작도 끝도 없는 영원이고, 잡을 수도 떠날 수도 없는 초월이며, 개개인의 의지와 상태, 행위에 아랑곳하지 않는 절대입니다.

우리들은 모든 것이 평등한 세계인데, 각각이 분리된 세상으로 인식하며 갈등을 겪습니다. 그러나 본래 모든 것이 높고 낮음, 밝고 어두움, 옳고 그름, 나와 너 등 드러난 모습 그대로 평등합니다. 여기에는 어떠한 틈도 없고 안팎도 없으며, 옳고 그름, 좋고 나쁨이 없습니다.

드러나는 모습은 온갖 틈새가 있고, 너와 나, 옳고 그름, 좋고 나쁨으로 표현됩니다. 그에 따라 적절히 행동도 하고 생각도 하고 느끼기도 합니다. 드러나는 모양의 질서에 맞게 온갖 생각, 감정, 행위를 합니다. 그러나 진실로 다르다는 생각이 없고, 옳고 그르다는 주장, 좋고 나쁜 감정의 덩어리가 없습니다.

모든 것이 있는 그대로 하나이고, 모든 것이 있는 그대로 없는 것이며, 모든 것이 있는 그대로 진실합니다. 어느 것 하나 버릴 것이 없고, 어느 것 하나 따로 취할 것이 없습니다. 진실을 보는 눈이 열리고, 내면에 어떠한 장애도 없어질 뿐, 특별하며 고귀한 일이 없습니다.

그러니 나와 하늘이 다르지 않고, 나와 땅이 둘이 아닙니다. 온갖 매미의 울부짖음과 멀리서 들려오는 모터 소음, 자동차의 경적 소리, 후텁지근한 날씨, 불볕더위에 흘리는 땀, 온갖 내면적인 소용돌이가 모두 그 모습 그대로 평등한 하나입니다. 지금 여름 볕이 따갑습니다. 볕을 피해 모자를 눌러 쓰기도 하고 나무 그늘로 찾아들기도 하지만, 그런 일이 실체가 없는 게 바로 이 세계의 신비입니다.

14. 정신과 물질세계 이전에 분명한 일

깨달음, 해탈이라는 것은 물질적이거나 정신적인 현상을 다루는 일이 아닙니다. 우리는 흔히 변화, 변혁을 얘기할 때면 물질과 정신 현상의 변화에 습관적으로 관심을 둡니다. 그동안 이런 방법으로 모든 문제를 해결해 왔기 때문입니다.

그러나 깨달음이란 물질적인 변혁, 생각의 갈무리 혹은 생각의 진보가 아닙니다. 물질적인 것을 개선하거나 조작하는 것이 아니고, 정신적인 내용들을 질적으로 향상시키거나 변화시키는 것이 아닙니다. 이런 식으로는 여전히 물질에 매일 것이고, 정신적인 산물에 사로잡힐 것입니다.

물질적인 세계를 무시하거나 정신적인 세계를 인정하지 않는다는 말은 아닙니다. 배가 고프면 당연히 음식이라는 물질을 찾을 것이고, 사회문제나 사람 간의 문제가 있을 때는 여러 가지 해결 방법을 찾고 연구합니다. 그러나 이렇게 접근하는 것은 임시적인 갈등 해소이고 해법입니다. 정신적인 것, 물질적인 것은 항상 변하는 것이고 머물러 있지 않습니다. 그러니 그 해법 역시 영원한 것이 아니고 임시적인 처방입니다.

깨달음, 해탈이라는 것은 근원적인 것에 대한 관심이고 질문입니다. 물질과 정신세계의 근본에 대한 탐색입니다. 물질과 정신의 본체에 대한 깨달음입니다. 모든 것의 근원에 관심을 갖고 지극히 질문을 해 들어가다 보면, 결국 만나는 것은 참된 나 자신입니다. 물질도 나에게서 물질이 되고, 정신도 나에게서 정신이 됩니다. 모든 것에 이름을 부여하고, 모습을 부여하고, 존재를 부여하는 것이 나였다는 자각입니다. 이 나라는 것도 나 이전의 나입니다. 나라는 개인을 드러내는 근원적인 참본성입니다.

이것으로 물질세계가 되고, 이것으로 정신적 현상이 펼쳐집니다. 이것으로 내가 되고, 이것으로 세계가 됩니다. 우리 모두는 이것을 단 한 순간도 떠난 적이 없습니다. 지금도 이것으로 인해 모든 것을 경험하고 있습니다. 그래서 '이것' 또한 마지못해 이름을 붙인 '이것'입니다.

캄캄한 어둠 같기도 하고, 아무것도 없는 허공 같기도 합니다. 하지만 모든 것이 드러남을 통해, 이것이 깨어 있다는 것을 체감할 수 있습니다. 이것을 가리키기 위해 붓다는 꽃을 들어 보였고, 유마 거사는 입을 다물어 버렸으며, 선사는 뒤돌아 가 버렸습니다. 저는 지금 이것으로 이런저런 말을 하고 있습니다. 이 하나의 고요가 모든 것으로 역동하고 있습니다.

15. 붓다의 침묵

　석가모니 부처님 당시에 인도에는 여섯 부류의 사상가들이 있었습니다. 이들은 세상과 인간을 각기 다른 관점에서 바라보았습니다. 이들은 도덕부정론자, 유물론자, 숙명론자, 감각적 유물론자, 불가지론자, 자이나교를 믿는 자입니다.

　도덕부정론자는 어떠한 선악 행위를 하더라도 어떠한 과보도 받지 않는다고 주장하였고, 유물론자는 인간은 지·수·화·풍·고·낙·영혼의 일곱 가지 요소로 되어 있어서 칼로 사람을 죽여도 일곱 요소의 사이를 지나갈 뿐, 독립된 영혼도 없고 창조자도 없다고 주장했습니다.

　숙명론자는 인간 개개인의 고통과 쾌락의 양은 정해져 있기 때문에 윤회가 끝날 때까지 아무리 수행을 해도 해탈이란 있을 수 없다고 했습니다. 감각적 유물론자는 인간은 죽으면 지·수·화·풍의 네 원소로 돌아갈 뿐 사후에 아무것도 존재하지 않으니 종교도 도덕도 필요 없다고 했습니다.

불가지론자는 내세나 선악의 업보에 대해 인식하고 설명하는 것은 불가능하다고 하며 내세 등 형이상학적인 문제에 대해 명확한 대답을 하지 않고 회의론적인 입장을 취했습니다. 자이나교는 '이것이 절대이다.'라는 일방적인 판단을 내려서는 안 되며 모든 말에 '이 측면에서 보면'이라는 단서를 붙여 말해야 한다는 상대주의를 주장했습니다.

그런데 석가모니는 이런 당대의 이론에 대해 질문을 받으면 아무런 대답도 하지 않고 침묵했습니다. 가끔 석가모니의 침묵에 대해 집요한 추구가 있으면 적절한 비유로 말했습니다. 독화살의 비유가 이때 나온 설법입니다.

석가모니가 사위성의 기원정사에 있을 때 말룬키아풋타라는 한 바라문 청년이 찾아왔습니다. 그는 당시 문제가 되고 있는 본체론에 대해 흥미를 가지고 여러 철학자와 종교가를 찾아다녔습니다. 그러나 아무도 만족할 만한 대답을 해 주지 않았습니다. 그는 석가모니가 이 문제를 해결해 줄 것이라 믿고 불교 교단에 출가하여 비구가 되었습니다. 그러나 주위 비구들은 철학적인 문제를 논하는 일이 없이 묵묵히 수행만 했습니다. 그는 불만을 품고 이 철학적인 문제가 해결되지 않으면 교단을 떠나리라 결심하고 석가모니를 찾아가서 질문했습니다. 그때 석가모니가 말했습니다.

"만일 어떤 사람이 독을 바른 화살에 맞았다고 하자. 그의 친구나

친척들은 그를 곧바로 의사에게 데리고 가서 치료를 받게 하려고 했다. 그런데 화살을 맞은 사람은 자기가 쏜 이가 사성제 계급 가운데 어느 계급에 속하는지, 이름은 무엇이고, 키는 얼마나 되는지, 피부색은 어떻고, 출신지는 어디며, 독화살을 쏜 활과 화살, 화살에 붙은 깃, 화살촉 등의 종류가 무엇인지 하나하나 판명하지 않으면 이 독화살을 결코 빼지 않겠다고 우긴다면, 그것들이 판명되기 전에 독은 전신에 퍼져 그 사람은 죽을 것이다.”

그러고는 말룬키아풋타가 계속 본체에 대한 철학적인 문제를 해결하지 않고는 불도의 수행에 들어갈 마음이 없다고 우긴다면, 본체론은 해결될 수 없는 문제이기 때문에 수행에 들어갈 기회도 없을 것이고 해탈을 얻는 일도 없을 것이라고 말했습니다. 이 가르침을 듣고 그는 자신의 생각이 잘못되었음을 알고서 번뇌에서 벗어나기 위해 수행을 했다고 합니다.

존재란 무엇인가? 본질은 무엇인가? 법이란 무엇인가? 인간이란 무엇인가? 전생과 후생, 운명 등을 탐구하여 궁극에 도달하려는 논의는 끝이 없었습니다. 이 문제에 대해 인류 역사 이래 끊임없이 탐구해 왔지만, 아직까지 뾰족한 결론을 내리지 못했습니다. 붓다의 침묵은 바로 이 희론이 우리 고통을 해결하는 데 아무런 역할도 못한다는 것입니다.

마음은 병들어 죽어 가는데 이것을 당장 고칠 생각은 하지 않고 병의 원인이나 병명, 병의 진행 과정에 대해서 토론을 해 봐야 병은 더욱 깊어질 뿐입니다. 사유는 삶에서 겪는 고통을 치유해 주지 않습니다. 오히려 분별하는 습관만 더 깊어져 독화살의 독이 온몸에 퍼지듯 세상을 분리해서 보는 마음의 습관 때문에 마음의 고통이 점점 심해질 것입니다. 번뇌는 실상에 어두워서 사유에 사로잡혀 그것을 분별하고 집착하기 때문에 생깁니다. 스스로에게서 일어난 실체없는 생각에 사로잡혀서, 인간은 물질의 구성물이니, 도덕이 필요 없다느니, 모든 것은 숙명적으로 정해졌다느니, 그 어느 것도 이것이랄 게 없다느니, 모든 것이 상대적이라느니 말하는 것은 희론, 즉 망상일 뿐입니다.

그래서 깨달음은 사유나 분별의 길이 아니라 체험과 지혜 증득의 길입니다. 깨달음의 지혜는 논리적인 추론이나 날카로운 사유를 말하는 것이 아닙니다. 모든 분별이 허망하다는 지혜입니다. 스스로가 생각에 사로잡혀서 본체니 숙명이니 회의론이니 망상하다가 이 모든 것이 스스로에게서 일어난 분별망상임을 바르게 보는 지혜입니다.

생각에 어두우면 생각이 구속이 됩니다. 그러나 생각이 허망하다는 것을 바르게 본다면 생각은 아무런 장애가 되지 않습니다. 붓다의 침묵은 바로 분별 없는 본래 상태를 가리킵니다. '이것이다, 저것이다'하는 것은 모두가 망상임을 알기 때문에, 말을 하여 묻는 이를 더욱 옭아매게 할 수 없었던 것입니다.

16. 유마의 침상

경전은 선어록과는 달리 법을 곧바로 가리켜 보이지 않습니다. 경전은 여러 가지 장면과 이야기, 또는 이런저런 말씀을 통해 비유적인 방법으로 진실을 일깨우려고 합니다. 《유마경》에도 이런 부분이 있습니다. 다음은 《유마경》의 한 장면입니다.

'유마 거사는 문수보살과 여러 하늘 신들의 문병을 받기 위해 방에 있던 의자와 탁자, 온갖 물건들, 시자와 경비원마저 신통력을 써서 모두 없애 버립니다. 방 안에 가득했던 온갖 물건들이 눈 깜짝할 사이에 사라지고 사람들도 모습을 감춥니다. 그러고는 홀로 한 개의 침상에 병을 얻어 누워 있습니다.'

아무것도 가진 게 없고 의지할 사람이 아무도 없는 외로운 환자의 병상입니다. 방은 텅 비고 인적은 끊겼습니다. 우리 각자가 존재의 문제로 돌아갔을 때 어느 누구도 함께 아파해 줄 수 없고, 함께 죽을 수 없으며, 그 무엇도 의지할 만한 대상이 되지 못한다는 것을 알 것입니다. 아파도 내가 아플 수밖에 없고, 죽더라도 나 혼자 죽는 것이며, 의지할 만하면 그것이 사물이든 사람이든 모든 것이 무상해서 한결같지 않습니다. 현상적으로 드러나는 세계는 모든 면에서 분리된 혼자만의 세계입니다.

그러나 모든 이들이 이런 고립된 세계를 살고 있지만 본질적으로 동일합니다. 마치 유마가 자신의 방에 무상한 의자, 탁자, 온갖 물건들, 시자, 경비원들을 없앴지만 침상 하나는 남겨 그곳에 의지해 누워 있듯이, 우리 누구나 동일한 곳에 의지해 존재합니다. 유마의 침상은 우리 각자의 본성을 비유한 것입니다.

누구나 오직 이 하나의 침상에 의지해 삶을 살아가고 있습니다. 우리의 참 존재는 침상에 의지한 유마가 아니라 침상 자체입니다. 우리 각각의 개인적인 모습조차 본성의 투사입니다. 특별한 외모, 나이, 성별, 성격, 기질이 어우러져 드러난 나라는 존재는 바로 이 침상에서 투사한 결과물들입니다.

모든 모습들이 바로 모양 없는 본성에 의지해 드러나고 있습니다. 개인적인 나뿐만 아니라, 타인, 그리고 세상의 모든 것들이 바로 이 모양 없는 본성에 의지해서 드러나고 있습니다. 이 침상은 누구에게나 완전하게 갖추어져 있습니다. 만약 지금 이 글을 읽고 있다면 내가 읽고 있는 것이 아니라 이 모양 없는 본성, 이 깨어 있는 성품에서 드러난 글들입니다.

우리 모두 분별되는 모습은 다르지만 본질적으로 평등합니다. 모든 존재의 본성이 바로 이 하나이기 때문입니다. 이것은 우리가 애써 찾아야 할 무엇이 아닙니다. 바로 지금 온갖 생각을 하고, 감정을 느끼고, 사물을 인식하고, 글자를 읽어 나가고 있는 이 본성입니다. 이것을 떠나 객관적으로 존재하는 나, 이것을 떠난 세상은 없습니다. 어떤 일이 벌어지려면 바로 이것이 바탕이 되어야 가능합니다.

유마가 방에 오직 침상 하나만 놓고 모든 것을 치워 텅 비웠다는 것은 이 하나뿐인 진실을 비유적으로 표현한 것입니다. 방에 있던 탁자, 의자, 온갖 물건, 시자, 경비원들을 없앴다는 것은 이 모두를 저 밖으로 치우거나 내쫓아 버렸다는 것이 아닙니다. 탁자, 의자, 온갖 물건, 시자, 경비원이 있는 그대로 본래 없다는 것입니다.

그러니 모든 것이 방 안 가득 있더라도 치운 것이나 마찬가지인 것이 실제 모습입니다. 신비란 바로 이것입니다. 손 하나 대지 않고 없애는 것이며, 힘 한 번 들이지 않고 없앤 것을 모두 제자리에 갖다 놓는 일입니다. 이것은 물리적인 능력이 아니라 실제 우리가 마주한 세계의 참모습입니다. 모든 것이 본성의 투사여서 그것이라고 할 게 없다는 자각, 이 모두가 상대 없는 하나라는 깨달음이 세상의 참모습에 눈을 뜨게 합니다.

17. 우주를 두르다

《유마경》에 소달다 장자라는 대부호가 많은 사람을 초대하여 재물잔치를 베푸는 장면이 있습니다. 이 잔치에 나타난 유마 거사는 소달다 장자를 꾸짖으며 참된 잔치를 베풀라고 합니다. 재물잔치가 아니라 법의 잔치가 바로 참된 잔치라고 말합니다.

이 말을 듣고 느낀 바가 있는 소달다 장자가 유마 거사에게 영락(瓔珞)이라는 보물을 줍니다. 영락이란 부처의 목이나 팔, 가슴 같은 곳에 둘러 장식하는 진귀한 보물입니다. 유마 거사는 사양하다가 장자가 거듭 권하는 바람에 이것을 받습니다. 이 보물을 받고는 그 즉시 사람들에게 나누어 줍니다. 가장 먼저 나눠 준 사람은 가장 볼품 없고 가난한 자였습니다. 가장 가난하고 가장 천한 지위의 거지 다음에 여래에게 이 보배를 바칩니다. 그러고는 남은 보배를 우주 사방에 고르게 나누어 장식합니다.

부처가 두르는 영락이란 바로 우리 모두가 갖추고 있는 본성품을 말합니다. 이것은 가난하다고 부족하지 않고, 가장 낮은 지위에 있다고 없는 것이 아닙니다. 꿈틀거리는 벌레에게도 갖추어져 있습니다. 찢어져서 흩날리는 종잇조각에도 있고, 말라서 바삭거리는 나뭇 잎에도 부족함이 없습니다. 우리가 아주 하찮게 여기는 똥, 오줌도 이것이고, 스쳐 지나가는 바람, 하늘을 지나가는 구름, 푸른 나무에 도 항상 부족함 없이 평등하게 갖추어져 있습니다. 모든 것이 바로 이 하나이기 때문입니다.

이것은 귀하기로 치면 비교할 것이 없습니다. 이것이 아니면 모든 것이 불가능하기 때문입니다. 여래도 이로 인해 출현하기에 여래보 다도 더 귀한 것입니다. 그러나 가난하기로 치면 이것처럼 가난하고 볼품없는 것이 없습니다. 유마 거사는 이것을 가장 먼저 볼품없고 가난한 자에게 주었습니다. 이것은 볼품없고 가난한 자와 너무도 닮 아 있습니다. 모양이 없고, 자취가 없습니다. 대상화가 되지 않기 때 문에 무엇이라고 할 게 없습니다. 가질 수도 없고, 내버릴 수도 없습 니다. 우리 존재 자체이기 때문에 아무런 가식도 필요 없고, 뛰어난 능력도 요구하지 않습니다. 오히려 마음이 가난하고 가난했을 때 이 것의 진면목을 볼 수 있습니다. 그러니 이것은 가난한 것 중에서도 가장 가난한 것입니다. 그렇지만 부족한 적이 없기 때문에 온 우주 에 남김없이 두를 수 있는 것입니다. 유마 거사가 이것을 사방에 둘 렀다는 것은 온 우주 사방이 바로 이 하나라는 것입니다.

바로 이것을 깨달을 뿐입니다. 모든 말할 수 있고, 그릴 수 있고, 생각할 수 있고, 볼 수 있고, 들을 수 있는 것은 이것으로 인해 드러 난 무상한 것들입니다. 그러나 이 세상 모든 것의 본성인 이것은 늘 실재하고, 그렇기 때문에 진실합니다. 우리 모두가 이 속에서 살아가고 있는데, 이 보배에는 관심 없고 여기서 드러난 꿈과 같은 것들에 매료되어 있습니다. 환상과 같은 것은 늘 괴로움을 동반합니다. 그것은 늘 변하고, 실체가 없기 때문입니다.

이것은 언제 어디서나 가득하기에 달리 찾아 나설 필요가 없습니다. 늘 평등하고 없는 곳이 없기에 당장 여기에 눈을 뜰 수 있습니다. 모든 것이 바로 지금 이렇게 나고 사라지는 듯 드러납니다. 그러나 우리는 드러나는 사물이나 생각이나 감정에 사로잡혀 있기 때문에 이것을 돌이켜 보지 합니다. 습관적으로 생각에 사로잡히고 사물을 쫓아가는 버릇에 지배당하고 있습니다.

바로 지금 당장 마음의 요동이 멈출 수 있다면, 바로 지금 당장 모든 헤아림이나 감정의 일렁임이나 무언가를 확인해야겠다는 생각, 모르겠다는 생각 등 드러나는 모든 것을 따라 정신을 잃지 않는다면 너무도 당연한 이 마음 바탕을 자각할 수 있습니다.

유마 거사가 온 우주에 나누어 준 것을 이미 여러분은 충분히 누리고 있습니다. 언제나 이 하나의 작용이 펼쳐지고 있을 뿐 여기에 여러분도 따로 없고 저도 따로 없습니다.

18. 찾을 필요 없는 본래 진실을 깨닫게 하려고

처음 공부를 시작할 때는 구원의 대상으로서 무언가를 찾습니다. 불안한 상태를 벗어난 사람들의 존재를 알게 되고, 그들이 어떤 변화를 경험했는지 궁금합니다. 분명 나와 같은 사람이고, 우리네 삶과 다르지 않은 물리적 환경 속에서 살고 있을 것입니다 그러나 그들에게는 깊은 평온이 느껴집니다. 그래서 그들의 정신세계가 궁금하고 그런 경지를 맛보고 싶습니다.

이런 갈망으로 공부를 시작하지만, 제대로 된 길을 가고 있다면 아마 얻는 것이 없을 것입니다. 시간이 지날수록 잃어버리는 심정이 들 것입니다. 내가 꿈꾸던 평화, 안정, 만족을 얻으려고 시작했는데, 시간이 지날수록 이런 욕망마저 내려놓아야 한다는 사실을 깨닫게 될 것입니다. 어쩌면 마음공부의 성패는 자기라는 존재를 비롯해 모든 것이 있는 그대로인 채로 사라져 버렸느냐, 그러지 않았느냐에 달려 있을 것입니다.

중국 당나라 때 마조도일 스님과 어떤 승려가 이런 대화를 나누었습니다.

"스님은 무엇 때문에 이 마음이 곧 부처라고 말씀하십니까?"

마조도일 스님이 말했습니다.

"어린아이가 우는 것을 그치게 하기 위해서다."

"울음을 그친 뒤에는 어떻습니까?"

"마음도 아니고 부처도 아니다."

"이 두 종류가 아닌 사람이 오면 어떻게 가리켜 줍니까?"

"그에게 어떤 물건도 아니라고 말해 준다."

"문득 그 속의 사람이 올 때에는 어떻습니까?"

"먼저 그가 대도(大道)를 직접 깨닫도록 해 준다."

마조 스님은 궁극적으로 대도를 직접 깨닫도록 하기 위해 이 마음이 부처라 말하기도 하고, 마음도 부처도 아니라 하기도 하고, 인연이 된 사람에게 어떤 물건도 아니라고 말해 준다고 합니다.

깨닫지 못하는 이유는 '이것이다', '저것이다'라는 생각을 일으켜 여기에 사로잡히기 때문이므로 이 생각의 틀에서 벗어나도록 이런 저런 방법을 쓰는 것입니다. 듣는 사람의 마음상태가 어떤지를 보고 그 생각의 틀에서 벗어나게 한다는 것입니다. 만약 조사나 선사의 말이 진실이고 결정적인 답이라면, 이런 말 저런 말을 앞뒤가 맞지 않게 할 수 없습니다. 하지만 그분들은 이 마음이 부처라고 말하다가 어느 순간에는 마음도 아니고 부처도 아니라고 말을 바꿉니다. 이와 비슷한 일화는 이외에도 많습니다.

마조 스님의 제자 대매법상 스님은 마조 스님이 '이 마음이 부처'라고 하는 말을 듣고 깨달았습니다. 수년이 지난 후 마조 스님은 법상의 공부를 시험해 보려고 사람을 보내어 '마음도 아니고 부처도 아니다.'라고 전하라고 합니다. 또 마조 스님의 제자 동사여회 스님도 이와 비슷한 말을 한 적이 있습니다. 마조 스님이 돌아가시고 제자들이 '이 마음이 부처다(卽心是佛).'라고 주장하며 다니자 동사 스님은 이렇게 말했습니다.

"부처가 어디에 머무르기에 마음이 부처라고 하는가? 마음은 환상과 같은 것인데 부처를 비방함이 너무 심하다. 마음은 부처가 아니요, 지혜는 도(道)가 아니다. 칼을 잃어버린 지 오래인데 이제야 뱃전에 표시를 하는가?"

물론 처음에는 분별에 사로잡혀 고통 받는 이들에게 여기서 벗어나게 하기 위해 '모든 것이 네 마음에서 비롯되지 않느냐. 너를 떠난 세계가 어디 있느냐. 모든 것이 지금 이 순간 여기에서 비롯된다. 그러니 그 모든 현상세계의 것들에 집착할 필요가 없다.'라고 합니다. 이런 깨우침의 말씀을 듣고 스스로를 돌아보니 자신의 마음을 떠난 세계는 존재하지 않는다는 것을 깨닫게 되었습니다. 모든 것이 바로 지금 이 마음에서 시작되고 사라지고 있었습니다. 내 존재가 없다면 모든 것이 나타나고 사라지는 것이 불가능합니다. 내가 모든 것의 존재를 규정하고 있었습니다. 이런 내적 전환이 오면 순간적으로 도를 찾는 마음이 쉬어집니다.

그런데 여기서 문제는, 밖을 향해 분별하고 추구하던 마음이 다시 '내 마음' 혹은 '이것'이라는 내적 대상에 대한 집착심으로 바뀔 수 있다는 것입니다. 대상을 분별해서 추구하고 지키려는 분별집착심이 여전히 장애를 일으킵니다. 이제는 모양 있는 것에서 '모양 없는 마음'으로 자기도 모르게 집착의 대상을 바꾸게 되는 것입니다. 분별을 따라가지 않고 자기 마음자리에 있으면 편안하고 아무 일이 없습니다. 그러나 이런 상태라면 삶이 원만하지 않습니다. 삶은 좋고 나쁜 모습, 다양한 경계로 일어나는데 마음은 여전히 고요하고 안락한 곳에 머물려 합니다. 삶과 공부가 분리되어 있는 듯한 느낌을 받습니다.

그동안 우리는 무언가 그럴듯한 것이 있으면 그것을 분별하여 취하고, 나쁜 게 있으면 피하고 버리는 마음으로 살아왔습니다. 그런데 어느 순간 문득 모든 것을 드러내는 바탕에 대한 자각이 있고 나니, 이제는 분별심이 교묘하게 이 하나만을 값어치 있는 것으로 만들어 이것에 매달리게 합니다. 이전에는 여러 가지 다양한 분별경계들에 집착했다면, 이제는 경계를 떠난 딱 하나에 집착하려고 합니다. 어떤 것에도 의지함 없는 삶을 살아 본 적이 없기 때문에 여기에 어떤 실수가 있는지 모릅니다. 이 마음이 부처라고 하니까, 현상계는 놓아 버리고 이제는 본질(사실 집착할 수 있는 것은 본질이 아니라 '본질이라는 분별경계'입니다)에 매달립니다. 그럴 때 마조 스님이 마음도 아니고 부처도 아니라고 하며 마음에 대한 집착마저 내려놓게 이끕니다.

'마음도 아니다. 주인공의 위치에서 주도하는 마음이 따로 있는 게 아니다. 마음이 따로 있다면 아직 참된 깨달음이 아니다. 본래는 모든 것이 둘 아닌 하나인데 현상계를 떠난 마음이 따로 있다면 여전히 분별심에 머물러 있는 것이다.'

처음에는 마음이 부처라 했다가, 나중에는 이것을 부정하고 있습니다. 그렇다고 이분의 말씀을 무시할 수는 없습니다. 수많은 사람들을 깨달음으로 이끈 대선사가 괜스레 이런 말을 했다가 저런 말을 하지는 않는 것 같습니다. 마음이 부처라는 말을 듣고 문득 자신의 마음바탕을 체험하는 전환을 맞이했습니다. 그러나 여기에서 우리는 자신도 모르는 사이에 마음이라는 것을 대상화하는 실수를 범할수 있습니다. 마조 선사는 이것을 경계하는 것입니다.

마음은 대상이 아닙니다. 그런데 그동안 살아오면서 몸에 밴 분별심은 자기에게 일어난 변화를 자꾸 분별로 설명하려 하고 대상화하려는 시도를 합니다. 이 습관이 너무도 강하기 때문에 본성에 대한 체험을 하고 시간이 지나면서 자신에게 일어난 변화를 언어로 규정하려고 합니다. 그러나 언어로 규정할 수 있는 것은 마음에서 일어난 경계입니다. 본래 마음은 문자나 언어로 규정할 수 없습니다. 그런데 자꾸 습관적으로 '이것'이라고 대상화하려 하고, 특정한 느낌, 특히 편안한 느낌이나 본성을 체험할 때 경험했던 편안함, 신비로운 상태를 법이라고 착각하게 만듭니다. 그런 마음은 없습니다. 마음은 이 모든 것을 대상화하는 본바탕이기 때문입니다.

마조 스님이 마음도 부처도 부정하는 것은 자기도 모르게 경계를 떠난 마음이라는 것을 세워 이것에 집착하는 심리를 일깨워 주려한 것입니다. 분별심은 집요해서 처음에는 온갖 현상들을 분별집착하다가, 나중에는 마음이라는 것을 분별하여 집착하려고 듭니다. 그러나 말과 언어로 규정할 수 있는 것, 그리고 집착의 대상이 될 만한 것은 모두 망상이지 본성품이 아닙니다. 마음이라고 할 수도 없고부처라고도 할 수 없습니다. 이것조차 말이기 때문입니다.

그렇게 선사가 이끄는 대로 따라가다 보면 묘한 변화가 찾아옵니다. 스스로 마음이라는 어떤 것을 자꾸 규정하려 했다는 깨달음이옵니다. 법은 말로, 혹은 생각으로 대상화할 수 없다는 자각이 옵니다. 생각의 기미만 보여도 모두 망상이라는 철저한 자각이 옵니다. 그러면서 본마음을 대상화하려는 시도가 사라져 버립니다.

스스로 깨달은 자리에 익숙해지다 보면 안목이 저절로 밝아지는 변화를 겪는 것입니다. 무언가를 분별하는 것이 쉽지 않은 일이 되어 버립니다. 그러면서 자기가 조금이라도 마음속에 담아 두고 있거나 챙기고 있는 것이 있다면 부담스러워집니다. 분별하지 않는 삶의자유가 참된 자유라는 것을 몸소 경험하게 됩니다. 아무것도 마음에담아 두지 않는 것이 자연스러운 일이었습니다. 모든 애씀을 내려놓고 푹 쉬어지는 경험을 합니다. 이전과는 아주 다른 차원의 안정입니다. 온갖 것이 있다가 마음뿐이라는 자각이 왔을 때도 많이 쉬어졌는데, 이제는 달리 신경 쓸 것이 아무것도 없어져 버렸습니다. 어느 것 하나 지키고 있지 않아 푹 안심이 되고 허공을 걷는 듯 가볍습니다.

'불이법(不二法)'이라는 견해도 지키지 않습니다. 이것 또한 망상입니다. 만약 '색즉시공 공즉시색'의 도리, 본질과 현상이 하나인 마음, 불이법이라는 속삭임이 있다면, 이게 바로 분별망상입니다. '법이란 무엇이다'라고 할 게 없습니다. '무엇이다'라고 하면 모두가 관념입니다. 진실로 마음과 현상이 둘이 아니라는 자각이 오면 하나라는 것도 들고 있지 않게 됩니다.

그래서 스스로가 분명히 깨닫는다면 굳이 '어떤 물건도 아니다'거나 '대도를 직접 깨닫게 해 주겠다'는 말을 듣지 않아도 스스로 자연스럽게 이런 말에 통하게 됩니다. 그냥 드러나는 족족 그것 그대로 그게 아니고, 다른 일이 있는 게 아니고, 하나니 둘이니 말할 필요도 없게 됩니다. 온 우주가 있는 그대로 텅 비어 버리지만 또한 백지상태도 아니어서 말로 표현할 수 없는 참모습을 경험하게 됩니다.

사실 마조 스님은 처음부터 '이 마음이 부처'라는 생각을 가지고 말을 한 것이 아닙니다. 분별하여 그것이 따로 있다고 여기는 사람들에게 그게 따로 없다는 것을 스스로 깨닫게 해 주기 위해 쓴 약입니다. 추구하는 마음을 쉬고 있는 그대로 보게 하기 위한 방편이었습니다. 뿐만 아니라, "마음도 아니고 부처도 아니다."라는 생각을 가지고 말한 것도 아니고, "어떤 물건도 아니다."라는 결정적인 답을 준 것도 아닙니다. '대도'라는 것이 따로 있어서 그것을 깨닫게 해 주겠다고 하는 것도 아니었습니다. 그렇다고 아무것도 없는 상태를 말하는 것도 아닙니다. 모든 말이 해당되지 않지만 모든 말이 진실한 본래소식이 각자에게 있습니다. 스스로 경험해야 공감할 수 있지, 결코 생각으로는 이해할 수 없는 일입니다.

마음공부란 앎이 아니라 헛된 망상의 꿈에서 깨어나는 일입니다. 이것저것이라고 할 만한 일이 따로 없음을 몸소 깨닫는 일입니다. 그러니 자연히 모든 추구하는 바가 사라지고 온갖 것이 따로 없음을 알게 되어 욕망이 자연스럽게 사라집니다. 석가모니도 깨달은 사람을 '불 꺼진 자'에 비유했습니다. 활화산처럼 일어났던 욕망의 불길이 꺼지는 일입니다. 진실은 찾을 필요가 없었습니다. 이미 이것을 떠난 적이 없기 때문입니다. 어느 것도 얻을 것도 없고, 잃을 것도 없습니다. 잃었다면 본래 없던 것을 잃어버린 것이고, 얻었다면 여전히 망상분별에 사로잡혀 있는 것입니다.

19. 실체 없는 생각

마음을 가라앉히고 스스로에게 무슨 일이 일어나고 있는지 가만히 볼 필요가 있습니다. 내면을 보면 무수한 속삭임이 넘쳐 나고 있습니다. 온갖 생각들이 이미지로 혹은 언어로 쉼 없이 나타났다가 사라집니다. 이것들은 종잡을 수가 없습니다. 과거를 회상하다가 갑자기 미래로 향하고, 미래의 일을 상상하다가 갑자기 현재의 자극에 시선이 가서 여기에 대한 생각으로 꽃을 피웁니다. 그러다가 다시 과거로 가고 현재로 왔다가 미래로 빠져듭니다.

생각들은 마치 한 마리 원숭이처럼 멈추어 있지 않고 들락거리고 헐떡거리고 이리저리 두리번거리고 가만히 있지 못합니다. 그런데 여기에서 이 모두가 생각일 뿐임을 깨어서 보지 못한다면, 몸과 마음이 원숭이처럼 덩달아 날뜁니다. 좋은 일이 일어나면 기분이 고조되고, 부정적인 이미지가 떠오르면 갑자기 두렵고 침울해집니다. 생각 따라 몸과 마음이 지배를 당합니다. 이게 자신의 생각과 감정에 밝지 못한 사람들의 내면풍경입니다. 이 모두가 스스로에게서 드러난 생각일 뿐인데 말입니다.

아무런 문제가 없는데도 갑자기 공포스러운 기억이 떠오르면 몸이 경직되면서 식은땀이 흐릅니다. 순전히 스스로에게서 일어난 생각입니다. 그런데 우리는 자기에게서 일어난 생각에 지배당합니다. 스스로가 스스로를 구속하는 것입니다. 그런데 생각은 그저 생각일 뿐입니다. 감정도 마찬가지입니다. 기억의 창고에서 꺼낸 자료들과 지금 일어나는 인연이 어우러져 감정반응이 일어난 것입니다. 인연의 화합일 뿐 이런저런 감정이 실재하는 것은 아닙니다.

깨달음이란 모든 허위의 정체가 밝혀지는 일입니다. 본래 아무런 일이 없고 구속도 실재하지 않는데, 허망한 생각의 그물에 스스로를 가두었다는 자각입니다. 생각은 실재가 아닙니다. 모든 것이 생각을 통해 스스로에게 의미가 됩니다. 생각이 없다면 아무것도 성립할 수 없습니다. 그러니 무슨 일이 불편하다거나 좋다거나 이런저런 영향이 있다면, 모두 생각으로 드러난 것임을 철저히 볼 뿐입니다. 말할 만한 것은 모두가 생각이고, 걸리는 것도 모두가 생각이고, 좋다는 것도 모두가 생각이고, 아무 일 없다는 것도 벌써 의미가 서 버렸으니 생각입니다.

실상을 깨닫고 보면 아무 일이 없다 할 수 있지만, 진실로 스스로가 아무 일이 없다면 아무 일 없다는 것도 돌아보지 않습니다. 온갖 일이 나타나건 나타나지 않건, 모양이 있건 없건 아무런 영향을 주지 않습니다. 묘하게 지금 이렇게 허공과 같은 데서 온갖 일이 생동하고 있지만 그런 일이 없는 것입니다. 이것이 온갖 모습 속에서도 모습을 벗어나는 것이며, 온갖 생각을 하면서도 생각에 걸리지 않는 소식입니다. 새롭게 배워서 그런 것이 아니라 우리 존재 자체가 본래 그렇습니다. 모든 분별되어 드러나는 것들이 자기 마음 하나임을 깨닫는다면 저절로 이러한 사실을 받아들일 수 있을 것입니다.

20. '바로 이것!' 하는 이 마음자리는 뭘까?

법은 다 드러나 있습니다. 있는 그대로가 부처이고 진실입니다. 온갖 것이 진실하며 우리 각자가 발 딛고 서 있는 자리가 바로 이것입니다. 법이 무엇인지 질문을 하면 선사들은 주저 없이 "차나 한 잔 해라."라든가 "컵"이라든가, "아랫마을의 쌀값이 얼마냐?"라고 말합니다. 혹은 이름을 부르거나 방망이로 때리고 고함을 치기도 합니다.

모두가 있는 그대로를 가리켜 보이는 것입니다. 그런데 이 '있는 그대로'라는 것은 우리가 기존에 알고 이해하는 '있는 그대로'가 아닙니다. 우리가 말뜻으로 이해하는 '있는 그대로'는 생각으로 헤아린 것입니다. 있는 그대로의 참은 액면 그대로 "있, 는, 그, 대, 로"입니다. 어떠한 의미가 서기 이전의 그냥 "있, 는, 그, 대, 로"입니다. "있, 는, 그, 대, 로"라고 무심히 말해 보십시오. 여기에 어떠한 의미나 말이 가리키는 무언가를 생각하지 말고 그냥 "있, 는, 그, 대, 로". 이게 있는 그대로입니다. "뜰 앞의 잣나무", "차나 한 잔 해라."가 바로 이것입니다. 뜰 앞의 잣나무라는 사물이나 그것이 상징하는 것을 가리키는 것이 아닙니다. 그냥 아무 뜻도 맛도 의미도 생각도 없는 "뜰,

106

앞, 의, 잣, 나, 무"입니다.

　법을 말하는 말을 달을 가리키는 손가락에 비유합니다. 그러나 이것도 제대로 말한 것이 아닙니다. 만약 모든 말에서 말한 내용을 따라 헤아린다면, 모든 것이 달을 가리키는 손가락에 지나지 않지만, 내용을 따라 생각에 사로잡히지 않는다면 이 말 그대로 달입니다. 법문뿐만 아니라 일상의 대화가 그대로 법입니다. 그래서 이 세상 모든 말이, 더 나아가 이 세상 모든 현상이 참된 법의 세계입니다. 온갖 것의 있는 그대로가 법이지, 그 현상의 이면에 깊은 진실이 따로 있는 것이 아닙니다. 그러나 여기에서도 조심하십시오. '일상의 대화가 모두 법이고 모든 현상이 법이다.'라는 의미로 들어가지 마십시오. 그런 뜻을 헤아리고 간직하라는 말이 아닙니다. 자유로이 온갖 것을 다 쓰고 생각할 때, 그뿐이지 뒤에 남겨진 것이 없습니다.

　흔히 법을 물으면 "바로 이것!"이라고 합니다. 똑똑똑, 책상을 두드리기도 하고, 손가락을 들기도 합니다. 그러나 이러할 때 곧바로 법에 통하지 못하면, "바로 이것!"하는 이 마음자리가 무엇일까? 그것이 무엇인지 알고 싶다는 마음이 발동합니다. 그러나 이것은 분별심으로 법을 구하는 행위이고, 영원히 쉬지 못하는 어리석음에 갇히는 일입니다. "바로 이것!"이라고 말할 때, 이 말 이면의 마음자리를 자꾸만 생각하게 되는 것은 우리가 이런 식으로 세상을 살아왔기 때문입니다. 이것이 분별심의 전형적인 패턴입니다. 우리는 말과 말의 뜻을 늘 분별하며 살아왔습니다. 나무를 말하면, 나무에 해당하는 사물을 연상합니다. 말을 들으면, 액면 그대로의 말을 넘어서 그 것이 가리키는 바를 향해 들어갑니다. 나무라는 말 뒤에 나무라는 이미지, 느낌, 지식, 기억들을 찾아 들어가게 됩니다. 이러한 작용이 너무도 자동화되어 있습니다. "바로 이것!"도 그렇게 받아들입니다. "바로 이것!"그 자체인데 "바로 이것이 가리키는 무언가가 있을 거 야."라고 생각하며 찾습니다.

이 습관이 뿌리 깊어서 법을 가리키는 말을 들으면 자기도 모르게 이런 식으로 구하고, 찾고, 알려고 합니다. 그러나 법은 현상 이면에 감추어져 있지 않습니다. 액면 그대로 드러난 것입니다. 아주 직접 적인 것입니다. 법에 대한 가리킴의 말 그대로가 법이고, 이 말 뒤에 일어날 수 있는 생각, "법을 가리키는 말 이면에 감추어진 뜻이 무엇 일까?"하는 이 자체가 법일 뿐입니다. 그러니 법을 가리키는 말에 그 림자가 없고, 틈이 없고, 숨겨진 뜻이 없습니다. 어떤 것에 해당하는 무언가가 있다면 둘입니다. 나무는 그냥 나무일 뿐이고, 나무라는 물체는 그냥 그것일 뿐이고, 나무라는 이미지는 그냥 그것일 뿐입니다. 깊이가 없습니다. 이면이 없습니다. 두 개가 없습니다.

"법을 안다"와 "모른다"도 마찬가지입니다. 알 때 안다는 생각이 없고, 모를 때 모른다는 생각에 떨어지지 않는다면, "안다" "모른다" 가 그대로 법입니다. 손가락을 드는 일, 뜰 앞의 잣나무, 마삼근, 똥 막대기…… 아무 뜻도, 맛도, 의미도, 배경도, 그림자도, 잔상도 없는 그냥 그대로 법입니다. 온갖 말이, 온 세상 모든 것이 아무 맛도 뜻도 의미도 없는 그대로 평등합니다. 현상 그대로가 하나입니다.

이것이 진실이 발가벗겨져서 드러난 실상이고, 있는 그대로이고, 공성(空性)입니다. 이것을 만법에 자성(自性)이 없다 하는 것이고, 이것이 불이법입니다. 그래서 《유마경》에 비구가 죄를 지었어도 유마거사는 참회할 죄가 비었다고 한 것입니다. 왜 비구가 계율을 어긴 바가 없겠습니까? 그러나 실로 그렇더라도 액면 그대로 그것이 전부이지 이면에 자성, 독자성이 없다는 것입니다. 《금강경》에 '응무소주이생기심(應無所住而生其心)'이라 했습니다. 모든 것에 독자성이 없어 텅 비어서 머물 만한 곳이 없으니, 자연스레 머문 바 없이 마음이 나는 것입니다. 이게 우리 존재 본연의 상태이고 청정법계이며, 세상의 참모습입니다.

세속생활에서는 온갖 말을 따라 의미를 알아야 원활하게 생활하겠지만, 법은 결코 그런 것이 아닙니다. 분별심으로 법을 추구하면 영원히 깨달을 수 없습니다. 법은 전부 드러나 있습니다. 드러나는 족족, 경험되는 족족 그것일 뿐 깊이 숨겨진 뜻이 없습니다.

"법이 뭡니까?"
다 드러났습니다.

21. 말과 생각이 끊어지면 통하지 않는 곳이 없다

말과 생각에 사로잡혀 있다면, 말할 수 없고 생각할 수 없는 본성에 통할 수 없습니다. 온갖 말 가운데 말이 될 수 없고 온갖 생각 가운데 생각이 아닌 것은 말과 생각에 사로잡히지 않을 때 체감됩니다. 그런데 이런 말을 듣고는 자기도 모르게 말과 생각을 없애려는 시도를 합니다. 그러나 이 시도가 바로 말이고 생각입니다. 이것은 진흙을 없애려고 진흙 묻은 손으로 진흙을 치우려는 행위와 같고, 시끄럽다고 조용히 해 달라고 소리치는 것과 같은 실수입니다.

말과 생각이 끊어지는 것은 나의 노력과 상관없는 일입니다. 애써 무엇을 이루려는 모든 시도가 포기되었을 때 저절로 일어나는 일입니다. 그러니 말과 생각으로 어떻게 하려고도 않고, 말과 생각을 없애려고도 하지 않는 것이 좋습니다. 말과 생각으로 법을 그리지도 않고 말과 생각으로 법을 그리지 않으려는 애씀도 쉬어졌을 때가 좋습니다. 말과 생각이 어쩔 수 없이 일어나더라도 여기에 길이 없음을 잘 알고, 인위적인 조작으로는 도에 통할 수 없다는 인식이 중요합니다. 이런 이해가 있고 나면 저절로 쉬어지고 저절로 안정이 됩니다. 답답하기는 하지만 어찌할 수 없는 상황을 맞을 것입니다.

여기에 이르러서는 스스로의 발심이 시험대에 오릅니다. 깨달음에 대한 염원이 지극하다면 어찌할 수 없는 상황이 되어도 깨달음에 대한 염원, 궁금증은 여전할 것입니다. 일상생활 속에서 무슨 일을 하더라도 이 일을 가리키는 신호로 느껴질 것입니다. 이 상황이 너무 힘들어 마음공부를 내려놓으려고 해도 내려놓아지지 않아서 일거수일투족이 자기 본성에 대한 의문 하나로 귀결될 것입니다. 마치 온몸의 털구멍마다 물음표가 박힌 것 같아서 자기도 모르게 이 일에 대한 의문이 지극해질 것입니다. 이런 시간이 길 수도 있고 짧을 수도 있습니다. 그러나 대개는 머지않아 문득 스스로의 성품을 자각하게 됩니다.

내가 어떻게 해서 이런 변화가 일어나는 것이 아닙니다. 간절하기는 한데 아무것도 할 수 없을 때 한결같은 본성이 자각되는 것입니다. 여전히 진실에 대해 생각하고 헤아리고 따지고 물을 때는 오리무중이다가, 스스로 어찌할 수 없어 온몸과 마음이 사슬로 묶인 것 같은 무력감이 올 때 빛이 발하는 것입니다. 깨달음에 대한 염원은 지극하지만 나의 모든 의도가 쉬어졌을 때 말과 생각은 저절로 끊어집니다. 말과 생각이 바로 나의 의도이기 때문입니다. 스스로가 어찌할 수 없어 자아의식이 소진되었을 때 이것이 가리고 있던 본성이 드러나는 것입니다. 그러니 어떻게 해서도 안 되고, 하지 않으려고 해서도 안 됩니다.

오도 가도 못할 때 문득 밖을 향해 찾고 구하던 마음을 내려놓고 보면 온갖 사물, 온갖 행위, 산하대지가 바로 이것이었습니다. 여기에 통하고 보면 온갖 말과 생각이 이것을 떠난 일이 아님을 스스로 잘 알 것입니다. 온 세상이 이 하나로 빛을 발하고 있어서 어떤 일이 벌어지든 있는 그대로 진실함을 체감할 것입니다.

22. 생각 이전도 아니다

깨달음으로 이끄는 모든 말이 마지못해 쓰는 임시 수단임을 잊어서는 안 됩니다. 본래 갖추어진 성품은 말로 할 수 없는 것입니다. 모든 말이 깨달음 밖의 일이 아니지만 어떤 말로도 깨달음을 규정할 수 없습니다. 이것을 마지못해 생각 이전의 일이라고 합니다. 선(禪)에서는 '위음왕불(威音王佛) 이전' 소식이라고 하기도 하고, '부모미생전(父母未生前)', '천지미분전(天地未分前)' 소식이라고 얘기합니다. '위음왕불 이전'이라는 말은 최초의 부처인 위음왕불이 세상에 나타나기 이전이라는 것입니다. '부모미생전'의 소식은 부모에게서 태어나기 전의 소식이고, '천지미분전'의 소식은 하늘과 땅이 나누어지기 이전 태초 소식을 말하는 것입니다. 모두가 근원 성품을 말하는 것입니다.

황벽 스님이 행각하던 시절, 남전보원 스님 회상에 찾아갔을 때의 일화입니다.

하루는 식사 때에 발우를 받들고서 남전의 자리에 가서 앉았습니다. 남전이 내려와서 보고는 물었습니다.

"장로는 어느 해에 불도(佛道)를 행하였소?"

황벽이 말했습니다.

"위음왕(威音王) 이전입니다."

남전이 말했습니다.

"오히려 왕노사(王老師)의 자손(子孫)이로군요."

황벽은 곧 아래로 내려갔습니다.

황벽 스님은 남전 스님과 법담을 나누기 위해 일부러 남전 스님의 자리에 앉은 것입니다. 무례를 무릅쓰고 아버지뻘 되는 남전 노스님의 자리에 앉은 이유는 뻔한 것입니다. 남전 스님이 황벽 스님에게 언제부터 불도를 행하였느냐고 물었습니다. 황벽 스님은 '위음왕불 이전'이라고 했습니다. 최초의 부처가 세상에 나기 이전부터 불도를 행했다는 것입니다. 말이 되지 않습니다. 최초로 불도를 행한 사람이 위음왕불인데 최초 부처가 나기 이전에 불도를 행했다고 하는 것은 생각으로 알 수 없습니다. 이 말 자체가 모순이기 때문입니다. 이 말은 '생각 이전부터 생각했다', '말없이 말했다', 또는 '시작도 하기 전에 시작했다' 등등의 말로 대신할 수 있습니다. 말로 봐서는 뛰어난 경지입니다.

그러나 이 대답을 들은 남전 스님이 '왕노사의 자손', 즉 자신 아래에 있다고 했습니다. 그러자 눈치 빠른 황벽 스님이 군말 없이 아래로 내려옵니다. 바로 지금 눈앞의 당처는 아무리 그럴듯한 생각이라도 그것이 아니라는 것입니다. 벌써 관념에 떨어졌다는 것입니다. '위음왕불 이전' 운운하는 것이 관념입니다. 깨달음으로 이끌려는 이들이 마지못해 생각 이전의 소식이라고 합니다. "모든 것이 생각을 통해 드러나는데, 생각은 그저 생각일 뿐이어서 허망하다. 그런데 온갖 생각은 바로 지금 여기에서 드러난다. 생각생각이 일어나는 여기는 생각 이전의 소식이다. 바로 지금 경험하는 자리다."라고 이끕니다.

그런데 여기에서 진실로 가리켜 보이고자 하는 것은 '생각 이전'이라는 생각이 아닙니다. '태초' 혹은 '근원', '부모에게서 태어나기 이전' 등등 시간적인 시점을 얘기하는 것이 아닙니다. 여기에서 모든 말과 헤아림을 놓아 버릴 수 있어야 합니다. 여기에서 가리키고자 하는 것은 아무런 헤아림 없이 통하는 실재 자리입니다.

언어란 깨달음으로 인도하는 데 아주 유용한 도구입니다. 많은 사람이 말에 사로잡혀 있기 때문에 말에서 벗어나게 하려고 말을 씁니다. 선지식의 설법을 듣다 보면 수긍이 가서 자기도 모르게 긍정하며 따라가게 됩니다. 그러다 보면 많은 생각들이 떨어져 나가는 것을 경험하게 됩니다. 온갖 것이 그저 지금 이 순간 드러난 허망한 모습이라는 데 긍정하게 되고 많은 집착을 놓아 버리게 됩니다.

그러나 한 개의 집착과 헤아림이 남아 있습니다. 바로 법에 대한 집착과 헤아림입니다. 모든 분별상과 집착에서 해탈하는 공부인데, 마지막 관문에서 법에 대한 분별상과 집착에 걸려 자유로워지지 못하는 것입니다. 이것은 생각 이전도 아니고 생각 이후도 아닙니다.

이것은 부모에게서 태어나기 이전 소식도 아니고 태어난 이후의 소식도 아닙니다. 법은 생각 이전이라는 지정된 위치에만 놓여 있지 않습니다.

"나에게 불성이 감추어져 있다."는 경전의 말을 듣고 '나'라는 지정된 공간을 쥐고 있어서도 안 됩니다. 혹은 "만물에 불성이 있다."는 좀 더 포괄적인 공간적 개념에 머물러서도 안 됩니다. 생각은 구획이고 경계선입니다. 생각 자체가 이러한 속성을 가지고 있습니다. 자꾸 규정하려 하고 한계를 지으려 합니다. 이것이 장애일 뿐입니다. 이 모든 헤아림, 분별망상을 내려놓아 버리면 진실은 허공과 같이 툭 트여서 막힘이 없습니다.

모든 시공간이 바로 이것입니다. 진실을 규명하고 이해하고 정리정돈하려는 마음의 습성을 돌아볼 일입니다. 내가 법을 정의하는 것이 아니라 법이 나와 나의 모든 시도를 감싸 안아 버려야 합니다.

23. 그대를 부르는 소리

옛날 서암언 화상은 매일 스스로 "주인공아!" 하고 불렀습니다. 그러고는 다시 스스로 "예!" 하고 대답하였습니다. 이어서, "깨어 있어라!", "예!", "훗날 남들에게 속지 마라!", "예, 예!" 하고 말하였습니다.

"주인공아!" 바로 이것입니다.
"예."도 물론 다른 것이 아니지만, 부르는 것이 이미 이 일입니다. 부르는 것이 이것이고, 묻는 것이 이것입니다. 무슨 일이 일어나자마자 바로 이 일이지 따로 대답을 기다릴 필요가 없습니다.

서암언 화상은 "주인공아", "예", "깨어 있어라", "예", "훗날 남들에게 속지 마라", "예, 예!" 모든 곳에서 이것을 확인했습니다. 대답하는 사람이 따로 없고, 부르는 사람이 따로 없는 것입니다. 상대를 두고 대화를 나누는 듯 보이지만 대화를 나눈 적이 없습니다. 그저 매 순간 이 하나뿐임을 스스로 분명히 했을 뿐입니다.

여기에는 서암 화상이 따로 있는 것도 아닙니다. 오직 이 한 개의 일이 있을 뿐입니다. 이 일이 다양한 영상으로 펼쳐지고 있습니다.

117

온갖 소리 사이에 틈새가 없고, 온갖 동작과 동작 사이에 다른 일이 없습니다. 모든 것이 이 하나의 일로서 다양하게 드러나고 있을 뿐입니다.

그러니 안심입니다. 다른 곳에서 찾으려 해도 찾으려 하는 것, 찾아진 것이 모두 이 일이어서 이것이 분명할 뿐입니다. 마음을 일으키기도 전에 이미 당연한 일이니 애써 노력하여 얻으려는 어리석음이 일어나지 않습니다.

이것은 나의 상태에 아무런 영향을 받지 않습니다. 이것은 세상의 변화에 눈도 꿈쩍 안 합니다. 이것은 온갖 사랑에도 움직이지 않고, 온갖 고통에도 흔들리지 않습니다. 모든 것을 차별이나 구속 없이 평등하게 인연 따라 드러내고 있을 뿐입니다. 이것이 차별 없는 사랑이고 이것이 모든 것에 손을 내미는 자비이며, 이것 하나이기에 어떠한 장애도 없는 자유입니다.

모든 움직임, 생각, 느낌, 보고 들음 가운데서 드러나는 모양을 따라 길을 잃지 않는다면, 모든 것이 아무런 장애 없이 있는 그대로 이것임을 자각할 수 있을 것입니다. 여기에 분명해지고, 나머지가 사라질 뿐 다른 일은 없습니다.

24. 소옥이를 부르는 목소리의 비유

　마음공부를 믿음의 공부라고 합니다. 법에 대한 막연한 믿음에서 출발하여 확고한 믿음으로 자리 잡는 공부입니다. 우리는 무언가를 확실하게 알 수 없을 때 믿음이라는 말을 사용하곤 합니다. "너 나 믿지?"라는 말은 상대가 의심스러운 마음을 보일 때 나오는 말입니다. 100% 당연한 상황일 때는 믿음이라는 말을 쓰지 않습니다. 마음공부도 이렇게 시작됩니다. 확실한 증거는 없지만 법에 대한 막연한 믿음, 또 깨달음으로 인도하는 사람에 대한 믿음이 공부의 길로 들어서게 합니다. 믿음이 없다면 지극히 고단할 수도 있는 여정을 버티기 어렵습니다.

　깨달음의 길은 그동안 사로잡혀 있던 분별심에서 벗어나는 과정입니다. 분별심은 의구심과 불신, 공격성, 합리화, 자기기만과 아만심의 모습으로 시도 때도 없이 일어나 공부를 방해합니다. 이 마음의 습관이 쉽게 정복되지 않습니다. 자기도 모르게 사로잡혀 깨달음과 스승에 대해 의심하게 합니다. 습관화된 착각은 집요하고 끈질깁니다. 마치 정신착란 환자의 상태에 비유할 수 있습니다. 그의 눈에는 시시때때로 헛것이 나타나 괴롭힙니다. 그것에 사로잡혀 무엇이 나타났다고 굳게 믿고는 그것과 대화를 나누거나 싸웁니다. 마침 이 모습을 보고 있던 사람이 네가 착각하고 있다고 말하더라도 그 말을 믿지 못합니다.

자기의 생각과 마음을 믿어 버린다면 이 환상에서 벗어날 수 없습니다. 깨달음은 스스로가 사로잡혀 있는 허상에서 벗어나는 길입니다. 그러니 자기의 생각을 모두 내려놓을 수 있는 마음의 준비가 먼저 되어 있어야 합니다. 자기의 신념, 생각, 가치관을 모두 내려놓고, 그것을 벗어난 진실한 세계가 있음을 믿고, 바른 안내를 따를 수 있다면 누구나 분별망상심에서 자유로워질 수 있습니다.

선(禪)에서 진실을 소옥이를 부르는 목소리에 비유합니다. 중국 당나라 때 현종의 애첩 양귀비가 울타리 밖에 있는 애인 안록산을 부를 때 남들이 눈치를 챌까 봐 몸종 '소옥이'를 불렀다는 이야기가 있습니다. 이 이야기에서 양귀비는 '소옥이'를 부르고 있지만, 사실은 애인이 자신의 목소리를 알아주기를 바랐을 뿐입니다.

'소옥이'는 우리가 살아가면서 경험하는 모든 현상입니다. 나 자신으로 드러나고, 컵으로 드러나고, 컴퓨터, 스탠드, 푸른 하늘, 검은 땅, 시원한 바람, 걸어가는 사람, 생각, 여러 가지 감정, 새소리 등등으로 드러나는 현상입니다. 그런데 이 모든 현상은 하나의 일로서, '소옥이'라는 말과 뜻 이전에 하나의 목소리입니다.

"소, 옥, 아." 음절이 다르고 발음이 다르고 이름이 있지만, 하나의 목소리입니다. 즉, 모든 현상은 다르지만 이 그대로 한 개의 목소리, 한 개의 본성입니다. 이 하나가 바로 우리의 참 자신, 본래면목이라는 것입니다. 온갖 현상으로 드러나지만 이 모든 현상이 그대로 하나의 참성품임을 깨닫는 것입니다. 이 참성품은 모양이 없지만 없는 것이 아닙니다. 목소리가 없다면 '소옥이'가 불릴 수 없는 것과 같습니다.

"소옥아"에서 소옥이도 드러났지만 양귀비의 목소리가 분명합니다. 마찬가지로 지금 어떤 현상이 드러나더라도, 동시에 우리 존재 자체가 분명한 것입니다. 이 모양 없는 성품으로 인해 온갖 것이 나고 사라지는 듯 보이는 것입니다. 이것은 눈에 보이지 않고 들리지 않지만 분명합니다. 이것을 자각하게 된다면 진실에 대한 믿음이 결코 막연하거나 맹목적인 믿음이 아니라는 것을 스스로 알게 될 것입니다. 명확한 것이기에 부정할 수 없는 것입니다.

말로 할 수 없고, 볼 수 없고, 들을 수 없고, 생각으로 분별할 수 없지만, 말할 때, 볼 때, 들을 때, 생각할 때 분명한 것입니다. 막연한 믿음에서 시작했으나 결국에는 스스로가 거부할 수 없고, 부정할 수 없고, 의심할 수 없는 것임이 명백해집니다. 언제 어디서나 명백하기에 이 모양 없는 것을 의심하지도 않고, 분별하지도 않으며, 따로 지키지도 않게 됩니다.

25. 시간을 깨뜨리고 허공을 가른다

우리 삶에 가장 큰 장애는 생각과 감정과 감각적인 산물을 실재라고 착각하는 것입니다. 우리는 시간과 공간 속에 특정한 존재로 살아간다고 여깁니다. 육체를 가지고 지금 이 순간 여기 이렇게 특정한 개체로 존재한다는 강력한 믿음을 가지고 있습니다.

그러나 그렇지 않습니다. 시간이 존재하려면 나의 생각을 빌려야합니다. 내가 시간이 있다고 인정하지 않는다면 과거, 현재, 미래는 존재할 수 없습니다. 시간에 대한 학습이 먼저 이루어지고 난 뒤, 시간이라는 관념이 만들어져 과거, 현재, 미래를 분별하는 것입니다. 시간 개념이 없는 아주 어린 아이에게는 어른이 알고 있는 시간은 존재하지 않습니다.

이와 마찬가지로 공간도 나의 인식을 벗어나 있지 않습니다. 어릴 적부터 학습되어 온 공간에 대한 지식이 바탕이 되지 않는다면, 특정한 장소를 알 길이 없습니다. 어떤 아이가 바다는 본 경험이 있지만 호수를 본 경험이 없다면, 그 아이는 호수를 처음 보았을 때 그것을 바다라고 인식하고 말합니다. 이미 가지고 있는 바다라는 배경지식이, 아이가 바다와 비슷한 것을 보았을 때 그것을 바다라고 인식하게 만듭니다. 그때 곁에 있던 부모가 그 아이에게 '이것은 호수다'라고 가르쳐 준다면 그때부터 아이는 호수를 알게 되는 것입니다. 이처럼 시간과 공간은 객관적으로 존재하는 것이 아니라, 우리가 학습한 지식과 경험의 화합이자 인식의 결과입니다.

객관적인 시간과 공간이 존재한다고 강력하게 믿고 있다면, 이런 설명이 잘 와 닿지 않을 수 있습니다. 그러나 자신의 삶을 잘 돌이켜 본다면 우리가 맹목적으로 믿어 왔던 시간과 공간에 대한 신념에 문제가 있었다는 것을 알 것입니다. 시간과 공간이 객관적으로 존재한다는 맹목적인 믿음은 이 세상이 독립적으로 존재한다는 증거로 작용해 왔습니다. 보통 사람들은 시간과 공간 속에 여러 가지 것들이 생겨나고 펼쳐지고 사라진다고 알고 있습니다. 나라는 존재도 시간과 공간을 벗어나 있는 것이 아니라, 시간과 공간 속의 한계 있는 존재로 여깁니다.

하지만 면밀히 보면 시간과 공간, 그 속의 내가 성립하려면 내 생각이 먼저 일어나야 하고, 그 생각에 의지해야 합니다. 내 생각과 경험을 통해 시간이 드러나고 공간이 펼쳐지고, 그 속에 존재하는 나라는 것이 생겨납니다. 이것은 너무도 미세하고 순식간에 일어나는 정신 작용이면서 뿌리 깊게 박혀 있는 고정관념이어서 우리가 눈치 채지 못하고 있었을 뿐입니다. 세상은 나 밖에 따로 존재하는 것이 아니라, 존재의 본바탕, 근원적인 나의 투사입니다.

불교에 중생(衆生)이라는 말이 있습니다. 중생(衆生)이란 무리 지어 생겨난 인연 화합을 말합니다. 인연 화합이란 이런저런 조건이 어우러져 지금 이렇게 임시적으로 드러난다는 뜻입니다. 중생은 조건적인 존재이고, 임시적인 존재이고, 가변적인 존재이며, 실체가 없는 존재라는 뜻을 담고 있습니다. 지금 이렇게 온갖 것이 나 밖에 존재하는 것처럼 드러나지만, 이것은 나 밖에 객관적으로 존재하는 것들이 아니라 우리 자신 인식의 결과일 뿐입니다. 즉 내가 세상을 보는 것이 아니라, 나라는 존재, 세상이라는 것, 보는 일 모두 참된 나의 투사입니다.

그러므로 드러난 모든 중생은 실체가 있는 것이 아닙니다. 단지 지금의 조건이 이러해서 이렇게 꿈처럼 드러나고 있습니다. 그러나 이 세상의 참모습을 깨닫지 못한다면 시간이든 공간이든 사물이든 사람이든 모든 것이 독립적으로 존재하는 것처럼 보일 수밖에 없습니다. 실제 존재해서가 아니라 착각이 빚어낸 결과물이지만, 그렇게 믿는 이에게는 육체를 가진 개인의 존재가 너무도 확고할 것이고, 이것의 생사 여부가 아주 중요할 것입니다.

인간으로 태어나 언젠가는 죽어야 한다는 사실에 의문을 갖고 탐구했던 사람들이 시대마다 있었습니다. 자신이라는 존재는 탐구하면 할수록 실체가 없는 가변적인 존재라는 것을 알게 되었습니다. 자신이라는 개체는 생각과 감정과 감각의 투사였음을 깨달은 것입니다. 이 깨달음은 나의 개체성뿐만이 아니라 드러나는 온갖 사물들, 사건들, 존재들이 고정된 존재가 아니라는 깨달음을 갖게 했습니다. 자기를 깨달으니 온 세계의 참모습이 드러난 것입니다.

  모든 것이 지금 이 자리에서 일어난 생각과 감정, 감각과 기억 등이 어우러져 모습이 있는 것처럼 드러나고 있습니다. 비록 독립적으로 존재하는 것들은 아니지만, 우리는 늘 인연의 창조 현장에 있고, 늘 모든 것들을 새롭게 경험하고 있습니다. 바로 지금 한 생각이 일어나는 여기에서 눈앞의 세상이 창조되고 있는 것입니다.

  이 모든 것이 일어나는 바탕은 한결같습니다. 바로 지금 여기가 세상이 시작되는 곳이고, 세상이 끝나는 곳입니다. 바로 지금 당장 이것을 직감할 수 있습니다. 깨달음은 내가 시간과 공간 속에 갇힌 존재였다는 착각에서 벗어나 시간과 공간, 개체적인 나, 그리고 세상 모든 것들이 한결같은 참나로 인해 드러나고 있다는 내적 전환을 맞이하는 일입니다. 시공간 속 나 이전의 참된 나를 체험하고, 이 사실이 분명해지는 내적 혁명입니다.

  온갖 것이 바로 지금 여기에서 '그것'이 되고 있습니다. 이 본성은 누구나 갖추고 있습니다. 심지어 '다른 것들과 분리된 내가 엄연히 있어.'라고 여기고 있더라도 그런 일이 있는 게 아니라 바로 지금 이 성품의 작용을 경험하고 있는 것입니다. 시도 때도 없이 일어나는 생각이 이것을 증명하며, 생각 따라 일어나는 느낌이 이것을 증명하고 있습니다. 온갖 일이 바로 이 일의 증명입니다. 더 나아가 깨달음

의 세계, 깨달음으로 인한 삶의 변화, 깨달은 사람의 내적 평화 등등
도 그런 일이 있는 게 아니라 바로 이 일입니다.

26. 바로 지금 이 순간도 아니다

진실을 가리킬 때 "당장 이것이다.", "바로 지금 이 순간이다."라는 말을 하지만 특정한 대상을 두고 하는 말은 아닙니다. 진실은 언제 어디서나 한결같아서 지금 이 순간을 떠나 있지 않습니다. 그렇기 때문에 언제 어디서나 바로 이것입니다. 모든 것이 바로 이 자체로 한결같습니다. 이 사실을 환기시키기 위해 이런 말을 하고 있는 것입니다.

그런데 모든 말이 진실을 떠난 말이 아닌데도 유독 "지금 눈앞을 보라. 눈앞의 일을 확인하라."는 말을 즐겨 쓰는 이유는 지금 이 순간만이 생각의 대상이 될 수 없기 때문입니다. 모든 것이 이 하나의 일이라면 어떤 대상이 아닙니다. 모든 말이 이것이라면 어떤 말에 담을 수 없다는 것이고, 말의 뜻에 있지 않다는 말입니다.

그런데 우리는 모든 것을 대상화하여 받아들이려는 습성을 가지고 있어서, 깨달음으로 이끄는 말을 듣더라도 그 의미를 생각하고, 의미에 맞는 것을 찾으려고 합니다. 끊임없이 대상화에 떨어집니다. 하지만 대상화되는 것은 부분이며 한계가 있는 것입니다. 진실은 말이 한정할 수 없고, 말뜻에 담을 수 없습니다. 모든 말이 이 진실의 바탕 위에서 드러나는 것이기 때문입니다.

이런 분별의 굴레에서 벗어나기 위해 마음공부를 하는데, 이런 방법의 하나로 "바로 지금 이 순간을 살아라."고 하거나, "바로 당장 이것!"이라고 눈앞의 일인 것처럼 가리켜 보입니다. 문득 이 말에 와 닿는 바가 있어서 체험을 하고 분별의 굴레에서 벗어나기도 하지만, 자기도 모르게 '오직 바로 지금 이 순간이 진실이며, 이 순간에 깨어 있어야 한다.'는 의식을 갖기 쉽습니다. 이제는 다른 대상경계에는 마음을 두지 않는 대신, 오직 이것, 바로 지금 이 순간에 집착하게 됩니다.

이게 어느 선사가 말한 "한 티끌 번뇌가 백 조각으로 부서져 99개는 사라지고 없지만 한 개가 남아 있다."는 것입니다. 이것은 원만하지 못한 공부이며, 확실히 깨치지 못한 상태입니다. 물론 대다수의 공부인들이 이러한 내적 여정을 거친다고 봅니다. 그런데 여기에 머물러 버리면 법을 대상으로 삼게 되고 이것에 집착하여, 바로 지금 이 순간에만 머물려 하여, 생각하는 일을 두려워하게 됩니다.

이 또한 놓아 버려야 할 대상경계이고 분별의식입니다. 99가지는 놓아 버렸는데 이 한 개, 법에 대한 집착이 참으로 넘어서기 어려운 고비입니다. 그래서 수많은 경전과 어록이 이 한 조각의 의지할 만한 것, 법이라는 어떤 것, 마음이라는 것을 부수기 위해 말해진 것입

128

니다. 정신적, 물질적 세계에 대한 분별집착심이 모두 부서져, 온 우주 그대로 둘 아닌 하나의 마음임을 분명히 깨달아야 합니다.

공부를 하다 보면 순간적으로 분별이 사라지면서, 나도 없고 남도 없어서 온통 전체가 하나인 듯한 체험을 합니다. 그러나 시간이 지나고 나면 그런 일체감이 사라지는 것은 여전히 깨어나지 못한 분별심이 잠재해 있기 때문입니다. 이 공부는 어느 것도 지키거나 집착하지 않는 길입니다. 자기도 모르게 갖고 있는 분별들을 낱낱이 보고 거기에서 깨어날 수 있어야 합니다. 이 여정이 지지부진할 수도 있습니다. 그러나 이 시기를 넘기지 않고 공부가 성숙해질 수는 없습니다.

마음에 한 티끌만이라도 챙기거나 의지하는 것이 있다면 여전히 무언가의 구속을 받고 있는 것입니다. 마음이 텅 비워져서 어느 것에도 의지하지 않는 대자유를 맞지 못한 것입니다. 진실이라는 것, 바로 지금 이것이라는 것, 바로 지금 이 순간, 마음자리라는 마지막 뗏목이 사라져야 합니다. 모든 말들이 강을 건너기 위해 사용한 뗏목입니다. 결국에는 의지했던 뗏목에서 내려와야 온 우주가 허공 같다는 표현을 실감할 것입니다.

본래 어느 것에도 의지할 게 없습니다. 온 우주가 허공과 같아서 여기에 법이라는 것, 진실이라는 것, 깨달음이 어떤 것이라는 기준이 없습니다. 일체가 다른 마음이 아닌 것입니다. 지금 당장 이것입니다. 우주 전체가 하나입니다. 바로 지금 이 순간밖에 없습니다. 그러나 이것은 바로 지금 이 순간에 한정하여 말하는 것이 아닙니다. 과거와 미래와 현재가 다 바로 지금 이 순간이고, 바로 지금 이 순간이 과거, 현재, 미래로 한계 없이 펼쳐져 있습니다.

27. 무변신(無邊身)

　무변신(無邊身)이란 테두리가 없는 몸이라는 뜻입니다. 관념의 테두리가 없는 것입니다. 가지고 있는 고정관념이 아무것도 없는 마음을 말합니다. 우리는 온갖 경계가 장애를 일으킨다고 여기지만, 드러나는 현상에 한계와 테두리가 있는 게 아닙니다. 우리 스스로 가지고 있는 관념이 장애가 되고 한계가 되는 것입니다.

　내 앞에 펼쳐진 현상계는 각자가 자신의 경험과 생각과 지식을 바탕으로 인식된 결과물입니다. 남들도 나와 똑같은 일을 경험한다고 여기지만, 사실 각자 앞에 펼쳐진 것들은 각자가 살아온 삶의 역사와 지금의 조건이 어우러져 드러나고 있는 것입니다. 그러니 객관적인 현상이란 없고 오직 각자의 현상계가 있을 뿐입니다. 이처럼 각자가 경험하는 현상은 동일하지 않습니다. 그러나 그 본바탕은 누구나 한결같습니다. 바로 지금 스스로를 돌이켜 보십시오. 모든 것이 일어나고 사라지지만 그것의 본바탕은 변함이 없습니다. 이 깨어 있음이 모든 것의 본성입니다. 우리 모두는 이것으로서 하나입니다.

　이 사실을 깨닫고 보면, 우리가 사는 세상은 테두리가 없는 무변신임을 알 수 있습니다. 테두리가 있는 말, 테두리가 있는 생각은 실제 있는 것이 아니라 허망한 말이고 생각일 뿐이기 때문입니다. 생각은 테두리가 있는 유변신(有邊身)입니다. 테두리가 없다면 생각될 수 없고 말할 수 없습니다. 말과 생각이 가능한 것은 그것이 뜻의 테두리에 담겨 있기 때문입니다. 그러나 모든 말할 수 있고 생각할 수 있는 것은 테두리가 있지만, 이 모두가 테두리 없는 마음에 드러난 그림자와 같은 것입니다.

본래 마음을 깨닫고 보면 그 어떠한 것도 간직하거나 따로 보는 것이 없습니다. 이미 갖추어진 본마음이 허공과 같아서, 온갖 것이 나타나고 사라지는 듯 보이지만 그 어느 것도 실체가 없습니다. 실체가 없으니 장애가 없고, 장애가 없으니 괴로움이 없습니다. 온갖 그림자와 같은 세계에서 노닐지만, 스스로 그 어떤 것도 따로 있지 않다는 것을 실감합니다.

무변신 보살은 우리 자신의 본성입니다. 이것을 깨달아 말과 생각에 사로잡히지 않는다면 아무리 많은 말과 생각을 하더라도 장애가 없을 것이고, 그 자체의 위력이 없을 것입니다. 나아가 말과 생각의 테두리 그대로 무변신임을 볼 것입니다.

28. 진정한 신의 역사(役事)

모든 것이 '자기'를 떠나 존재하지 않습니다. 여기서 모든 것이란 개인적인 자기를 포함한 모든 것입니다. 언제 어디서나 세상 만물은 참된 '자기'를 통해 드러납니다. 그러니 이 '자기'를 깨달으면 온 우주를 깨닫는 것입니다. 모든 것이 자기의 일이고, 이것(자기)이 창조주이며, 이것이 마음이며, 이것이 신입니다. 곧 참된 자기가 신이어서 나와 신, 나와 세계가 하나입니다.

그러니 손가락 움직이는 것이 세계가 움직이는 것이며, 기침소리가 저 너머 아득한 신세계의 아침을 여는 소리입니다. 상상할 수 있고 헤아릴 수 있는 모든 것의 시작과 끝이 바로 눈앞에 있는 것입니다. 그러니 저 멀리, 저 높이, 저 아득한 깊이를 생각하기 이전에 이 참된 자기에 통한다면 온 우주에 사정없이 통하는 것입니다.

참된 자기가 무엇이겠습니까? 바로 지금 당장 쓰이고 있는 이것입니다. 생각이 일어나고 사라지는 이 바탕입니다. 이것이 참된 자기입니다. 바로 지금 여러 가지 소리가 나고 사라지는 이 자리, 사물이 드러나는 여기, 여러 가지 감촉이 깨어나는 여기입니다. 늘 경험하고 있습니다. 늘 여기를 떠나 있지 않습니다. 늘 항상하고 늘 아무런 모습과 움직임이 없습니다. 그러나 온갖 것을 신비롭게 창조해 냅니다. 지금 이 순간 모든 것이 이렇게 생동하고 있습니다.

습관적으로 생각에 속고 감정에 사로잡힌다면 이것을 체감할 수 없습니다. 그러나 소리와 사물과 생각과 감정에 떨어지지 않는다면 생생하게 느낄 수 있습니다. 무엇인지는 모릅니다. 그러나 생생합니다. 무엇인지 그릴 수는 없습니다. 그러나 지금 이렇게 무엇인지 그리려는 데서 분명합니다. 잡고 싶습니다. 그러나 잡으려는 이것이 역력합니다. 온갖 행위와 생각과 감정이 일어나자마자 분명합니다.

지금 당장 이렇게 아무것도 없는 데서 온갖 것이 창조되고 있습니다. 이것이 마음이고 이것이 우리가 사는 세계의 실상입니다. 아무것도 없는 텅 빈 허공과 같은데, 신기하게도 온갖 물질감과 생각과 감정과 소리와 맛이 창조되고 있습니다. 설명할 수 없고 이해할 수 없지만 분명히 체감됩니다. 생생하게 깨어서 생동하고 있음이 경험됩니다.

신은 언제나 우리를 떠난 적이 없었습니다. 창조는 나의 의도나 노력과 상관없이 저절로 진행되고 있습니다. 창세기에만 창조가 있었던 것이 아닙니다. 시작도 끝도 없이, 단 한 순간도 쉬지 않고 너무도 자연스럽게 신의 역사(役事)가 진행되고 있습니다.

지금 이 순간 당장 아무런 애씀 없이 '나라는 생각'도 창조되고 있고 '신이라는 생각'도 창조되고 있습니다. 참된 신은 바로 신 이전의 '살아 있는 신'입니다. 참된 나는 나 이전의 '살아 있는 나'입니다. 바로 지금 나의 한 생각에서 창세기가 펼쳐지고, 바로 지금 나의 한 생각에서 세상이 끝납니다. 세계는 이렇게 창조되고 있습니다. 세상은 이렇게 사라집니다. 이것이 신비스러운 신의 역사입니다.

먼지티끌이 이렇게 먼지티끌이 됩니다. 하늘이 이렇게 드러납니다. 바람이 이 일입니다. 그러니 먼지티끌이 하늘입니다. 하늘이 바람입니다. 모든 것이 저절로 일어납니다. 어느 것도 애쓸 일이 없습니다. 이 참된 신만이 항상하고 실재이며 변함이 없고, 이 참된 자신이 알게 모르게 모든 것을 다 하고 있습니다.

이것은 특별한 노력을 통해 이룰 수 있는 것도 아니고, 때가 되어야 얻어지는 것도 아닙니다. 바로 지금 이대로 그대로 완전한 신의 역사입니다. 이것만이 부족함 없고 완전합니다. 만약 지금 이게 아닌 다른 깨달음, 다른 신, 다른 참나가 있다면 모두 생각 속의 일이지 진정 살아 있는 신, 살아 있는 신의 역사가 아닙니다. 모든 추구와 개념을 내려놓고, 바로 지금 현전한 깨달음을 실감하고, 바로 지금 진행되고 있는 신의 역사를 체감하고, 이미 완전한 자신을 누릴 뿐입니다.

29. 무언가 남아 있다면 부족하다

마지못해 분별해서 말로 표현하자면, 모든 것이 진실 아닌 것이 없습니다. 진실이란 내 마음 하나이고, 모든 것이 내 마음 위에 세워지고 무너지고 있습니다. 경험되는 모든 것이 내 마음바탕의 일이고, 생각하는 일이 내 마음에서 이루어지고 있으며, 하늘이 내 마음이고, 바람이 내 마음에서 바람이 됩니다. 모든 것이 내 마음 안의 일이기 때문에 지금 이렇게 말하고 있는 것이 바로 지금 각자 마음 안에서 읽히고 생각되고 느껴지고 있습니다. 바로 이 마음이 살아 있는 진실이고, 바로 이것이 모든 것의 근본입니다.

이것을 생각으로 이해하는 것이 아니라, 이 사실을 깨달을 수 있어야 합니다. 내적 전환을 통해 이 사실을 발견하고, 체험적으로 받아들일 수 있어야 합니다. 그러지 않고 생각으로만 이해한다면 그것은 한 가지 이해를 더 갖추는 일일 뿐 진실과는 아무 상관이 없는 일입니다.

이전과 다른 내적 혁명이 일어나면, 드러나는 모든 것과의 분리가 사라지고, 여러 가지 일들에서 느껴지던 부담과 짐스러움이 사라질 것입니다. 이 육체를 나로 아는 착각에 사로잡힌 마음이 깨어나서 모든 것에서 스스로를 확인할 것입니다. 존재의 확장 같은 광활함이 일어나고, 그동안에 짊어지고 있던 갈등과 문제들을 내려놓을 수 있습니다. 또한 착각의 병이 이렇게 엄청난 문제를 일으키고 있었다는 사실을 새삼 실감하게 될 것입니다.

그런데 문제는 분별하는 마음이 그리 쉽게 사라지지 않는다는 것입니다. 공부가 더욱 정밀해질 필요가 있습니다. 만약 진실로 당장 이것뿐이라면 마음에 이런저런 것들이 남아 있지 않을 것입니다. 무언가를 깨달았다는 것도 분별된 생각이고, 예전과 달라졌다는 것도 생각이며, 이전과 다른 쾌적함이나 벗어난 듯한 느낌, 자유로움 등도 남겨진 잔상들입니다. 공부가 이렇다 저렇다 말하는 것도 모두가 미세한 분별심의 작동입니다.

진실로 남겨진 것은 아무것도 없습니다. 이전과 다른 나를 보는 자도 실체가 없고, 지금 이렇게 세상을 보는 자도 실체가 없고, 보이는 세상도 그것이라고 할 게 없습니다. 아무것도 마음 안에 남아 있는 것이 없습니다. 오직 텅 빈 깨어 있음, 살아 있음 자체만 현존합니다.

물론 현상적으로는 모든 것이 그대로 존재합니다. 하늘과 땅이 그대로이고, 사람과 사물이 모습을 달리하며 있고, 깨달음과 그렇지 못함이 있습니다. 그러나 이 모두가 실체가 없는 것이어서 의미를 둘 것도 없고 머물 것도 없습니다. 돌아볼 만한 일이나 챙겨야 할 마음, 모든 것이 마음의 일이라는 속삭임, 진실뿐이라는 생각도 없습니다.

이 참된 세계로 이끌기 위해 오직 마음 하나, 진실 하나뿐이라고 경종을 울렸으나, 정작 여기에 당도하고 보면 모든 것을 잃어버립니다. 그 잃어버린 것들이 본래 없었던 것이라는 것도 자명합니다. 온갖 경험을 다 하지만 아무런 일도 없고 자취도 없습니다. 꿈결 같은 현상계의 원인과 결과의 법칙이 엄연히 존재해서 착한 일을 하면 착한 결과를 받고 나쁜 일을 하면 나쁜 결과를 받지만, 그 원인 그대로 원인이 없고 결과 그대로 결과가 없습니다.

존재함 없이 존재할 뿐이지 이렇다 저렇다 할 게 없습니다. 현상적으로는 있는 듯 없고 없는 듯 있지만, 법이라는 것에 대해서만큼은 말할 만하고, 찬탄할 만하고, 얻을 만한 것이 없습니다. 모든 것이 그 모양 그대로인 채 존재감을 잃어버렸을 때라야 제대로 들어간 것입니다.

30. 분리의 종식

　우리 내면을 보면 크고 작은 갈등과 생각의 충돌들이 있습니다. 수많은 생각 덩어리들, 이것으로 인해 일어나는 감정의 변화와 끝나지 않는 내면의 소음들이 보입니다. 밖을 향하던 시선을 거두어 지금 여기로 관심이 모이게 되면, 세상이 시끄러웠던 것이 아니라 나의 내면이 시끄러웠음을 알게 됩니다. 내면의 소란과 갈등을 보게 되면서 이것들이 저절로 사라지는 경험을 하게 됩니다.

　마음의 투쟁은 분리로부터 시작됩니다. 나라는 주관이 생기면서 내가 아닌 대상이 생깁니다. 주객의 분리는 수많은 대상들을 낳고, 이것이 실재한다고 믿어 버리면서 충돌을 빚습니다. 그런데 실제로는 아무런 분리도 없습니다. 이 모든 분리가 그대로 마음 위에 꿈결처럼 펼쳐진 것들입니다. 온갖 분리가 마음 하나일 뿐이라는 사실에 어둡기 때문에 현상적으로 드러난 것들을 실재인 줄 착각하여 투쟁과 갈등을 겪었습니다. 그러나 지금 당장 마음이 산란하고 고통스럽더라도 실제로 그럴 만한 것들이 실재하지 않는다는 것이 지금의 사실입니다.

어떤 이는 모든 분리와 아픔, 갈등을 무조건 받아들이라고 합니다. 그렇게 하면 마음이 편안해져서 갈등이 사라지고 내면의 소음도 잦아든다고 합니다. 물론 틀린 말은 아닙니다. 일어난 일에 대한 취사선택이 갈등을 부추기고 분열을 증폭시킵니다. 그래서 역으로 이 모든 분열, 아픔, 투쟁을 그대로 받아들이면 갈등은 수그러듭니다.

그러나 주관과 객관이 분리되어 있다는 분별망상의식이 잠재해 있는 한, 분열과 갈등은 본질적으로 사라지지 않습니다. 모든 것들의 바탕이 텅 비어서 그것이라고 할 게 없다는 지혜의 발현이 있어야 근원적으로 자유로워질 수 있는 것입니다. 그렇지 않고는 매번 고통의 수레바퀴를 경험해야 하는 것입니다.

이 세상 모든 것의 참모습에 밝아야 합니다. 세상 자체가 분리 없는 하나라는 안목이 열리면 분리가 저절로 사라집니다. 분리의식이 사라져야 모든 갈등과 투쟁이 근원적으로 끝이 납니다. 분별의 뿌리가 뽑히지 않으면 마음은 불안정한 상태에 놓여 있을 수밖에 없습니다. 어떤 일이 일어나면 끊임없이 받아들여야 하고, 끊임없이 생각에 속지 않으려고 스스로를 채찍질해야 합니다. 이런 식이라면 죽을 때까지 마음의 조작이 끝나지 않을 것입니다. 이것은 공부 과정 중에 잠시 의지하는 방법일 수는 있지만, 이런 식으로 마음을 조작하는 것은 깨달음이 아닙니다. 깨달음은 이 세상의 본래 모습에 눈을 뜨고 거기에 모든 것의 존재감이 녹아 합일되는 일입니다.

마음공부는 마음이 무엇인지, 이 세상의 참모습이 무엇인지, 근본이 무엇인지에 밝아 근원적으로 분리가 사라져 버리는 내면적 변화입니다. 주관과 객관이라는 분리가 존재에 어두워서 일어난 망상분별임을 투철하게 보는 것입니다. 그래야 분리의식이 저절로 사라지고 모든 모습에서 자유로워집니다. 수행적인 차원의 받아들임, 명상이 가져오는 평화에 머물러서는 조건 없는 자유, 근원적인 해탈이 일어날 수 없습니다.

모든 것은 본래 하나입니다. 너도 없고 나도 없으며 주관도 없고 객관도 따로 없습니다. 분리되어 있는 모습 그대로 하나의 마음일 뿐임을 깨닫는다면, 당장 눈앞에 사람도 있고, 사물도 있고, 이런 생각 저런 생각, 이런 기분 저런 기분이 있지만, 있는 그대로 마음임을 잘 알 것입니다. 여기에 밝아지면 모든 분리감이 흔적도 없이 사라질 것입니다. 당연히 투쟁과 갈등도 자취를 감추어서 언제 어디서나 평화가 항상할 것입니다.

31. 분별의 그물

본래 이 마음뿐이어서 찾고 구할 것이 없습니다. 본래 이대로 그대로가 진실이어서 진실이라고 말할 것이 없습니다. 지금 경험되는 모든 것이 자기 마음을 떠나 드러날 수 없습니다. 지금 일어나는 움직임, 소리, 변화, 형태들 모두 자기 마음 밖의 일들이 아닙니다. 과거의 추억, 상처, 아픔, 시련이 바로 지금 여기에서 드러나고 있습니다. 앞으로 일어날 두려움, 삶의 계획, 온갖 기대가 바로 지금 이 마음에서 나타났다가 사라지고 있습니다.

그러니 마음을 찾을 필요가 없습니다. 다만, 드러나는 현상에 사로잡히지 않고, 바로 지금 이 마음뿐임을 스스로 깨달아야 합니다. 깨닫지 못하고는 찾고 구하는 마음이 쉬어지지 않습니다. 마음을 써서 마음이라는 환상을 그려 놓고는 그 그림에 걸맞은 마음을 찾으려고 애씁니다. 그러나 이미 이 마음바탕에서 모든 일이 일어나고 있기 때문에 애써 마음을 써서 찾을 수는 없습니다. 마음이 지은 생각과 감정과 감각과 여러 가지 모습에 휩쓸리지 않을 때, 본래 마음을 체험하고 이것만이 항상하다는 사실을 깨달을 수 있습니다.

그런데 모든 것이 바로 지금 이 마음뿐임을 자각하고도 분별의 그물에서 말끔히 빠져나오기가 쉽지는 않습니다. 분별의 그물은 아주 교묘하게 장애를 일으킵니다. 분별의 습관이 진실 혹은 법이라는 이름으로 자꾸 대상화시키려고 합니다. 지금 살아 작용하고 있는 이 법이 아닌 관념화된 법을 그리고 집착하게 합니다. 그동안 대상화하며 세상을 이해하고 판단하며 살아온 분별의 습관이 강하게 남아 결코 대상화할 수 없는 법을 자기도 모르게 대상으로 파악하려 합니다.

가장 잘 걸리는 장애가 진실 혹은 법이라는 이름으로 대상화하려는 시도입니다. 법이 이렇다는 관념, 진실이 삶 속에서 이렇게 구현되어야 한다는 기준, 모든 것이 하나라는 생각, 내가 없다는 것 등 여러 가지 관념을 짓습니다. 더 나아가 지금의 공부는 부족하니 이 공부를 더 분명히 해야 한다는 다짐이나 조작에 사로잡힙니다. 마음이 가만히 있지 못하고 무언가를 해야 마음이 놓이는 것 같고, 자신의 상태나 법을 말로 표현할 수 있어야 한다는 관념에 사로잡힙니다.

마음공부란 이런 분별의 그물이 활짝 걷히는 일이지, 법이라는 이름, 진실이라는 어떤 대상을 두거나 그것을 더듬는 일이 아닙니다. 그런 시도 이전에 이미 진실 하나로 충만해 있기 때문입니다. 진실로 이 마음뿐이라는 자각이 온다면, 마음이라는 말도 빈 말임이 분명할 것입니다. 진실로 이 마음뿐이라면 '마음이 있다, 마음이 없다'

는 말도 마땅하지 않습니다. 진실로 이 마음과 분리 없는 하나였다는 사실을 체험했다면, 계합이니 견성이니 하는 말도 따로 없다는 것을 깨달을 것입니다. 진실로 이 마음뿐이라면 세속의 삶과 세속을 벗어난 삶이 충돌하는 일이 없을 것입니다. 진실로 이 마음뿐이라면 마음이 텅 비워져서 법에 대한 아무런 속삭임이 없을 것입니다.

생각의 그물, 언어의 그물, 분별의 그물이 큰 장애였음을 깨달을 것입니다. 법이라는 말은 빈 말이지만 지금 이 마음 하나로 온 우주가 살아 있음을 느낄 것입니다. 자기의 공부에 대한 타인의 평가가 중요하지 않을 것입니다. 일어나는 일에 따라 출렁거리던 마음이 안정을 찾을 것입니다.

모든 것을 대상화하여 찾고 구하고 이해하려는 시도가 멈추었을 때, 온갖 분별 그대로 분별이 아니라는 것이 분명할 것입니다. 생각 없이 생각하고, 봄 없이 보며, 들음 없이 듣고, 걷는 것 없이 걷습니다. 공부함 없이 공부하며, 사는 일 없이 삽니다. 그물에 걸리지 않고 온갖 일을 다 합니다. 본래 그물도 없고 걸릴 사람도 따로 없다는 것이 분명합니다. 자유란 자기를 내려놓는 데서 비롯됩니다. 자유를 얻는다는 이름으로 분별하며 찾고 구하던 자아의 시도가 오히려 굴레를 만들었음을 깨달을 때, 진정한 자유가 이미 도래해 있음을 보게 될 것입니다.

32. 모습 없음도 아니고 공도 아니다

불교에서는 주로 부정하는 말을 많이 씁니다. 무엇이 있다고 여기거나 어떠한 것에 머물지 못하게 하려는 임시방편의 말입니다. 없다는 뜻에 머물게 하려는 의도가 아닙니다. 예를 들어 '내가 없다'고 말하는 것은, '내가 있다'고 집착하는 사람에게 그 집착을 내려놓게 하려는 의도이지, '내가 없다'는 관념을 넣어 주기 위한 말이 아닙니다.

모습이 없다는 것도 마찬가지입니다. 깨달음을 어떤 모습으로 대상화해서 찾으려는 분별심을 부수기 위한 것이지, '깨달음은 모습이 없다'는 관념을 집어넣어 주기 위한 말이 아닙니다. 그러니 내가 없다, 모습이 없다, 내가 있다, 모습이 있다, 라는 관념이 여기에서는 용납될 수 없습니다.

본성은 본래 타고난 것이기 때문에 태어나서 배운 어떠한 것도 용납되지 않습니다. 물론 깨닫고 보면 그것저것이 있기는 있으나 독립된 성품이 없다는 것을 잘 알아서 장애 없이 굴립니다. 그러나 스스로의 본성을 자각하는 데에는 그동안 배워 몸과 마음에 습관이 되어 버린 분별심이 큰 장애가 됩니다. 분별심에 사로잡혀 있을 때는 무슨 말만 하면 관념을 짓고 그것을 있다고 여겨 지키려 하기 때문입니다.

그래서 마음공부를 할 때 스승들은 배우고 안 것에 대해 말하면, '아니다', '없다'라는 부정의 말을 많이 씁니다. 묶여 있는 생각을 풀어 버리기 위한 임시적인 대응입니다. 결국 마음공부의 핵심은 분별의 식에서 해탈하는 것입니다. 스스로에게서 일어난 분별의식이 마음에 장애를 일으키고 삶의 고통을 일으키기 때문입니다. 모든 분별을 놓아 버리게 하려고 분별을 끊는 분별을 마지못해 쓰는 것입니다.

결국에는 아무것도 가진 게 없고 얻은 것도 없습니다. 본래 그렇습니다. 이것을 깨닫든 깨닫지 못하든 본래 마음에 담을 만한 물건이 아무것도 없습니다. 우리가 알고 경험하고 느끼고 상상하는 모든 것이 마음에서 일어난 환상과 같은 것이기 때문입니다. 그런데 환상처럼 일어난 것을 독립적인 존재로 여긴다면, 실재와 다른 이해 때문에 삶이 원만하지 않고 밝지 않을 것입니다.

우리가 본성을 깨닫는 데 장애가 되는 분별심은 생각, 느낌, 고정관념, 마음의 의지, 여러 가지 분별의식 작용들로 이루어져 있습니다. 일어난 생각에 실재감을 부여한다거나, 느낌에 사로잡히거나, 그 동안 습득해서 마음속 깊이 자리 잡은 고정관념, 선입견, 자신이 세운 행동 원칙과 의지를 고수하거나, 여러 가지 분별적인 의식 작용의 결과물을 사실로 여기는 것입니다. 이것은 단지 지금 여러 가지

146

조건이 어우러져서 일어난 환상과 같은 것들인데 여기에 사로잡혀 분열을 느꼈습니다.

　이것들 가운데서도 가장 큰 장애가 되는 것이 생각의 장애입니다. 우리도 모르게 사로잡힌 생각은 깊고도 깊어서 스스로 눈치 채지 못하게 작동되는 경우가 많습니다. 깨달음이란 자신이 생각에 구속되어 있음을 통찰하여 여기에서 자유로워지는 일이라고 할 수 있습니다. 생각이 허망한 것임을 보아, 온갖 생각을 자유롭게 하면서도 그것의 구속을 받지 않는 일이라고 할 수 있습니다.

　앞에서 '모습 없음도 아니고 공도 아니다'라는 제목의 말을 읽고 생각에 젖어든 입장에서는 도대체 무슨 말을 하는지 의아할 것입니다. '깨달음은 모습이 없어서 공이다'라는 관념에 갇혀 있다면 반발심이 생길 수도 있습니다. 그러나 이런 말을 듣고도 아무런 장애가 없어야 합니다. 그것이 이 구절을 살리는 길입니다.

　깨닫고 보면, 모습이 있다 하든 없다 하든, 공이다 하든 공 아님도 아니다 하든 법을 벗어난 일이 아닙니다. 무슨 말을 하든 분별된 모습에 사로잡히지 않는다면 그대로 진실한 말입니다. 굳이 법을 말할 때 '모습도 아니다', '공이 아니다'라고 고정할 이유가 없습니다. 모든 말과 생각이 그 내용 여부를 떠나 우리의 본성을 그대로 표현하고 있기 때문입니다.

모든 관념이 본성품으로 인해 드러난 그림자와 같은 것임을 깨달아야 합니다. 생각의 바탕에 눈이 열려야 합니다. 온갖 행위, 소리, 사물에 대한 동일한 근본을 깨달아야 비로소 자유의 기회를 얻을 것입니다. 그러고 나면 온갖 말들이 그저 허망한 분별의식이지만 그것 그대로 한결같은 성품을 벗어나지 않았음을 잘 알아 온갖 말을 하면서도 장애가 없게 됩니다.

언제 어디서나 이 본성을 떠날 수 없기에 언제 어디서나 깨달을 수 있습니다. 길을 가고, 바람이 불고, 낙엽이 굴러가도 바로 이 바탕의 일입니다. 환절기에 목이 컬컬해도 이것이 아니면 불가능하고, 아픔이나 고통도 이것으로 인해 극명하게 드러나는 것입니다. 늘 진행형인 이것이 늘 생생히 깨어서 온갖 것을 다 드러내고 있습니다. 이 하나가 모든 것을 통해 스스로를 드러내고 있습니다.

33. 욕망의 문제

《유마경》보살품에 지세보살과 악마 파순의 대화가 나옵니다.

지세보살 앞에 제석천으로 변신한 파순이 천녀들을 데리고 나타납니다. 파순은 지세보살에게 천녀들을 받아들이라고 합니다. 지세보살은 천녀들이 법의 물건이 아니라며 거부합니다. 이때 유마 거사가 나타나 천녀를 받아들인다고 합니다. 그러면서 자신은 세속에 있으면서 세속의 옷을 입고 불제자도 아니므로 받아들인다고 이유를 말합니다.

악마 파순은 욕망의 세계(欲界), 물질의 세계(色界), 정신의 세계(無色界) 중 욕망의 세계에 속하면서 이 세계의 여섯 번째 하늘 임금입니다. 항상 악한 뜻을 품고 나쁜 법을 만들어 수행자를 어지럽히고 사람의 지혜를 끊는다고 합니다. 천녀는 욕망의 세계의 여섯 번째 하늘에 사는 여성입니다.

지세 보살은 출가 사문을 상징합니다. 깨달음을 추구하고, 깨달음을 향한 수행을 하며, 깨달음이 따로 있다고 여깁니다. 지세 보살에게는 법과 법 아님이 따로 있고 음욕과 음욕 아님이 따로 있습니다. 그래서 더러운 음욕을 버리고 깨끗한 마음을 유지하고 지키려고 합니다. 제석천으로 변한 파순이 지세 보살을 희롱합니다. 파순은 지세 보살에게 욕망의 상징인 천녀를 받아들이라고 합니다. 지세 보살은 거부하지만 이때 나타난 유마 거사는 자신에게 달라고 합니다.

유마는 한자로 정명(淨名)입니다. 깨끗한 이름이란 뜻입니다. 깨끗함과 욕망은 어울리지 않습니다. 그런데 청정한 사람 유마는 오히려 욕망 그대로를 기꺼이 받아들입니다. 욕망의 본성을 깨달았기 때문입니다. 욕망을 떠나 깨끗한 게 있는 게 아니라 욕망의 본성이 청정하다는 사실을 깨달았기 때문입니다. 욕망이 욕망 아님이고 욕망 아님이 욕망이기 때문입니다.

유마는 천녀를 받아들이고 나서 욕망에 취하는 것이 아니라 욕망이 욕망이 아님을 깨달으라고 이끕니다. 욕망을 상징하는 천녀 자신이 본래 이 마음의 투영이어서 비었으니 욕망 그대로 욕망이 아닌 것입니다. 욕망의 세계, 물질의 세계, 정신의 세계 그대로 허공과 같은 마음 하나입니다.

법이란 세속을 떠나 따로 있지 않습니다. 세속의 옷을 벗는 게 깨달음이 아닙니다. 욕망을 끊어 없애고 거부하는 게 깨달음이 아닙니다. 만약 욕망을 끊고 거부한다면 분별심이 취사선택하는 것입니다. 〈신심명〉에 "지극한 도는 어렵지 않으니, 가려서 선택하는 것을 꺼릴 뿐이다."라는 말이 있습니다. 욕망을 취하거나 욕망을 버린다면 욕망의 존재를 인정하는 것입니다.

깨달음은 모든 것의 본성이 본래 깨끗하다는 것을 깨닫는 것이지, 더러운 것을 인정하여 그것을 깨끗하게 만드는 조작이나, 더러움과 깨끗함을 세워 양쪽 중 하나를 취사선택하는 것이 아닙니다. 이것은 모두 있는 그대로의 현실에 어두워 분별집착한 행위에서 비롯된 것이어서 진실과 아무 상관이 없습니다.

욕망과 욕망 아님이 본래 따로 없는 것입니다. 모두가 하나의 마음일 뿐이어서 욕망이라는 내용물도 없고, 욕망 아니라는 내용물도 없습니다. 어떠한 인연도 취사선택할 것이 없습니다. 그럴 만한 실체가 없는 것입니다. 그러니 세속적인 것을 버리고 탈세속적인 세계로 옮겨가는 것이 아니라, 세속적인 삶 가운데 아무것도 그것이라고 할 만한 것이 없음을 깨달아 삶에서 해탈하는 것입니다.

모든 것이 바로 지금 이렇게 온갖 모양과 감정, 생각, 소리 등으로 드러나고 있습니다. 그것 그대로 바로 지금 이 마음입니다. 이것이 분명해지면 욕망과 욕망 아님에서 왔다 갔다 헤매지 않습니다. 욕망이 일어났다고 허둥대지 않고, 욕망이 일어나지 않았다고 좋아하지 않습니다. 이것이 욕망의 굴레에서 자유로워지는 일입니다.

모든 것이 평등하여 하나임이 분명하면 욕망의 문제가 장애가 되지 않습니다. 참으로 놀라운 경험입니다. 모든 것이 그것 그대로 하나의 일이라는 통찰과 자각은 스스로의 변화를 가져옵니다. 내면의 갈등과 혼란과 불안이 사라져 버립니다. 무엇이 일어났건 다른 일이 아니라는 통렬한 자각만이 모든 번뇌를 사라지게 합니다.

바로 지금 여러분 각자의 이 마음뿐입니다. 이 마음을 떠난 천녀가 따로 없습니다. 이 마음을 떠난 파순이 없습니다. 이 마음을 떠난 출가사문이 없습니다. 자기 마음에서 드러난 모양 따라 분별에 사로잡혀 어두운 눈으로 세상을 보는 것이 바로 내 마음의 파순입니다. 욕망을 떠나 따로 깨끗한 것을 찾으려는 분별심이 바로 내 마음의 마왕입니다.

34. 두 개의 분리

깨달음을 분리의 소멸이라고 달리 말할 수 있습니다. 드러나는 모든 것들이 따로따로 존재한다고 여기며 살다가, 문득 이 모든 것이 하나임을 깨닫는 것입니다. 마음의 갈등과 번뇌는 모두 분리 때문에 생깁니다. 나와 나 아닌 것들 간의 갈등이고, 내가 원하는 일과 그렇지 않은 일들 간의 갈등으로 마음이 괴롭습니다. 본래는 이런 분리가 없는 것이 우리가 사는 세계의 참모습입니다. 현상적으로는 모든 것이 다양하게 나타나지만, 이 모든 것이 자기 마음 하나의 일입니다. 이 마음만이 실재이고 이것이 우리가 사는 세계의 전부입니다.

드러난 현상을 다루어 깨달아지는 것이 아닙니다. 능력의 변화로 깨달음이 성취되는 것이 아닙니다. 신비하고 묘한 현상을 경험했다고 해서 깨달아지는 것이 아닙니다. 어떠한 노력을 해서 깨달아지는 것이 아닙니다. 특별한 수행 과정을 겪어야 깨달아지는 것도 아닙니다. 이 모든 것이 밖을 향해 추구한 것이기 때문입니다. 깨달음에서 가장 꺼리는 것이 추구와 얻음과 조작입니다. 이것은 안팎으로 나아가 분별하여 얻고 취하는 일이기 때문입니다.

모든 추구와 얻으려는 마음, 인위적으로 조작하려는 것을 멈추고 보면, 모든 것이 자기에게서 나고 사라짐을 보게 됩니다. 온 세상이 모두 자기의 일임이 체험됩니다. 문득 본성에 대한 체험이 오면 저절로 추구하는 마음이 쉬어집니다. 찾을 필요가 없었다는 사실을 경험적으로 알게 됩니다. 그러니 이전과 다르게 마음이 안정을 찾고, 진리를 위해 달리 할 일이 없다는 사실을 알게 됩니다.

그러나 자세히 보면 추구나 얻음과 조작하려는 습관이 쉽게 끝나지 않는다는 것도 확인하게 됩니다. 그동안 우리는 추구와 얻음과 조작의 삶을 살아왔기 때문입니다. 이렇게 길들여진 마음의 습관은 쉽게 사라지지 않습니다. 자신도 모르게 사로잡혀 있는 부분이 적지 않습니다.

얻으려는 마음과 조작하려는 습관은 모두 분리를 전제로 합니다. 지금 이대로 완전하지 않다고 여겨 이상을 추구하게 되고, 또 그 결과를 얻기 위해 노력합니다. 지금 이대로 마음 하나임을 분명히 깨닫지 못하기에 자꾸 현 상태가 아닌 다른 상태를 만들려고 조작합니다. 추구와 얻음과 조작의 완전한 멈춤은 모든 것이 하나의 일이라는 통렬한 깨달음에서 옵니다. 모든 분리가 사라졌을 때 분리를 전제로 한 마음의 습관들이 저절로 떨어져 나가는 것을 경험하게 됩니다.

본성을 체험하고도 여전히 분별심의 지배를 받게 되는데, 이 장애

154

를 크게 두 가지로 얘기해 볼 수 있습니다. 하나는 대상경계와 대상 경계 사이의 분리장애입니다. 대상과 대상 사이의 분리는 대개 좋은 대상과 나쁜 대상, 즉 긍정적인 현상과 부정적인 현상 사이의 분리입니다. 삶에서는 내가 원하는 일, 내가 바라는 상황, 내가 옳다고 여기는 일과 그렇지 않은 일이 아무런 차별 없이 일어납니다. 그런데 우리는 자꾸 긍정적인 현상은 취하려 하고 부정적인 현상은 피하려고 합니다.

스스로가 깊이 사로잡혀 있는 특정한 현상을 만났을 때 이러한 분리는 더 선명하게 드러납니다. 삶과 죽음의 문제에 닥치거나, 간절히 원했던 일이 뜻대로 되지 않으면 자기도 모르게 긴장을 하고 두려움에 휩싸입니다. 이것은 좋은 것과 나쁜 것의 본성이 본래 평등하다는 사실을 사무치게 깨닫지 못했기 때문에 일어나는 현상입니다. 이 분리가 사라져야 합니다.

도(道)란 사람의 가치 기준이나 기호, 바람을 가지고 취사선택할 수 있는 영역이 아닙니다. 사람, 사람의 생각과 가치관, 바람의 밑바탕이자 이것을 초월한 평등입니다. 모든 좋고 나쁜 경계가 마음 하나라는 뚜렷한 깨달음이 이 고비를 넘어가게 합니다. 스스로 뚜렷이 깨쳐야 좋고 나쁜 경계를 취사선택하려는 마음이 멈춥니다. 모든 것을 있는 그대로 바라보고, 허용하고, 조작하지 않게 되는 것입니다. 이것이 경계와 경계 사이의 분리에서 벗어나는 길입니다.

두 번째 큰 장애는 마음과 경계 사이의 분리입니다. 이것을 법과 법 아닌 것 사이의 분리라고도 할 수 있습니다. 드러나는 경계가 모두 마음 하나의 일임에는 의심의 여지가 없는데, 마음과 경계가 미세하게 따로 있는 듯한 분리감이 남아 있습니다. 이것은 에고 즉 '나'라는 생각, 주체의식이 끈질기게 남아 있기 때문입니다. 이러한 분리가 조금이라도 있으면 '마음은 이런 것'이라는 상념이 떠돌고, 깨달음의 궁극이 따로 있는 듯한 분리가 있습니다. 그러나 이것은 자기도 모르게 속고 있는 분별망상입니다. 깨달음의 여정을 소개한 〈십우도〉의 여덟 번째 단계에서 소도 사라지고 사람도 사라지는 체험, 《금강경》에서 법도 이름일 뿐이고 비(非)법도 이름일 뿐이라는 말이 스스로 체득되는 전환이 있어야 합니다.

이 마음과 경계의 분리, 법과 법 아닌 것의 분리가 사라지고 나면, 본래 있는 그대로 아무런 분리가 없었다는 자각이 뚜렷해집니다. 그때야 온 우주가 허공과 같다는 표현이나, 한 덩어리, 있는 그대로 완전하다, 깨달음도 없다, 머묾이 없다, 색이 공이고 공이 색이다, 있음이 없음이고 없음이 있음이다, 생각마다 생각이 없다 등등 미세한 분리의식이 끼어들어 받아들일 수 없었던 구절들이 저절로 소화가 됩니다. 이제는 이런 말들이 언어와 생각으로서가 아니라 자신의 삶으로서 당연한 것이 되어 버립니다. 본래 나도 없고 깨달음이라는 것도 따로 없습니다. 일어나는 일 그대로 어느 것도 다르지 않습니다.

깨달음이란 바로 우리가 자기도 모르게 길들여졌던 분리의식에서 깨어나는 일입니다. 정신적, 물질적, 감각적, 감정적으로 다르게만 여겨졌던 온갖 일들이 있는 그대로 분리 없는 하나라는 명백한 자각입니다. 분리의 꿈에서 깨어나고 보면 모든 꿈이 하나의 진실이고, 하나의 진실이 그대로 꿈의 세계여서 아무것도 의심스러운 것이 없습니다. 묵은 체증이 싹 가셔서 아무런 할 말도 없고 얻은 것도 없지만 부족함도 없는 삶이 펼쳐집니다. 오직 스스로 경험해 봐야 공감할 수 있는 일입니다.

35. 자기 가슴에서 흘러나와야 세상을 덮을 수 있다

'지금 당장 눈앞의 실재'라고 하나, 실재하는 어떤 것을 가리키는 것이 아닙니다. '분명하다' 하나 분명한 이미지가 그려지는 어떤 것이 아닙니다. '생생하다'는 것도 마찬가지입니다. 석가모니께서 열반하실 때 49년 동안 한마디도 법을 말한 적이 없다고 했는데, 이 말을 진실로 소화할 수 있어야 합니다.

말에서 알아야 할 것도, 이해해야 할 것도 없습니다. 다만 스스로가 자기 마음을 체험하고 이것뿐임을 의심 없이 깨닫고 보면, 수많은 스승들이 왜 그런 표현을 했는지 공감할 수 있습니다. 공감하더라도 그 말에 무슨 깊은 진실이 숨어 있어서 그러는 것은 아닙니다. '이렇게도 표현할 수 있구나' 공감하면서도 그 말을 간직하지 않습니다.

중국 당나라 시대 설봉의존 스님이 행각할 때의 일입니다. 사형인 암두전활 스님과 함께 오산진이라는 마을에서 눈 때문에 발이 묶이게 되었습니다. 그런데 암두 스님은 매일 밤 잠을 잘 자는데 설봉 스님은 그러지 못했습니다. 그래서 잠을 자는 암두 스님을 깨워 말하기를, 자신은 가슴이 답답해서 잠을 잘 수가 없으니 자신을 일깨워 달라고 했습니다. 설봉 스님은 그동안 자신이 걸어온 공부 여정을 모두 털어놓았습니다.

'염관제안 스님 밑에 있다가 색즉시공의 설법을 듣고 들어갈 자리를 알았다. 동산양개 스님이 확실하게 깨닫고 읊은 시에서 얻은 바가 있었다.

행여라도 다른 곳에서 구하지 말지니
멀고멀어서 나와는 멀어진다.
나 이제 홀로 자유로우니
곳곳에서 그를 만난다.
그는 이제 내가 아니요,
내가 지금 바로 그이다.
이렇게 알기만 하면
바야흐로 여여에 계합하리라.

또, 덕산 스님에게 법을 묻자 방망이로 때리면서 "뭐라고 묻는가?"라는 말에 홀연 통 밑이 빠지는 체험을 했다.

이렇게 수차례 체험이 있었고 얻은 바가 있었지만 여전히 가슴 한 켠이 답답하여 공부를 놓아 버리지 못하고 있다.'

이 모든 말을 들은 암두 스님은 그렇게 알아서는 자기도 구제하지 못한다고 잘라 말합니다. 그러고는 이렇게 말합니다.

"이 다음에 큰 교법을 퍼뜨리고자 한다면 하나하나 자기의 가슴에서 흘러나와야 나와 더불어 하늘과 땅을 덮으리라."

이 말을 듣자마자 설봉 스님은 크게 깨닫고는 말합니다.
"오늘에야 비로소 오산에서 도를 성취하였습니다."

밖에서 들어올 수 있는 것은 먼지티끌 하나도 없다는 것이 철저해야 합니다. 세상만사 온갖 일, 헤아리고, 느끼고, 보고, 알고, 깨닫고, 체험한 모든 것이 바로 이 마음의 일이라는 것이 철저해야 합니다. 모든 것이 여기서 흘러나와야 나를 포함하여 온 우주를 덮을 수 있지, 밖에서 들어온 것, 이해한 것, 안 것, 경험한 것, 누구의 말, 그럴 듯한 가르침, 갖가지 특별한 체험 등에 조금이라도 기댄다면 스스로도 구원하지 못합니다.

모든 것이 마음 밖에 있는 것처럼 여길 때는 모든 것이 구속이 되고, 모든 것이 내 마음 안의 일이면 모든 일이 있는 그대로 해탈입니다. 모든 것이 하나라는 것은 그런저런 일이 없다는 것입니다. 실제 이런 깨달음이 오면 온갖 것들이 있는 그대로 공적한 존재감을 줍니다.

밖에 무언가 있다는 것은 그것이 있는 게 아니라 자신이 존재감을 부여한 것입니다. 실상에 어두운 마음이 마음으로 일어난 환상과 같은 것을 보고, 그것에 이름을 붙이고 존재감을 부여하여 내게 꽃이 된 것입니다. 환상과 같은 꽃일 뿐입니다. 이 사실을 분명히 깨닫는다면 환상은 환상일 뿐 어떤 존재도 아니고 구속도 아닙니다. 우리가 마주한 이 세계가 바로 지금 이렇게 드러나고 있습니다. 각자 마음이, 마음으로 인해, 마음의 영화를 찍어 내고 있습니다.

3장
삶의 구속, 삶의 자유

1. 세상은 이 마음의 판타지

세계는 전부 나와 함께 일어납니다. 나를 떠난 세계란 존재하지 않습니다. 하늘이 있으려면 하늘을 보는 내가 있어야 하고, 땅이 있으려면 땅을 보는 내가 있어야 합니다. 소리가 있으려면 소리를 듣는 내가 있어야 하고, 사람이 있으려면 사람인 줄 아는 내가 있어야 합니다. 어떤 신념이나 주의, 주장이 있으려면 내가 그것을 생각하고 그것의 존재를 인정해야 합니다. 어떤 것이 사라지더라도 내 생각을 포함한 여러 분별의식이 작동해야 합니다.

세상의 모든 것은 나와 함께 성립되고 나와 함께 사라집니다. 이 세상에 나를 떠난 것들은 존재하지 않습니다. 나는 항상 지금 이렇게 있습니다. 나는 항상 나를 떠난 적이 없습니다. 그러므로 세상은 항상 나를 떠난 적이 없고, 사람과 사물, 행복과 불행, 세상의 모든 존재들이 항상 나와 함께 이렇게 드러납니다. 그러니 나를 찾아 밖의 사물을 쫓을 필요가 없고, 밖에 무엇이 있다고 여겨 돌아다닐 필요가 없습니다. 나와 사물, 나와 나 아닌 모든 것들은 지금 바로 이렇게 일어나고 사라집니다.

나라는 것은 한 생각입니다. 나라는 것은 내 마음에서 일어난 생각의 덩어리입니다. 어린 시절부터 마음 깊숙이 스며들어 우리 스스로 눈치 채지 못한 채 개별적인 존재로 인정해 버린 분별심입니다. 그것은 독립적이고 항상한 것이 아니라 살아오면서 익힌 결과물입니다. 뿐만 아니라 세상의 모든 존재들도 나라는 존재를 인정하면서 성립된 것들입니다. 그러니 그것은 그것이 아닙니다. 지금 조건이 그러해서 존재하는 모습으로 받아들여지고 있을 뿐입니다.

이 세상은 이 마음에서 일어난 여러 가지 모습들입니다. 내 마음에 그려진 그림자들이고, 내 마음의 유희로 드러난 개별적인 존재 같은 환상입니다. 모든 것들은 지금 이렇게 있는 모습으로 드러나고, 모든 것들은 지금 이렇게 사라지는 모습으로 드러납니다. 모든 것이 태어나는 것은 바로 지금 이 순간이고, 사라지는 것도 바로 지금 이 순간 마음에 그려진 그림자입니다. 모든 것의 생사가 바로 지금 이 순간 이 마음의 일입니다. 그러니 있어도 없는 일이고, 없더라도 당장 이렇게 생겨나고 사라지는 모습으로 드러나고 있습니다.

이 마음이 그려 낸 허망한 모습 속을 헤매 다녔습니다. 나라는 것을 찾아 허깨비와 같은 나의 군상들 사이에서 방황했습니다. 마음을 찾아 바로 지금 이 마음에서 그려 낸 '마음이라는 환상' 속에서 길을 잃었고, 마음에서 드러난 허망한 그림자들을 실재로 알고 거기에서 괴로워하고 아파하고 피하려고 몸부림쳤습니다.

그러나 그 모든 것은 시작도 끝도 알 수 없는 바로 지금 이 마음의 그림자와 같은 것들입니다. 그것들 사이를 헤맬 필요도 없고, 헛것들 속에서 헛것인 나를 찾을 필요도 없고, 헛것을 모두 없앨 필요도 없고, 헛것의 구속을 받을 필요도 없습니다. 그것들은 바로 지금 이 마음이 그려 낸 판타지이기 때문입니다. 이 세상 모든 것이 바로 지금 이 마음이 그려 낸 이야기라는 사실에 밝아 온갖 부딪침과 갈망과 집착, 탐욕, 불안에서 자유로워질 일입니다.

2. 멈춤 없는 파도, 그러나 일어난 일이 없다

우리가 경험하는 모든 것은 단 한 순간도 멈추어 있지 않습니다. 마치 바다의 파도가 잦아들지 않는 것과 같습니다. 파도가 없는 바다란 존재하지 않습니다. 바람이 없는 잔잔한 날 배를 타 본 사람은 알 것입니다. 물결이 잦아든 것 같아 마음 놓고 통통배를 타 보지만 물결이 만만치 않다는 것을 느낍니다. 물결에 익숙하지 않은 사람은 멀미를 합니다. 눈으로 보기에는 미약하거나 없는 물결 같지만 막상 그것을 맞닥뜨렸을 때는 적지 않은 어려움에 빠지곤 합니다.

삶도 이와 닮았습니다. 온갖 삶의 물결이 일어나고 사라집니다. 단 한 순간도 멈추어 있지 않습니다. 드러나는 물결은 똑같지 않습니다. 항상 변하며 어디서 왔는지, 어디로 가는지 모르게 갑니다. 이 변화와 흐름이 때론 갈등을 불러옵니다. 우리는 시간의 변화, 공간의 변화를 암암리에 이해하고 받아들이지만, 언제나 그러하지는 못합니다. 특히 나라는 존재, 가족이라는 존재, 특정한 관계 속의 사람들, 소중히 여기는 것들, 피하고 싶은 일들, 성취하고 싶은 지위나 명예 등등. 꼭 붙들고 싶고, 변하지 않기를 바라거나, 어떤 일인 경우에는 맞닥뜨리고 싶지 않습니다. 그러나 이것들 역시 물결이기에 시시때때로 우리의 기대와 다른 모습으로 변해 갑니다.

바다의 파도는 당연하게 받아들이면서, 삶의 파도를 만나면 당황스러울 때가 많습니다. 언제 쓰나미가 닥칠지 모르는 것처럼 우리의 삶도 어느 순간 예상과 다르게 변할지 모릅니다. 언제 물결이 잦아들지 모르는 것처럼, 그동안 장애가 되었던 것들이 언제 사라질지 모릅니다. 온갖 것이 멈추어 있지 않다는 것은 또 다른 가능성을 열어 줍니다. 멈추어 있는 게 없다는 것은 그것들이 존재하지 않는다는 의미이기도 합니다. 파도가 실재하는 게 아니라 물이 실재이듯이, 삶의 여러 면면들이 존재하는 것이 아니라 삶 자체만 있습니다. 삶이란 바다와 같아서 온갖 물결로 나타나지만 그저 늘 삶, 살아 있음입니다.

이것을 깨어 있는 존재 자체라고 해도 괜찮고 본성이라고 해도 괜찮습니다. 이것은 이름이 아니라 직접 맞닥뜨리는 것이고, 체험하는 것이고, 하나로 춤을 추는 것입니다. 이것을 분별한 이름이나 설명은 실체 없는 것이어서 물결에 지나지 않습니다. 온갖 이름을 붙여도 상관없고, 아무런 이름을 붙이지 않고 직접 이렇게 이 자체이기만 해도 좋습니다. 진실인 물은 물결로 드러난 개인이 상대할 수 있는 것이 아닙니다. 상대적인 것을 경험하고, 상상하고, 생각하고, 느끼고, 맛보고, 듣고, 보는 모든 물결이 그저 늘 변함없는 한 개의 진실 자체, 물이라는 사실에 밝을 뿐입니다. 물결은 멈추지 않습니다. 깨닫건 그렇지 않건 삶의 파도는 늘 밀려오고 밀려갑니다. 그러나 그것 자체가 텅 빈 깨어 있음, 하나의 춤일 뿐이라면 아무 일도 없는 것입니다.

지금 눈앞에 펼쳐지는 모든 일이 바로 하나의 일입니다. 이것은 분리가 없기 때문에 주인도 없고 대상도 없습니다. 이것은 늘 똑같기 때문에 불로 태우려고 해도 불과 이것 사이에 아무런 공간이 없어서 태울 수 없고, 물로 씻으려고 해도 따로 있지 않기에 씻을 수 없습니다. 칼로 자르려고 해도 칼과 이것 사이에 아무런 간격이 없어서 손쓸 수 없습니다. 온갖 마음의 변화, 신통한 능력, 신비스러운 경험을 하더라도 그런 일이 없는 것입니다. 지금 당장 경험하는 모든 물결이 하나로 평등함에 눈뜰 뿐, 달리 지키고 제거할 물결이 없습니다. 이것을 몸소 분명히 깨칠 뿐입니다.

3. 삶은 정해진 무엇이 아니다

온갖 일이 생각과 느낌, 여러 가지 감각의식을 통해 드러납니다. 이것을 분별의식이라고 하는데, 분별의식을 통하지 않고는 어떤 일도 일어날 수 없고, 사라질 수도 없습니다. 우리네 삶의 모든 모습은 바로 분별의식입니다. 살아오면서 몸에 밴 가치관, 고정관념을 기준으로 현상세계를 분별하게 됩니다. 분별의식의 내용은 일정하지 않습니다. 순간순간 생각이 다르고, 느낌이 다르고, 모습이 다르고, 소리와 맛, 여러 가지 감촉이 다릅니다. 이러한 것들은 조건 따라 일어나는 것이어서 내가 원하는 것도 있고 원하지 않는 것도 있습니다.

모든 삶의 모습이 실체가 없고 허망한 분별의식일 뿐이라는 사실을 받아들이기는 어렵습니다. 내게는 너무도 분명하게 존재하는 것처럼 느껴집니다. 심장이 뛰고, 말을 하고, 생각도 잘 하고, 잘 걸어다니는 나의 이 몸을 포함하여 모든 것이 현실이 아니라 현실감일 뿐이라는 사실이 두렵기까지 합니다. 그러나 그게 두려운 일일지라도, 이게 사실입니다.

생각이 있어야 내가 존재합니다. 생각에 의지하지 않는 나는 없습니다. 지금 느껴지는 피부의 감촉이 존재를 증명하는 것이라고 하지만, 이 말이 생각이고, 감촉 또한 감각의식일 뿐입니다. 내 몸 혹은 주변에서 나는 향기, 움직임, 소리, 색깔과 모양이 모두 감각의 산물입니다. 삶의 모든 것이 분별의식일 뿐이라는 사실은 두려운 일이기도 하지만, 우리를 자유롭게 합니다. 모든 것이 그것이 아니라는 사실은 삶의 무게를 없애 줍니다. 내가 따로 존재하지 않는다는 사실은 나로 인해 일어난 모든 투쟁에 종지부를 찍게 합니다.

우리가 생각하고 찾고 정의 내린 그런 삶은 없습니다. 그것은 자기에게서 일어난 생각, 즉 분별의식일 뿐입니다. 그럼에도 삶에 대해 얘기하자면 사실 삶이란, 살아가지만 삶을 살아가는 주체도 삶의 내용도 없는 것이고, 말을 하지만 말이 비었으며, 밥을 먹지만 실체가 없는 것이고, 다툼을 벌이지만 그것 그대로 그것이라고 할 게 없는 것입니다.

마치 영화배우가 스크린 위에서 결투를 벌이지만, 거기에 실제로는 주인공도 없고 조연도 없고 싸우는 일도 없는 것과 같습니다. 하나의 빛일 뿐이고, 하나의 스크린일 뿐입니다. 우리의 삶도 이와 같아서 지금 이렇게 한 사람이 있어 글을 읽고, 생각하고, 소리를 듣고, 행동을 하지만, 이 모두가 지금 이렇게 일어난 분별의식입니다. 평등한 일이고, 무엇이 없는 일이고, 장애가 없는 일입니다. 삶은 바로 지금 여기에서 펼쳐지고 있고, 모든 일이 가능하지만, 아무 일도 없는 것입니다.

172

4. 세상만사가 부동의 진실

세상만사가 모두 내 안의 일입니다. 나를 벗어나 존재하는 것은 아무것도 없습니다. 모든 것이 내 경험의 표현이고 내 생각의 표현이며 내 감정의 투사입니다. 온갖 경험이 일어날 때 늘 나를 중심으로 펼쳐집니다. 우리가 경험하고 알고 이해하고 느끼고 생각하는 모든 것이 지금 이 참된 나를 증명하고 있습니다. 사실 이것을 참된 나라고 하든, 마음이라고 하든, 진실이라고 하든, 법이라고 하든, 컵이라고 하든, 똥이라고 하든, 이름은 상관없습니다. 세상의 모든 이름이 바로 이것입니다.

지금 무슨 경험을 하고 계십니까? 이 글자를 읽어 나갈 때 온갖 의미가 펼쳐집니다. 그러나 그 모든 것이 이 살아 있음의 증거입니다. 지금 하늘을 보고 있다면 하늘을 보고 있다는 생각, 하늘의 색깔, 하늘에 펼쳐진 구름, 나와 하늘 사이에 저만치 거리가 있다는 상념, 어떻게 하늘이 나로 인해 존재하는가 하는 의문이 바로 지금 이 살아 있는 성품의 표현입니다. 하늘에 천사가 그려져도 이것이고, 악마가 나타나도 이것입니다.

진실은 늘 이렇게 살아 있는 것입니다. 이 살아 있음은 온갖 것을 가능하게 합니다. 이 살아 있음이 사람과 생물, 사물을 살아 있게도 하고 죽게도 하는 것이어서 모든 것을 초월한, 혹은 모든 것의 본바탕인 진정한 살아 있음입니다.

이런저런 표현을 해 보았습니다만, 이 그림자와 같은 허망한 속삭임에 속지 마시고, 지금 바로 당장 본래 완전하여 모든 망상을 가능하게 하는 이 사실을 환기하십시오.

똑똑똑! (바닥을 두드린다.) 바로 이것입니다.

하나, 둘, 셋! 바로 이것입니다.

(커피 향기를 맡는다.) 커피 향기가 아니라 바로 이 살아 있음입니다.

찰싹 찰싹 찰싹! (손등을 때린다.) 통증이 아니라 바로 이 깨어 있음입니다.

이 하나가 전부일 뿐 다른 일은 없습니다. 생각해도 이것이요, 생각하지 못하겠다는 것도 이것입니다. 생각, 생각 아님, 생각 아님도 아닌 것조차 바로 이 일입니다. 만약 이것을 깨닫지 못하고 온갖 망상에 속는다면 온갖 망상이 자신의 삶을 갉아먹겠지만, 이 모든 망상 그대로 하나의 본성임을 깨닫는다면 온갖 망상이 그대로 찬란한 진실임을 알 것입니다.

5. 그대, 걱정할 것 없어요!

우리는 삶은 괴롭고 우리의 존재는 불안하다고 여깁니다. 그러나 진실을 깨닫고 보면 삶은 괴로움도 아니고, 존재는 불안하지도 않습니다. 우리는 삶은 과거에도 있었고, 미래에도 있을 것이고, 현재에도 흐른다고 여깁니다. 삶은 시간 따라 흐르고 다양한 모습으로 펼쳐진다고 여깁니다. 밖으로 드러나는 세계는 끝없이 펼쳐져 있고, 내면으로 드러나는 세계 또한 넓이도 깊이도 모른 채 드넓게 펼쳐져 있다고 여깁니다. 그리고 우리들 각각은 밖으로 무한히 펼쳐진 세계, 그리고 내면적으로 넓이와 깊이를 모를 세계의 어디쯤에 존재한다고 여깁니다.

그러나 그렇지 않습니다. 삶은 바로 지금 눈앞에 펼쳐져 있고 우리가 인지하는 만큼만 존재합니다. 우리가 헤아리는 만큼만 있고, 우리가 보고, 듣고, 맛보고, 냄새 맡고, 이해하는 정도만 있을 뿐입니다. 내면적으로도 그렇습니다. 깊이를 헤아릴 수 없는 심연, 넓이를 알 수 없을 정도의 넓이로 삶이 펼쳐져서 마음의 공간 따라 무언가 다른 세계가 있는 것이라 여기지만, 바로 지금 이 순간 우리가 인식하는 정도만 있다고 할 수 있습니다.

175

만약 인식 너머에 무언가 존재하지 않느냐고 묻는다면, 그 묻는 말과 생각이 있을 뿐이지, 우리가 보고 듣고 느끼고 아는 이 자체 너머에 무엇이 존재한다는 증거는 없습니다. 이 세계는 보고 듣고 느끼고 아는 것으로 성립되기 때문입니다. 그러니 우리가 모르는 세계가 있다는 것은 '우리가 모르는 세계가 있다.'라는 생각일 뿐입니다. 그러니 우리 스스로가 경험하는 것만이 세상이고, 삶이며, 나입니다.

세상은 지금 바로 남김없이 펼쳐져 있습니다. 우리가 아는 만큼만 있고, 또는 모르는 세계가 저 너머에 있을 것이라는 생각만 있습니다. 삶은 생각보다 훨씬 단조롭습니다. 삶은 우리가 모르는 세계의 그 무엇이 아니기 때문에 두려운 것이 아닙니다. 어떤 일이 일어나도 바로 지금 우리 앞 이 경험의 장에서 펼쳐질 뿐입니다. 이것이 바로 우리가 마주한 세상의 모습이고, 이것이 바로 우리가 떠나지 못하는 삶의 모습이며, 이것이 바로 우리가 다 아는 세상입니다.

이 삶의 장 안에 항상 우리 자신이 있습니다. 이 세계는 바로 나를 중심으로 펼쳐지고 있습니다. 이 세계, 우주 전체에서 따로 떨어진 나는 경험될 수 없습니다. 가만히 보면 나라는 것도 이 경험의 장에 한 판으로 펼쳐진 현상입니다. 나는 항상 나 아닌 것과 함께 드러납니다. 지금 바로 눈앞에 펼쳐진 이 경험의 장에서 나와 나 아닌 것이 한꺼번에 드러납니다.

그러니 내가 알고 있던 나는 현상과 독립된 나가 아니라, 이 모든 것과 함께 있어야 하는 조건적인 나입니다. 내가 독립적으로 존재함을 인정하려면 나는 다른 것과 상관없이 존재해야 하는데, 사실은 그렇지 않습니다. 그러니 나는 가변적인 것이고, 항상하지 않은 것입니다. 나라는 것은 현상이 드러날 때 하나의 분별된 현상으로 드러난 텅 빈 그림자입니다.

두려움은 우리가 모르는 일이 있다고 여길 때 생겨나는 감정입니다. 그러므로 우리가 모르는 삶이 아니라면 삶은 결코 두려운 것이 아닙니다. 나라는 존재도 독립적으로 존재하지 않는 인연이기에 존재의 불안을 느낄 이유도 없습니다. 잘못 알고 있던 것에서 벗어난다면 존재의 불안은 본래 없었다는 것을 알 것입니다.

세상, 삶, 나가 지금 이렇게 마음에서 분별의식을 통해 조건적으로 드러나는 것이라면, 우리가 알고 있던 모든 것들이 실체가 없습니다. 두려울 이유도 없고 불안해할 이유도 없으며 걱정할 것도 없습니다. 더 나아가 이 모든 알려진 삶의 근본인 마음을 깨닫는다면 우리 자신은 두려움, 불안, 걱정과 아무 상관이 없다는 것을 분명하게 알 것입니다.

알려진 한 판의 세상은 바로 지금 이렇게 펼쳐지고 이렇게 사라지고 있습니다. 시공간, 삶과 존재 등 우주 전체가 바로 지금 일어난 한 생각과 소리와 맛과 감각과 느낌으로 펼쳐지고 있습니다. 모든 것이 바로 지금 이 모양 없는 경험의 장에서 그것으로 드러나고 있습니다. 드러나는 것은 모두가 가변적이고 허망한 것이지만, 이 경험의 장은 언제나 떠난 적이 없고 잃어버릴 수도 없는 것입니다.

이 세계의 본질은 바로 한 생각의 당처(當處), 온갖 감각의 당처, 느낌의 당처에서 시작되고 소멸하고 있습니다. 바로 지금 이 순간 한마디 말에, 혹은 크고 작은 소리에서 모든 것의 본향을 볼 수 있다면, 삶은 고통도 아니고 그 무엇도 아닙니다. 하지만 그 무엇도 아닌 것이 이렇게 눈앞에서 온갖 삶의 모습, 존재의 모습으로 찬란하게 빛나고 있습니다.

6. 진실과 현실의 문제

　우리는 흔히 세속의 어려움에서 벗어나려고 마음공부에 들어섭니다. 아마 대다수의 사람들이 현실의 불만족 때문에 마음공부를 할 것입니다. 현실의 문제는 고단해서 벗어나고 싶고, 마음의 평화를 얻고 싶습니다. 그래서 그 해결책으로 진실이란 무엇인지에 관심을 갖습니다.

　그러나 진실은 현실적인 문제를 제거해 주거나 해결책을 제시해 주지는 않습니다. 현실의 문제는 엄연히 현실의 법칙에 따라 일어나고 해결됩니다. 선한 일을 하면 선한 결과를 얻고 악한 일을 하면 악한 결과를 받습니다. 그러나 진실을 깨닫는다면, 모든 현실의 문제가 문제가 아니라는 사실을 밝게 보게 됩니다. 그로 인해 구속에서 풀려나는 변화를 경험할 것입니다.

　만약 내가 타인을 위해 선한 행위를 하면 나에 대한 타인의 평가는 후할 것입니다. 그들에게 해로운 행동을 하면 나쁜 평가를 받을 것입니다. 이것은 자명합니다. 깨달았다고 해서 이 법칙이 소멸하는 것은 아닙니다. 깨달았다고 해서 현실생활에서 부족했던 능력이 생

겨 삶의 모습이 완전히 달라지는 것도 아닙니다. 자신의 선택이 종
종 남에게 해를 끼칠 수 있고, 남의 선택이 예기치 않게 나에게 해가
될 수 있습니다.

그러나 현실의 모든 일이 그 일 그대로 존재감을 잃어버립니다.
모든 것이 꿈같은 일임을 밝게 보게 됩니다. 여전히 현실의 문제가
남아 있지만, 그 일 그대로 고정된 무엇이 아닌 일이었습니다. 그러
니 그 일로 인한 갈등과 고통이 사라집니다. 이전과 다름없이 세상
살이를 하지만 세상이 시끄럽지 않고, 이런저런 일이 벌어지더라도
똑같은 일일 뿐입니다.

그러니 어떤 고정된 기준에 사로잡히지 않고 순간순간 알맞게 행
하게 됩니다. 장애 없이 선택하고 결정하게 됩니다. 그 결과가 좋든
나쁘든 자기를 높이거나 자책하는 마음이 없습니다. 자신의 선택이
남들에게 좋은 평가를 받지 못하더라도 그뿐입니다. 모든 것이 자기
마음 하나로 평등하여 다른 일이 없기 때문입니다.

조화롭고 자연스러운 행동은 억지로 하는 것이 아닙니다. 모든 게
마음이니, 어떻게 하면 법에 맞게 행동하는 것일까 고민해서 행하지
않습니다. 만약 순간순간 선택의 기로에서 어떠한 것이 조금 더 법
다운 행동인지 고민하고 있다면, 법이라는 허상을 세워 분별하고 있
는 것입니다.

법은 생각으로 드러낼 수 있는 게 아닙니다. 생각 안에 가둘 수 있는 것이 아닙니다. 내가 생각하여 행할 수 있는 게 아닙니다. 이 모두가 자기 마음 하나의 일이어서 내가 어찌할 수 있는 게 아닙니다. 바로 지금 일어나는 모든 일이 그대로 평등한 법입니다. 그러니 법이라는 관념을 가지고 현실의 문제를 해결하려고 하지 않습니다. 오히려 이것이 모든 현실문제의 실재감을 몽땅 삼켜 버려서 그 허울만 드러내 보일 뿐입니다.

현실의 문제가 문제가 되는 것은 여전히 현실의 일들에 실재감을 부여해 사로잡혀 있기 때문입니다. 모든 문제가 실재하는 것이 아니라 마음바탕에 드러난 실체 없는 일입니다. 집착하거나 사로잡힐 필요가 없는 일입니다. 철저히 깨달아 법의 꿈, 현실의 꿈에서 깨어날 뿐, 꿈같은 생각으로 드러난 일들에 사로잡히지 않습니다.

7. 이 삶 그대로 투명하다

진실은 찾을 필요가 없고, 얻을 이유도 없습니다. 진실은 바로 지금 작용하고 있는 이 마음입니다. 이 마음을 떠나 존재하는 것은 아무것도 없습니다. 하늘과 땅, 산과 바다, 여러 가지 잡다한 일, 크고 작은 사건, 지금 당장 일어나는 소소한 내면의 이미지들, 금방 일어났다가 종적을 감추는 생각들, 간간이 들리는 소리의 이어짐과 끊어짐……

이 모든 것이 바로 마음의 작용입니다. 이것을 떠나 일어날 수 있는 일은 아무것도 없습니다. 왜 이런 일이 일어나는지 설명할 수는 없지만, 지금 일어나는 일을 가만히 보면 바로 이 텅 빈 성품 바탕에서 모든 일이 일어나고 있다는 사실을 부정할 수 없습니다. 이런 경험을 말로 설명한다면 모두가 마음의 그림자일 뿐입니다. 말은 여기서 일어난 분별현상이기 때문입니다. 어떤 말도 이것을 설명할 수 없습니다. 설명할 수 없다는 말조차 이것의 일입니다.

모든 것에 예외가 없습니다. 모든 사람이 바로 이 한마음의 바탕에서 드러납니다. 나라는 존재감을 비롯해 과거 · 현재 · 미래, 역사와 문화, 정치와 경제, 자연과 정신적 현상이 바로 지금 이 텅 빈 성품 하나로 평등합니다. 이것을 깨닫고 보면 깨달음, 진리, 도라는 이름이 무색해집니다. 이것을 깨닫고 보면 찾고 구하던 마음의 헐떡임이 저절로 사라집니다.

모든 것이 진실하니 진실을 위해 노력할 것이 아무것도 없습니다. 그러니 이것을 깨닫기 위해 시끄러운 일들을 제거할 필요가 없고, 더러운 마음과 그렇지 않은 마음을 구분하여 취하고 버릴 이유도 없습니다. 지나온 삶이 그대로 깨끗하며, 지금 어떠한 일이 일어나더라도 다른 일이 아님을 분명히 볼 것입니다. 인연 따라 옳고 그름, 정의와 불의가 갈릴지라도, 또 그것에 알맞은 행위를 할지라도 진실로 아무런 차별이 없습니다.

온갖 시끄러움이 그대로 고요합니다. 태어남과 늙음, 아픔과 죽음이 있는 그대로 꿈과 같습니다. 현상은 예나 지금이나 별반 다르지 않지만, 그것을 보는 자가 따로 없고, 받을 자도 따로 없습니다. 모든 것이 분리 없이 하나여서, 이 삶 그대로 평등하고 이 삶 그대로 투명합니다.

8. 삶의 진실

깨달음이란 삶의 진실에 눈을 뜨는 변화입니다. 우리는 삶의 진실을 모르고 삶의 모습에만 사로잡혀 살아왔습니다. 삶의 모습을 따라가면 모든 것이 불만족스럽습니다. 삶의 모습과 나의 욕망 사이에 항상 간격이 생겨서 조화롭지 못합니다. 괴로움이란 조화롭지 못한 삶을 통칭하는 말입니다.

삶의 모습들은 무상합니다. 어느 것 하나 영원하지 않습니다. 또, 삶의 모습들은 양면적입니다. 밝음과 어둠이 항상 뒤따릅니다. 삶의 모습들은 즐겁기만 한 것이 아니라 슬프기도 합니다. 아프기만 한 것이 아니라 행복하기도 합니다. 어둡기만 한 것이 아니라 밝기도 합니다. 헌 것만 있는 것이 아니라 새로운 것도 있습니다.

우리가 삶에서 불편함을 느끼는 것은 이 양면성과 무상함의 결합 때문입니다. 즐거운 것만 있으면 무상한 삶의 모습에 집착하지 않을 것이고, 불쾌한 것만 있더라도 무상한 삶의 모습에 집착하지 않을 것입니다. 그러나 삶의 모습에는 늘 양면성과 항상하지 않은 성질이 함께 있기 때문에 원하는 것을 취하면 이것이 원치 않는 일을 불러옵니다.

  삶의 모습은 이렇듯 불만족스럽고 무상하지만, 삶의 진실은 늘 한결같습니다. 모든 삶의 본성은 상대가 없고 무상하지도 않습니다. 삶의 모습만 보고 삶의 진실을 보지 못한다면, 우리네 삶은 고통 자체입니다. 그러나 삶의 모습 가운데 한결같은 진실을 볼 수 있다면 삶은 결코 고통이 아닙니다.

  깨달음이란 진실한 삶에 눈을 뜨는 일입니다. 깨달음이란 절대자에 대한 신봉도 아니고, 이상적인 세계에 대한 판타지도 아닙니다. 깨달음이란 이치적인 분석이나 이해가 아니고, 이상적인 개념을 제시하는 일도 아닙니다. 우리가 일상적으로 경험하는 모든 삶의 모습 가운데 변함없는 진실을 깨닫고 삶의 고통에서 벗어나는 것입니다.

  경험하는 모든 정신적, 물질적 세계가 그 모습 그대로 어떠한 조작도 할 필요 없고 무게도 없는 깨어 있는 본성 하나라는 사실을 깨닫는다면, 우리는 더 이상 할 일이 없습니다. 나날이 마음을 졸일 필요도 없고, 도(道)를 찾아 떠날 필요도 없고, 신비의 세계로 가거나 불러들일 이유가 없습니다. 지금 이대로 아무 일이 없고, 지금 이대로 충만하며, 지금 이대로의 삶이 신비입니다. 이것이 삶의 참모습입니다.

9. 삶은 흐르지 않는다

　지금 한 사람이 의자에 앉아 노트북 컴퓨터에 글자를 쓰고 있습니다. 글자가 드러나기 이전에 생각이 흘러가고, 생각 따라 손가락이 움직이며, 새로운 글자들이 등장합니다. 지나간 생각은 새로운 생각에 밀려나고, 찍힌 글자들은 새로운 글자에 밀려 시야를 벗어납니다.

　방 건너편에서 잔잔한 텔레비전의 소음이 흐르고, 꼬마가 만화영화를 보며 저도 따라 등장인물처럼 대사를 합니다. 등 뒤에선 책장을 넘기는 소리, 가끔 울리는 휴대폰의 메시지 수신음, 그 사이로 생각이 나타났다가 사라지고, 글자도 따라 줄을 잇습니다.

　그 어느 것도 멈춰 있지 않습니다. 그 어느 것도 영원한 것은 없습니다. 어느 것도 시종일관 고정된 것 없이 나타났다가는 사라지고, 의미가 되었다가는 의미를 잃고, 소음이 일었다가는 사라집니다. 다양한 생각들, 크고 작은 소음들, 손가락의 움직임, 의식되거나 그렇지 않은 것들……

아무것도 남아 있지 않지만, 모든 것이 새롭게 나타납니다. 아무것도 무겁지 않지만 없는 것도 아닙니다. 모습이 끊임없이 바뀌고, 생각은 저절로 흐르고, 감각도 아무런 자취를 남기지 않으면서 명멸합니다.

여기에 무엇을 주관하는 사람도 없고, 상황을 통제하는 존재도 없습니다. 모든 인지되고 감각되는 것들이 저절로 일어났다가 흔적도 없이 사라집니다.

한 사람이 손가락을 움직이며 키보드를 두드리고 있습니다. 그러나 그는 스스로가 따로 존재한다는 의식이 없습니다. 잠시 잠깐 자신의 손을 보기도 하고 손가락을 움직이며 틀린 문자를 수정하기도 하지만, 지금 밖에서 들리는 크고 작은 소음과 다를 바 없는 인연으로 지금 이렇게 잠시 드러나고 있을 뿐입니다.

여기에 아무런 방해물이 없습니다. 모든 것들이 모습이 되고 인식되지만, 만지면 잡히지 않는 공기처럼 실체가 없습니다. 모든 것이 그냥 이렇게 지나갈 뿐 여기에는 아무것도 없습니다. 아무것도 없다고 말할 사람조차 따로 있지 않습니다. 지금 이 말도 흔적 없이 지나갑니다.

모든 것이 이럴 뿐입니다. 모든 일이 늘 이럴 뿐입니다. 삶은 여러 모습으로 변하고 흐른다지만 그 안에 아무런 실체가 없습니다. 삶에 내용물이 없습니다. 살아가는 사람도 없고, 살아지는 일도 없습니다. 흐르는 무엇도 없고, 흐르지 않는 무엇도 없습니다.

그러니 삶은 흐르지 않습니다. 변하지 않습니다. 복잡하지 않습니다. 삶에 길이 없고, 살아갈 자도 없습니다. 단지 이것이 삶이라면 이렇게 살아 있음, 아무것도 아닌 것으로 깨어 있음. 온갖 모습에도 물들지 않는 삶 자체가 있을 뿐입니다.

10. 문제와 나

지금 이 순간 많은 것이 시야에 들어오고 크고 작은 감각이 느껴집니다. 생각도 일어나서 여러 가지 일을 떠올립니다. 지난 일을 기억하기도 하고, 지금 벌어지고 있는 상황을 생각하기도 하고, 앞으로 어떤 일이 벌어질지 궁금하기도 합니다. 때로 크게 의미를 두고 있는 생각이 떠오를 때면 감정도 일렁이는 것 같습니다.

사람에 따라 시야에 들어오는 사물의 모습, 감각의 종류, 감각의 정도, 생각의 내용, 감정의 내용이 다르지만, 언제나 우리는 다채로운 내용의 변화 속에서도 늘 이렇게 감각, 생각, 감정의 조합으로 펼쳐지는 세계 속에 존재하는 것 같습니다.

그런데 이 모든 것의 작용은 항상 지금 이 순간 일어나고 있습니다. 과거의 일이라 할지라도 지금 이 순간에 드러나고 있습니다. 시간 속 모든 일의 출처는 항상 지금 이 순간을 벗어나 있지 않습니다. 뿐만 아니라, 감정의 변화, 감각 작용과 함께 드러나는 여러 가지 감각의 내용물들 또한 바로 지금 이 순간이 원주소입니다. 그런 사실을 깨닫든 그렇지 못하든 모든 이들이 살아가고 경험하는 세계는 언제나 바로 지금 이 순간입니다.

여기에서 깨달음을 기다리기도 하고, 깨달음의 상태를 얘기하기도 하고, 깨달음의 체험을 상기하기도 합니다. 바로 지금 이 순간이 없다면 우리가 알고 기다리고 경험하는 깨달음이라는 것도 생겨날 수 없습니다.

우리는 가끔 바로 지금 이 순간 이러하다는 것을 이해하고 받아들이면서도, 이것은 놔두고 다른 것을 문제 삼고, 거기에 매몰되는 경향이 있습니다. 예를 들어 '모든 것이 바로 지금 이 순간 이 일이라는 것은 당연하지만, 왜 내 삶에서 자꾸 똑같은 문제에 걸려 넘어질까?', '모든 것이 이 순간 이렇게 일어나서 아무것도 그것이라고 할 것이 없는데, 왜 나는 자꾸 이것이 부족하다고 여겨 더 나은 상태를 추구할까?' 자신이 이러고 있구나 하고 알아차릴 수 있다면, 그 순간 문제가 사라지고, 기다리는 마음도 힘을 잃을 것입니다. 그런데 대부분의 경우 자신이 그런 생각에 빠져 있는 줄도 모르고 사로잡힐 때 문제가 됩니다.

여기서 문제는 문제 상황이 아니라, 그것을 문제라고 여기는 자신입니다. 그동안 우리는 자신을 주체로 여겨 여러 상황을 파악하고 문제라고 여겨 그것을 개선해 보려는 삶을 살아왔습니다. 이 습관이 장애를 일으키고 있는 것입니다. 아주 교묘하고 알아차리기 어렵고, 빠져나오기 쉽지 않은 장애입니다.

모든 것은 지금 이 순간 일어나고 사라집니다. 그런데 우리는 이 말의 참뜻을 온전히 받아들이지 못합니다. '모든 것'은 눈앞에 드러나는 사물, 감촉, 과거·현재·미래의 모든 일, 여러 가지 감정들뿐만이 아니라 이 모든 상황을 주인 된 입장에서 바라보고 있는 바로 자신도 포함됩니다. 이 개인에 대한 존재감이 너무도 강해서 마음공부도 이것을 예외로 두고 하는 경우가 많습니다. 그러나 나라는 것도 바로 지금 이 순간 생각과 기억과 감각을 빌려 일어난 것입니다.

문제가 되는 상황도 분별된 것이고, 이것을 바라보는 나도 분별된 것이고, 이것을 해결해 보려는 의지의 발동도 분별된 것입니다. 문제 상황, 문제를 바라보는 나, 문제에 대한 해결 의지가 그동안 살아온 마음의 습관대로 일어난 것입니다. 모든 것이 실체가 없습니다. 일어난 그대로 일이 없는 것입니다. 달리 마음을 쓸 일이 없습니다.

바로 지금 이 순간 온갖 일이 경험됩니다. 사물의 빛깔, 모양, 감촉, 그것에 대한 생각, 느낌, 기억 등. 바로 지금 이렇게 일어나고 사라집니다. 뿐만 아니라 이것을 지켜보고 있는 나, 혹은 나라는 존재감조차 지금 이렇게 순식간에 일어난 투사입니다. 나를 포함해 모든 것이 실체가 없다는 사실이 밝혀진다면 지금 이 순간 여기뿐이라는 것에서 시공간의 자취가 사라지고, 따로 무엇이 있는 것 같은 문제의식이 사라질 것입니다. 무슨 일이 일어나든 마음에 둘 일이 아무것도 없다는 사실이 분명해질 것입니다.

11. 마음에 담아 둘 만한 것이 없다

모든 것이 이 마음의 일이어서 모든 것의 본성은 다르지 않습니다. 모든 것이 있는 그대로 하나라면 그것이라고 할 게 없고, 그것이라고 할 게 없다는 것은 모두가 환상과 같은 일이라는 것입니다. 그렇기 때문에 집착하여 취하고, 두려워하여 버릴 만한 일이 아무것도 없습니다.

우리가 강하게 사로잡혀 있는 선과 악의 문제, 죄와 죄 아닌 일들, 산란하고 고요한 일, 모양 있음과 모양 없음, 깨달은 사람의 마음과 그렇지 못한 사람의 마음이 모두 하나의 일입니다. 각자의 마음에서 일어난 그림자와 같은 일이고, 자체의 성품이 없는 일입니다.

모든 일이 그렇습니다. 지금 소소하게 경험하는 일부터 삶에 장애를 일으키는 사건들, 마음에 깊이 각인되어 있는 상처들, 사회적으로 지탄받는 일들, 사회적으로 크게 인정받는 선한 일들이 모두 마음에 찍힌 그림자와 같은 일입니다. 과거의 아픈 기억들, 지금 일어나는 크고 작은 자극들, 앞으로 펼쳐질 듯한 여러 가지 일들이 바로 지금 이 마음에서 인연 따라 일어난 허망한 것들입니다.

모든 것이 텅 빈 법의 성품이기에, 분별되어 드러나는 그것이 그것이랄 것이 없고, 그것이랄 것이 없기 때문에 마음에 담아 둘 일이 하나도 없습니다. 여기에는 마음에 담아 둘 일뿐만이 아니라 마음이라고 하는 분별, 깨달음이라고 하는 분별, 선과 악, 지금 강렬하게 스스로를 사로잡고 있는 시끄러운 일과 그렇지 않으려는 욕망이 모두 비었습니다. 모두 바로 지금 이 마음의 투사일 뿐입니다.

모든 것이 하나로 돌아가고 끝내는 하나라는 생각도 잊으면, 이 세상은 온갖 일이 펼쳐지지만 아무 일이 없어서 산다는 일도, 살아가는 주체의 존재도, 겪어 내야 할 삶의 무게도 사라져 버립니다. 그러나 꿈과 같은 인연 현상은 끊임없이 펼쳐져서 살아가지만 살아가지 않고, 보지만 보는 일이 없고, 느끼지만 느끼는 일이 없으며, 알고 모르지만 알고 모르는 일이 없고, 생각하고 추억하고 미래를 설계하지만 구름이 지은 일과 같을 것입니다. 그러니 지금 당장 모든 일이 펼쳐지는 가운데 아무 일 없음을 밝게 볼 뿐, 이런저런 일에 연연하지 않습니다.

당장 온 세상이 허공처럼 탁 트여서 모든 일이 있지만 없고 없지만 있는 일로 생동하고 있습니다. 그러나 이러한 글귀도 마음에 담아 두지 않습니다. 담아 둔다면 허공에 점을 찍어 남겨 놓으려는 부질없는 짓입니다.

12. 본성에 맡기면 자유롭다

바로 지금 이 마음이 본성입니다. 바로 지금 생각하는 이 일이 본성입니다. 바로 지금 손가락을 움직이는 일이며, 바로 지금 소리를 듣고 아는 이것이 본성입니다. 이 마음은 늘 바로 지금 이 순간을 떠나 있지 않습니다. 온갖 일의 시작과 끝이 바로 지금 이 순간의 일인 것은 그 모든 일이 바로 지금 이 순간 부족함 없이 충만한 이 마음의 표현이기 때문입니다.

일어나는 일은 다양합니다. 보고, 듣고, 알고, 생각하고, 느끼는 작용의 형태로 일어나기도 하고, 사물, 소리, 생각, 느낌, 기억 등의 내용으로 일어나기도 합니다. 그 내용은 헤아릴 수 없이 광대하고 다양합니다. 이 속에서 내가 생겨나고, 남이 생겨나고, 사회와 나라와 우주 전체, 그리고 여러 가지 사고 작용과 기억, 분별의식들이 생겨납니다. 이 속에서 온갖 사건들이 일어나고, 온갖 즐거움과 괴로움이 일어납니다.

그러나 드라마틱하고 파노라마와 같은 모든 일이 바로 지금 우리 각자가 단 한 번도 떠난 적이 없는 이 마음에서 그 일이 되고 있습니다. 이것이 밝게 깨어서 온갖 것을 다 드러내고 있지만, 우리는 그 사실을 깨닫지 못하고 일어난 현상에 사로잡혀 있습니다.

그러나 실재는 이 마음뿐입니다. 이것은 정해진 모습이나 위치가 없습니다. 모든 모습과 위치가 이것으로 그것이 되고 있습니다. 이것은 아무런 이유 없이 그냥 존재할 뿐입니다. 왜 그런지 이해할 수도 없고 납득시킬 수도 없습니다. 이해와 납득은 모두 이것의 표현일 뿐이기에 이것을 대상으로 이해하고 납득한다는 것은 불가능한 일입니다.

문득 눈이 뜨이고 보니 실상이 이렇다는 것입니다. 내가 혹은 누군가가 세상을 창조하고 있는 것이 아니라 이것이 모든 일을 다 드러내고 있었습니다. 이것이 없으면 모든 일이 불가능하다는 사실에 밝아졌을 뿐입니다. 지금처럼 글을 읽을 수도 없고, 생각할 수도 없습니다. 이것으로 생각도 다양하게 드러나고, 소리도 특정한 소리에 머무르거나 물들지 않고 다양하게 드러납니다.

어떤 물건은 아니지만 죽어 있지 않고, 죽어 있지 않지만 손으로 잡거나 생각으로 붙잡을 수 없습니다. 그냥 모든 일에 하나가 되어 쓰이고 있을 뿐입니다. 바로 지금 이 순간 어떤 자극이 일어날 때 생생한 이 깨어 있음. 이것이 우리가 경험하고 분별하는 모든 것의 본성입니다. 이것만이 실재이고 나머지는 항상 변하여 독립적인 존재성이 없습니다.

이것을 체험하고 정신적, 물질적 세계의 모든 것이 이것을 벗어나지 않았다는 밝은 안목이 서는 것이 중요합니다. 우리가 마주한 세계의 참모습을 밝게 보게 되면, 더 이상 무언가를 갈구하고 찾으면서 생기는 갈등이 일어나지 않게 되고, 무언가를 고수하려는 태도도 사라져 버립니다.

그냥 일어나는 일마다 그것이 아니지만, 또한 일어나는 일마다 진실하여서 다른 마음을 품지 않습니다. 진실과 둘이 아닌 삶의 구현, 일어나는 분별 습관에 어둡지 않은 삶의 평화가 우리를 분열과 갈등, 두려움으로부터 자유롭게 할 것입니다.

13 . 일상생활 모든 일이
진실을 벗어나지 않았다

　모든 일의 본바탕이 진실 하나여서 진실을 위해 따로 닦고 구하고 지킬 일이 없습니다. 모든 일이 자기 마음 하나 위에 드리워진 그림자와 같은 것입니다. 이 마음을 깨닫기 위해 이런저런 그림자 놀음을 할 필요가 없습니다. 참된 구도란 바로 지금 이 순간 온갖 일이 벌어지고 있는 가운데 항상한 것에 눈뜨는 일입니다. 이것을 위해 어떤 마음의 자세를 취할 필요도 없고, 행동을 따라갈 필요도 없고, 생각을 일으켜 이리저리 궁리할 필요가 없습니다. 지금 온갖 일이 일어나고 있는 이때 문득 모든 일에 마음이 없다면 바로 이것밖에 없습니다.

　하늘과 땅, 사람과 사물, 움직임과 멈춤 등 드러나는 모든 것이 바로 지금 이 순간 여기에서 그것이 되고 있습니다. 여기에서 마음을 일으켜 세속의 삶을 산다고 여기고, 여기에서 일어난 분별로 도를 깨달을 것이라고 망상하고 있습니다. 그러나 그런 일이 실제 있는 것이 아니라, 항상한 것은 바로 지금 이 모든 분별이 일어나고 사라지고 있는 이 마음자리입니다.

삶과 죽음, 행복과 불행, 성취와 좌절, 기쁨과 슬픔, 나타남과 사라짐이 바로 지금 이 순간 여기의 일입니다. 뿐만 아니라 깨달음으로 나아감과 멈춤, 체험과 그렇지 못함, 밝음과 어둠, 좌선과 행선, 수도자의 끊임없는 추구와 좌절이 모두 각자가 갖추고 있는 이것에서 드러나고 있습니다. 여기에는 시작도 없고 끝도 없고, 모습도 없고 모습 아닌 것도 없고, 나아감도 없고 물러남도 없고, 이룸도 없고 실패도 없습니다.

그런 일이 있다면 모두가 마음의 분별 작용일 뿐, 본래 항상한 것은 이것입니다. 이 사실을 분명히 깨닫고 보면 봄날 춘곤증에 깜빡 조는 것이 이것이고, 눈을 깜빡이는 것이 이것이고, 탁자를 치는 것이 진실하고, 걸어가고 걸어오는 것이 모두 도입니다. 일상생활 모든 일이 진실하고 한결같습니다.

도는 평범한 사람이 일상을 살아가면서 부족함 없이 누리고 있는 것이지 특별한 수행자가 온갖 수행과 단련, 온갖 구도의 여정과 고행을 해서 얻게 되는 것이 아닙니다. 만약 도라는 목표를 두고 나아가고 머물고 탐구하고 행동한다면, 이 모두가 마음에서 일어난 분별 망상이라는 것을 알아야 합니다.

도는 우리가 생각을 하거나 하지 않거나 부족함이 없습니다. 이 마음은 우리의 의지와 헤아림에 아무런 영향을 받지 않고 늘 두루해 있습니다. 만약 이것을 깨닫지 못하고 도를 목표로 어떤 생각, 행위,

노력을 한다면, 이것은 자기 마음 작용에 속아 허망한 그림자 놀음에 빠져 있는 것일 뿐입니다. 도는 이미 완전하게 도래해 있습니다. 사물, 사람, 하늘, 땅이 도와 통해 있습니다. 오직 자기만 자기에게서 일어난 분별 작용에 어두워 도에 통하지 못하고 있을 뿐입니다.

찾고 구하고 닦는 마음을 내려놓고 보면 이미 진실 아닌 것이 없습니다. 깨달음이란 도에 대한 망상을 깨고 나와 이미 현전해 있는 도를 체험하고 하나가 되는 일입니다. 도에 대한 판타지에서 깨어나 충만한 이것을 부족함 없이 누리고 하나가 되는 일입니다. 아무것도 의지하지 않고 찾고 구하지 않을 때라야 도의 참맛을 만끽할 것입니다.

이 하나가 두 가지 일, 세 가지 일, 세상의 모든 일을 다 하고 있을 뿐, 나, 절대자, 조물주, 신 또는 누군가가 하고 있는 것이 아닙니다. 만약 그런 자가 있다면 그런 자가 따로 존재하는 것이 아니라, 모두가 자기 마음에서 일어난 환상의 존재일 뿐입니다.

14. 마음에 비친 그림자

이 마음은 한계가 없고 차별이 없습니다. 모든 것이 이것으로 인해 가능합니다. 이것이 없으면 그 어느 것도 가능하지 않습니다. 미약한 나, 나에게서 일어난 모든 일, 그리고 세상의 모든 일이 바로 이 하나의 일입니다. 틈새도 없고 차별도 없으며, 부족하지도 않고 넘치지도 않습니다. 이 하나의 일 위에 온갖 틈새와 차별과 부족과 넘침이 드러나고 있습니다.

가장 벗어나기 어려운 분별 중의 하나가 이 육체가 나라는 고정관념입니다. 그런데 자기 몸이라는 인식, 몸이 늙는다는 인식, 병들어 죽는다는 인식도 바로 이것으로 인해 가능합니다. 이것만이 항상하고 나머지는 모두 무상한 것입니다. 무상한 것들을 진실로 알면 고통이 엄습합니다. 무상한 몸을 자기라고 알면 시간과 공간에 구속되어 늙고 병들고 죽어 가는 몸의 변화 따라 두려움이 물결칩니다.

그러나 이 모든 것이 바로 지금 이 마음 하나의 일이고 이것만이 실재라는 사실에 밝다면 고통은 사라질 것입니다. 마음으로 인해 드러나는 무상한 것들을 진실로 알고 사로잡혀 살 때, 세상은 불안과 두려움의 세계이지만, 이 모든 것이 마음 하나라는 사실에 밝다면 이 세상은 불안하지도 않고 두렵지도 않으며, 그 반대의 일도 없습니다. 모든 분별이 사라진 여기에는 무엇이라고 할 것이 없기 때문입니다. 여기에는 몸도 없고 마음도 없으며, 불안도 없고 안락도 없습니다. 텅 빈 허공과 같은 성품이 사람의 몸으로, 몸의 늙음으로, 몸의 병듦으로, 몸의 죽음으로 표현되고 있습니다.

햇빛이 밝게 비치는 날 대낮에 대지를 걸어 보십시오. 내 그림자가 걸어가고, 간간이 나무 그림자도 비치며, 지나가는 사람의 그림자들이 선명하게 보입니다. 이 그림자들은 가만히 있지 않고, 제각각의 위치에서 걸어가거나, 흔들리거나, 손을 들거나, 돌아가거나 할 것입니다. 그러나 비친 모든 것은 대지에 찍힌 동일한 그림자일 뿐입니다. 끊임없이 움직이지만 아무런 존재감도 없고, 실체감도 없습니다. 모든 것들이 바로 이 깨어 있는 마음 대지에 드러난 그림자와 같은 것입니다. 이 마음 하나만 한결같을 뿐 나머지 나고 사라지고 움직이고 흔들리는 것들은 모두 환상과 같습니다.

바로 지금 이 순간 드러난 어떤 생각이나 느낌, 사물이나 감각에 끄달려 들어가지 않으면 바로 이 형형한 깨어 있음이 확연할 것입니다. 이것만이 진실할 뿐 나머지는 돌아볼 필요가 없습니다.

15. 산 채로 죽었다

우리 자신의 본성인 이 마음자리에서는 모든 것이 힘을 잃어버립니다. 여기에서는 모든 것이 그것이 아닌 일이 되어 버립니다. 여기에서는 어느 누구도 살아남을 수 없습니다. 여기에서는 그 무엇도 흔적을 남길 수 없습니다. 여기에서는 오고 가는 것이 없습니다. 여기에서는 말이 없고 생각이 없습니다. 여기에서는 온갖 것을 느끼지만 느낌이 없고, 온갖 소리가 일어나지만 소리가 없습니다. 여기에서는 모든 것이 있는 그대로, 살아 있는 그대로 죽었습니다.

여기에서는 깨달은 사람이라도 숨을 쉴 수 없으니 깨닫지 못한 사람조차 살아남을 수 없습니다. 모든 것을 있는 그대로 소멸시켜 버리고, 있는 그대로 존재감을 제거해 버리며, 움직임 그대로 아무런 움직임이 없어져 버립니다. 여기서는 지금 하고 있는 이 말조차 말이 되지 않고, 어떤 이해도 용납하지 않습니다. 모든 것이 살아 있는 채로 죽었습니다. 여기에서의 죽음은 사람의 손을 빌리지 않고, 자연의 힘을 빌리지 않고, 조물주의 능력에 의지하지 않습니다. 여기서는 단박 죽고 단박 자취를 감추어 버립니다. 아니 본래 죽었고 자취가 없습니다.

이것은 어떤 경지에 올라서야 그러한 것도 아니고, 깊은 탐구를 통해서 얻어지는 것이 아닙니다. 우리 모두의 존재 자체가 본래 그렇습니다. 온갖 경험이 이루어지고 있지만, 본래 아무런 경험이 없고, 그런 일이라고는 실재하지 않습니다.

　마치 환상으로 만들어진 영화와 같은 삶이 펼쳐지고 있고, 그림으로 그려진 것과 같은 삶이 펼쳐지고 있습니다. 환상은 본래 실재가 아니고, 그림 역시 존재하는 것이 아닙니다. 그러나 아무것도 없는 일은 아니어서, 영화처럼 그림처럼 삶이 펼쳐지고 있습니다. 죽은 것이지만, 여전히 깨어서 소리도 듣고, 말도 하고, 생각도 하고, 팔팔하게 움직입니다. 아무런 자취도 없지만, 사람을 만나고 교감하고 사랑하고 미워합니다. 그러나 그러한 일이 실재하는 것이 아닙니다. 단지 우리의 감각과 의식 작용과 기억과 느낌으로 이런 일이 실재하는 것처럼 드러나고 있습니다.

　여기에는 온갖 일이 다 있지만, 고정된 무엇이 없습니다. 어떤 일이 실재하려면 그 일이 시간이나 장소나 상황에 따라 변함이 없어야 하는데, 우리 주변을 둘러보거나 내면을 들여다보아도 그런 일은 찾아볼 수 없습니다. 만약 그런 일이 있다고 한다면 모두가 생각의 투사이고, 기억의 일입니다. 생각과 기억은 믿을 수 없습니다. 생각이나 기억은 사람마다, 시간에 따라, 각자가 처한 상황에 따라 모두 다릅니다. 그러니 생각은 있지만 알맹이가 없고, 기억은 있지만 실체가 없습니다.

우리가 분별하여 알 수 있는 모든 것들이 가변적인 것입니다. 가변적인 것은 그것이라고 할 만한 정해진 것이 없다는 것입니다. 그러니 있지만 없습니다. 살아 독자적으로 존재감을 갖는 듯하지만 산게 산 것이 아닙니다. 소리가 들립니다. 사람이 생생하게 말을 합니다. 하하하 웃기도 하고, 깊은 슬픔에 빠져 눈물을 흘리기도 합니다. 식물이 싱싱하게 살아 있고, 동물이 거친 김을 뿜으며 숨을 쉽니다. 그러나 실재하지 않습니다. 모든 것이 그 모습 그대로 생생하지만 죽었습니다.

온갖 일이 다 있지만, 본래 죽었고, 본래 아무것도 없습니다. 그러나 이것은 우리가 알고 있는 일반적인 죽음이 아닌 살아 있는 죽음입니다. 이것은 삶과 죽음이 명확히 구분되는 죽음이 아닌, 삶이자 죽음입니다. 온갖 것이 맹렬하게 깨어 있지만, 그런 일이 없는 죽음입니다. 생생히 깨어 생각하고 있지만, 아무런 자취가 없는 죽음입니다. 너무도 생생하고 보고 듣고 느끼고 마음이 움직이지만, 허공과 같은 죽음입니다. 이해할 수 없는 죽음입니다.

그러나 체험할 수는 있습니다. 일어나는 어떠한 것에도 사로잡히지 않는다면, 본래 모든 것이 텅 비어 아무것도 실체가 없다는 것이 감지될 것입니다. 이것은 특별한 경험이나 특별한 사람만이 갖는 능력이 아니라 우리 본연의 존재 상태입니다. 납득하기 어려운 일이지만 이것이 사실입니다.

단지 그동안 습관적으로 사로잡혀 온 생각, 감정, 고정관념, 선입견에 싸이지 않고 볼 수 있어야 합니다. 생각, 감정, 고정관념, 선입견은 우리가 태어나 배운 학습의 결과물들입니다. 본연의 것이 아닙니다. 그러니 이러한 것에 사로잡히지 않고 있는 그대로의 눈으로 본다면 우리 존재 자체는 온갖 것이 생동하는 가운데 아무런 자취도 없는 존재라는 것을 체감할 것입니다. 맹렬히 깨어 있으면서 아무런 남겨진 것이 없고, 남겨진 것이 없지만 온갖 일이 다 일어나는 이것이 바로 나 자신의 참모습이자, 이 세계의 본연의 모습입니다.

지금 눈앞에 환한 빛이 들어오고, 가깝고 먼 곳에서 사람의 소리, 물건이 굴러가는 소음, 자동차가 지나가는 소리가 들립니다. 글자를 따라 이런저런 생각이 일어나고, 생각을 따라 갖가지 이해의 그림이 그려집니다. 그러나 이것은 어느 하나 뺄 것도 더할 것도 없이 텅 빈 이것이 드러난 그림자와 같은 것입니다. 있지만 없고, 없지만 있는 것들입니다. 드러나는 것들은 무상하여 수시로 나고 사라지지만, 본래 텅 빔은 늘 한결같습니다. 비었기에 모든 것이 가능하며, 모든 것이 가능하다는 것은 아무것도 없다는 것입니다.

205

16. 얼음이 녹고 기와가 깨진다

창밖으로 봄의 기운이 완연합니다. 곳곳에 심어진 매화나무에서 연분홍 하얀 매화가 피어 있습니다. 윙윙 감싸 안는 겨울바람이 지나가 버리고 귓가에 소곤대듯 부드러운 바람이 불어옵니다. 꽃의 계절 봄이 오고 있습니다.

옛 선사들의 말씀 중에 '얼음이 녹고 기와가 깨진다(氷消瓦解)'는 구절이 떠오릅니다. 사계절 중에 하나를 고른다면 꼭 봄의 기운에 어울리는 말입니다. 겨울 동안 꽁꽁 얼었던 얼음이 자기도 모르는 사이에 녹아 물이 되어 흐르고, 딱딱하게 굳어 있던 분별심이 기와가 깨지듯 부서져 자취를 감춥니다.

선사들은 얼음과 기와를 우리들이 강하게 사로잡혀 있는 분별심에 비유했습니다. 깨달음을 분별심의 얼음이 녹고 분별심의 딱딱한 기와가 부서지는 것에 빗댄 것입니다. 마음은 물처럼 유연하고 고정된 모양이 없는데, 우리도 모르는 사이에 오랜 세월 동안 분별망상이 쌓이고 고질적인 습관이 되어서 마음이 딱딱하게 얼어 버린 것입니다.

깨달음에 대한 체험은 이 빙소와해, 즉 얼음에 균열이 생기고, 기와가 틈을 보이는 현상에 비유할 수 있습니다. 혹은 딱딱하게 갇혀 있던 분별의 감옥이 부지불식간에 힘을 잃어서 잠시 동안 혹은 한동안 나도 없고 다른 것도 없어서 각각의 것이 분리 없는 하나로 자각되는 경험입니다. 이 체험은 한결같지 않습니다. 일정한 기간이 지나면 여전히 내가 있고 여러 가지가 분별된 것으로 느껴집니다. 그러나 이런 경험을 계기로 이 길에 대한 믿음이 생기고 이 공부에 확신을 갖고 스스로 마음 공부길에 들어가게 됩니다.

공부길이라고는 하나 달리 무언가를 얻거나 찾는 공부가 아닙니다. 지향하는 목표가 있고 들어갈 자리가 따로 있는 것이 아니라, 그동안 몸에 배어 온 분별심의 얼음이 부서지고 기와가 깨져 나가는 과정입니다. 이것은 무언가를 하는 쪽이 아니라, 무언가를 해야만 직성이 풀리고 꼭 해야 일이 성취될 것 같은 분별의 습성이 극복되는 길입니다. 사실 우리는 무언가를 하는 것은 쉬우나, 아무것도 하지 않고 아무런 의도 없이 있는 그대로 흐르는 대로 사는 것은 무척 어렵고 서툽니다. 또 진실로 아무것도 할 것이 없고 흐르는 대로 모든 것을 맡기는 삶이 안락하고 즐거운 삶이라는 것을 모릅니다. 이런 삶을 살아 본 적이 없기 때문입니다.

말만 들으면 이런 삶이 마치 무기력하고 무위도식하는 것처럼 여겨지겠지만, 그렇지 않습니다. 오히려 활발하고, 가볍고, 생기 넘치며, 어둠이 없습니다. 마음을 텅 비운 채 인연에 맡기어 살아가는 삶

만큼 즐거운 것이 없습니다. 이러한 삶으로의 전환이 바로 본성 체험 이후의 공부입니다. 마음에 추구하는 것도 없고 지키는 것도 없고 세워 놓은 것도 없이 텅 비워지는 공부가 있는 것입니다. 이것이 분별의 얼음이 흔적 없이 녹고 기와가 와장창 깨져 자취를 감추는 길입니다.

안팎으로 자취 없이 텅 비워지는 일이 결코 쉽지는 않습니다. 분별심은 끝까지 여러 가지 변명으로 자신의 존재를 유지하려고 합니다. 여러 가지 선한 혹은 긍정적인 혹은 올바른 법이라는 가면을 쓰고 텅 비워지는 것을 방해할 것입니다. 그러나 이런 유혹과 흔들림을 경험할 때마다 스스로의 분별을 돌아보고 깨어나야 합니다.

법이라는 것은 삶의 기준 혹은 삶의 방향이 될 수 없습니다. 법은 정해진 무엇이 아니라, 전체가 하나인 실상이기 때문입니다. 모든 것이 자기 마음 하나로 평등한 것이 삶의 참모습입니다. 결국 공부란 마음에서 일어난 나라는 의식과 법이라는 것이 모두 환상과 같은 분별이었다는 것을 깨달아 모든 것에서 해탈하는 일입니다.

모든 것이 자취 없이 소멸하여 아무런 기준도 없고 담아 둘 것도 없고 보면, 내가 어찌할 수 없는 진실만 오롯합니다. 이것에 맡기어 살아가는 것이 예전에는 불가능할 것 같고 의심스러웠는데, 이처럼 행복한 삶이 없다는 것을 느끼게 됩니다. 그러니 소소한 것, 무언가 알겠다는 것, 의지하는 것, 삶의 견고한 기준들을 얼음이 녹고 기와가 깨지듯 몽땅 놓아 버리는 길만이 참된 구원의 길입니다.

　참된 본성은 우리에게 먼지 티끌만 한 노력도 요구하지 않습니다. 또한 우리의 행동에 어떠한 영향도 받지 않습니다. 무엇을 하든 그러지 않든 본성이 달라지는 것은 아니지만, 일어난 허망한 분별들을 견고하게 잡고 있다면, 스스로 구속받고 삶이 자연스럽지 못하고 사사건건 경계해야 하고 조정해야 하는 어려움을 경험할 것입니다. 그러지 않고, 모든 것이 하나의 일이라는 것에 밝아 어느 것도 지키지 않는다면 진정한 평화가 늘 함께할 것입니다.

17. 지금 이 순간 무슨 일이 일어나고 있나?

모든 일은 바로 지금 눈앞에서 일어납니다. 나의 존재를 비롯한 세상의 존재, 진실의 문제, 삶의 문제들, 생활 속에서 겪게 되는 모든 일들은 언제나 바로 지금 눈앞에서 일어나고 있습니다.

이 말이 믿어지지 않을 수 있습니다. 역사나 과학적인 지식 혹은 이론을 빌려 이 말을 반박할 수도 있습니다. 역사적인 기록을 보면 과거에 여러 가지 사건이 있었고, 인류는 오랜 시간 역사와 문화를 발전시켜 왔다고 주장할 수 있습니다. 또 지구 또한 여러 유적과 과학적인 탐구를 통해 수십억 년 전에 생겨났다고 주장할 수 있습니다. 그러나 그렇지 않습니다.

우리는 좀 더 엄밀히 이 문제를 돌아볼 필요가 있습니다. 있는 그대로, 그리고 솔직하게 이 문제를 살펴볼 필요가 있습니다. 역사적인 기록, 과학적인 연구결과를 근거로 과거가 존재했고, 미래가 도래할 것이며, 그때 어떤 일이 일어날 수 있다고 예측합니다. 그러나 그 과거와 미래는 바로 지금 현재의 일입니다. 여러분 각자가 과거를 떠올리거나 미래를 예상하지 않으면 과거와 미래는 있을 수 없습

니다. 역사적인 기록, 과학적인 근거를 빌려 과거와 미래를 이야기
할 수 있습니다. 그러나 그 이야기를 지금 바로 이 순간 하고 있다는
것입니다.

우리는 과거를 경험할 수 없습니다. 미래 또한 경험할 수 없습니
다. 우리는 언제나 바로 지금 이 순간을 삽니다. 늘 바로 지금 이 순
간의 경험만 있습니다. 바로 지금 이 순간 일어난 생각 속으로 들어
가면 과거가 있고 미래가 있고, 역사와 과학, 그리고 나의 존재를 비
롯한 지구와 우주의 세계가 펼쳐집니다. 그러나 이 모든 것의 출처
는 바로 지금 이 순간 일어난 생각입니다.

바로 지금 이 순간 일어난 생각, 기억, 사고 작용, 감각적인 분별로
인해 모든 세계가 펼쳐집니다. 물론 지금 말하고 있는 내용도 예외
가 될 수 없습니다. 모든 것이 바로 지금 이 순간, 알 수 없고 볼 수
없는 텅 빈 여기에서 그것들의 모습을 하고 일어나고 사라지고 있습
니다.

이 환상과 같은 일을 자기도 모르게 믿고 들어가면 과거, 현재, 미
래가 독립적으로 존재하는 것 같습니다. 그러나 그것은 실재가 아니
라 스스로에게서 일어난 생각일 뿐입니다. 뿐만 아니라 모든 시간
속의 일들도 펼쳐집니다. 우리가 그동안 강력하게 존재감을 부여해
온 온갖 일들이 너무도 뚜렷이 존재하는 것 같습니다. 그러나 그것
들은 그 시간, 그곳에 객관적으로 존재하는 것이 아니라, 바로 지금

이 순간 바로 여기, 텅 빈 마음의 공간에서 연기처럼 일어나고 사라지고 있습니다.

그러니 과거, 현재, 미래로의 시간이 연속적으로 일어나는 게 아니라, 과거였다가 미래가 될 수 있고, 미래였다가 현재가 될 수 있으며, 다시 미래로 갔다가 과거를 경험할 수도 있습니다. 생각이 과거와 미래, 현재를 순서 없이 넘나들고 있기 때문입니다. 공간도 마찬가지입니다. 우리의 의식이 밀물과 썰물처럼 일어났다가 사라지면서 여러 가지 공간을 순서 없이 드러낼 수 있습니다. 예를 들어 과거 어릴 적 고향에서의 추억을 떠올리다가, 미래 자기가 살아갈 공간을 상상할 수 있고, 바로 지금 가까운 데서 자극이 일어나면 지금 자기가 서 있거나 앉아 있는 공간으로 의식이 돌아옵니다.

우리는 자유로이 시간을 경험하고 있고, 순서 없이 공간을 넘나들고 있습니다. 우리는 실제 시간의 한계를 벗어나 자유롭게 살고 있고, 공간의 제약 없이 온 우주 공간을 거닐고 있습니다.

그런데 그 모든 것의 출처는 바로 지금 이 순간 일어난 한 생각의 자리입니다. 시시때때로 일어나는 소리의 출처이고, 순간순간 일어나는 감각의 출처이고, 뜬금없이 일어나는 느낌의 출처입니다. 바로 지금 이 순간 여기입니다. 사실 이 말도 맞지 않습니다. '바로 지금 이 순간 여기'라는 생각의 덩어리를 말하는 것이 아니기 때문입니다. '바로 지금 이 순간'이라는 생각이 홀연히 일어나는 이 자리를 직접 가리키려고 이 말을 하고 있습니다. 이것은 누구나 완전하게 갖추고 있습니다.

이 자리가 여러 가지 분별현상과 떨어져 따로 있는 것은 아닙니다. 이것은 생각으로 헤아리거나 말로 표현할 수 없는 영역입니다. 그래서 각자의 체험적인 만남, 직접 봄, 혹은 하나가 되는 경험이 이 사실을 증명하게 됩니다. 우리 각자가 이 사실을 몸소 체험할 수 있습니다. 여기에 바로 통할 수 있습니다. 일어나는 여러 가지 생각과 모습에 사로잡히지 않는다면 가능합니다. 이러한 경험을 하려는 분별된 자아조차 내려놓을 수 있다면 어렵지 않습니다. 어쩌면 많은 사람들이 이것의 존재를 직감하고 있는지도 모릅니다. 그러나 이것이 모든 것, 나를 비롯한 우주 전체의 근원임을 깨닫지 못하고 있을 뿐입니다. 이 일에 깊은 관심을 가지고 모든 마음의 조작을 내려놓을 수 있다면, 여기에 의심 없이 통할 수 있을 것입니다.

우리가 찾고 구하는 진리, 둘 아닌 하나, 절대, 창조주조차 객관적으로 존재하는 것이 아닙니다. 모든 말과 뜻이 바로 지금 이 순간 우리가 발 딛고 서 있는 자리를 떠나 있지 않기 때문입니다. 바로 지금 이 순간 모든 일이 일어나는 여기에서 그것들이 생겨나고 있습니다. 그러니 진정한 진리라면 바로 이것이고, 하나, 절대, 창조주라면 바로 이 실재, 우리 존재의 본바탕입니다. 진리란 거창하고 초월적인 무엇이 아닙니다. 우리 존재의 바탕입니다. 우리가 무슨 말을 하든 생각을 하든 비극 속에 있든 행복 속에 있든 떠날 수 없는 것이 진리입니다. 그것만이 참된 것입니다. 그러니 이것이지 다른 진리란 모두 판타지일 뿐입니다.

그래서 진실로 자신의 존재를 깨닫고 싶다면, 스스로에게 펼쳐지고 있는 삶을 돌아볼 필요가 있습니다. 삶의 내용을 보라는 것이 아니라 삶이 어디서 펼쳐지고 있는지 근원에 관심을 가져 보라는 것입니다.

지금 무슨 경험을 하고 있습니까? 크고 작은 소리가 일어나고 있습니까? 지금 무엇을 보고 있습니까? 지나가는 사람들, 바쁘게 움직이는 자동차들, 아니면 깊은 산중에 아무런 움직임도 감지되지 않는 곳에, 아니면 눈을 감고 아무것도 보이지 않는 상태에 있습니까?

지금 어떤 감정 상태를 경험하고 있습니까? 불안, 불편, 불쾌, 기쁨, 행복, 만족 등등을 느끼고 있습니까? 지금 무슨 생각을 하고 있습니까? 오늘 해야 할 일, 내일의 일, 사람과의 약속, 급하게 처리해야 할 일에 대한 생각에 빠져 있습니까?

아니면 이 상태가 서로 얽혀 있습니까? 그렇더라도 상관없습니다. 온갖 일어나는 일은 구름처럼 나타났다가 사라지지만 이 가운데서도 한결같은 것은 무엇입니까? 온갖 소리가 일어났다가 사라지더라도 변함없는 것은 무엇입니까? 모습이 없지만 톡 건드리면 생생하게 일어날 것 같은 이 살아 있음은 무엇입니까? 온갖 감정의 태풍

이 일어났다가 사라지더라도 저 깊은 곳에서 늘 변함없는 이 아무 일 없음은 무엇입니까? 생각은 쉼 없이 일어나고 사라집니다. 그러나 이 가운데에 있으면서도 어느 생각에도 물들지 않는 것은 무엇입니까?

우리가 조금만 더 차분하게 이 모든 것을 바라볼 수 있다면 이 모든 것과 아무런 상관이 없는 한결같은 깨어 있음을 체감하게 될 것입니다. 이것만이 한결같고 이것만이 부동이며 이것만이 늘 진실할 뿐입니다. 이것만이 우리의 생각과 감정과 감각에 조금도 의지하지 않는 조건 없는 평화입니다. 나머지 것들은 돌아볼 필요가 없습니다.

18. 진실은 어떻게 증명되나?

진실은 언제 어디서나 부족함이 없습니다. 진실은 말을 해서 증명되는 것이 아니라, 말을 하지 않더라도 늘 분명한 것입니다. 진실은 나 자신의 본성이기 때문에 내가 무슨 생각을 하든, 무슨 말을 하든, 그러지 않든 늘 증명되고 있습니다. 진실은 누군가의 인정이 필요 없습니다. 만약 누군가의 인정을 받는 진실이라면 그것은 진실이 아닙니다.

진실은 허상이 아닙니다. 진실은 늘 한결같은 실재입니다. 진실은 빈틈이 없고, 시간과 공간, 상황의 영향을 받지 않습니다. 모든 시간, 모든 공간, 모든 상황이 바로 진실 하나의 일이기 때문입니다. 모든 사람, 모든 사물, 모든 생각, 모든 감정, 모든 감각이 진실 하나의 일이기 때문에 어떤 사람이 진실을 대상화해서 인정하거나 증명할 수 없습니다.

진실은 인간의 소유도 아니고 인식의 대상도 아니며 분별할 수 있는 어떤 것도 아닙니다. 오직 진실로 인해 인간으로 드러나고, 대상으로 드러나고, 분별되는 어떤 것으로 드러나는 것입니다. 그러니 진실의 증명은 사람이 애써 말을 하거나 인정하거나 증명하지 않더라도 늘 증명되고 있습니다.

  하늘을 보는 것이 진실이 분명한 것이고, 숨을 쉬는 것이 진실이 분명한 것입니다. 바람이 불어오는 것이 진실이 분명한 것이고, 봄꽃의 흐드러짐이 진실이 분명한 것입니다. 춥고 더운 것이 진실의 증명이며, 뇌리 속에서 온갖 생각이 출몰하는 것이 진실을 증명하고 있습니다.

  이 모든 것들은 진실이라는 이름으로 분별된 어떤 것으로써 증명되는 것이 결코 아닙니다. 마음에 담아 둔 '어떤 진실'이라는 내용물 없이 자연스러운 행동 하나, 움직임 하나, 변화 하나하나가 있는 그대로 진실의 증명입니다. 진실은 분별된 대상으로 증명되는 것이 아니라 모든 것으로, 빈틈없는 것으로, 증명할 주체도 없고 증명될 객체도 없는 것으로 증명되고 있습니다.

  어떤 사람이 진실이라는 것을 증명한다면 망상이 되겠지만, 새가 꽃나무 가지에 앉아 진실이라는 생각 없이 울음을 우는 것이라면 그대로 진실입니다. 진실은 진실에 대한 분별과 집착을 가지고 증명되는 것이 아니라, 때에 따라 생각하고, 느끼고, 맛보고, 아는 것으로 증명되는 것입니다.

  이 세상에 좋은 일이든 나쁜 일이든, 선한 일이든 악한 일이든, 사람이든 아니든 모든 것이 있는 그대로 하나의 진실입니다. 이러한 사실을 스스로 깨닫는다면 진실이라는 단어가 자신에게서 아무런 의미가 되지 않는다는 것을 알 것입니다. 반면 하루 종일 삼백예순 날의 삶 그 자체가 진실로 부족하지 않다는 것을 알 것입니다.

진실은 생각의 대상이 아닙니다. 부족함 없이 누리고 느끼고 맛보고 존재하고 있을 뿐입니다. 진실을 생각하고 있다면 진실이라는 이름의 허상을 쥐고 있는 것입니다. 자기 존재가 진실 자체인 것을 깨닫는다면 더 이상 진실을 생각하고 진실을 말하고 어떤 대상으로 증명하려 하지 않게 됩니다.

진실이라는 말과 생각 혹은 어떤 상태라는 껍데기 대신 진실의 바다에 풍덩 빠져 부족함 없이 누릴 것입니다. 그때야 진실에 대해 그간 마음 졸이며 애써 온 몽환적인 짝사랑을 걷어치우고 눈앞에 직면한 실제의 참사랑을 만끽할 것입니다.

19. 삶과 죽음에서 자유롭기

삶과 죽음은 인간이라면 누구나가 겪어야 하는 필연적인 일입니다. 태어났으니 살아야 하고, 살아가다가 죽어야 합니다. 붓다는 이것을 생사의 고통이라고 말했습니다. 죽는 것은 고통이라고 할 수 있지만, 어째서 태어나고 살아가는 것이 고통이 될 수 있을까 의아할 수도 있습니다. 그러나 태어났다는 것은 살아야 하는 일을 일으키고, 언젠가는 죽어야 하는 과정을 거쳐야 합니다. 그러니 태어나고 죽는 일이 고통이 아닐 수 없고, 살아간다는 것도 간단치 않은 일입니다.

우리는 매일 삶 속에서 여러 가지 문제를 겪으며 크고 작은 괴로움을 느낍니다. 삶의 문제에서 해탈하는 길을 안내하는 스승(禪師)들이 제자의 공부를 점검할 때 '생사를 해탈했는지' 묻는 것은 바로 이런 이유입니다. 깨달음의 길은 진리에 대한 통찰 혹은 깨달음을 넘어 누구나 겪고 있는 삶과 죽음의 문제에서 자유로워지는 길입니다. 자기 자신의 삶에서 모든 문제가 해소되었는지, 살아가는 데 장애가 사라졌는지가 마음공부의 핵심입니다.

생사해탈을 분별심으로 해석하면 이 육체가 죽지 않고 영원히 사는 것으로 여길 수 있습니다. 더 나아가 육체는 해체되더라도 영혼은 영원히 살아 이 우주를 떠나지 않는 것으로도 생각할 수 있습니다. 이 몸을 나라고 여길 때 우리는 몸을 수련하여 건강한 몸으로 오래 살려고 노력합니다. 끊임없이 몸을 단련하고 질병을 퇴치하기 위해 노력합니다. 그러나 이것은 이루어질 수 없는 꿈입니다. 시간을 연장할 수 있을지는 몰라도 죽음에서 벗어나는 것은 불가능합니다. 태어난 것은 반드시 죽기 마련이기 때문입니다.

영혼이 영원히 존재한다는 주장도 허구입니다. 영혼이 영원히 존재한다는 사실을 경험한 사람도, 이것을 증명한 사람도 없습니다. 여러 가지 가설을 제시할 수 있을지 모르지만, 역시 가설일 뿐입니다. 모두가 생각에서 만들어 낸 허구입니다. 몸이 영원할 수 있다는 것도 불가능하고, 영혼이 영원하다는 것도 검증된 적이 없습니다. 그렇다면 마음공부에서 묻는 '삶과 죽음에서의 해탈'은 무슨 의미일까요?

생사해탈은 몸의 영원성을 인정하는 것도 아니고, 영혼이 영원하다는 것을 이야기하는 것도 아닙니다. 이 주장들은 기본적으로 몸과 영혼이 '나'라는 전제를 하고 있습니다. 그러나 몸과 영혼이 나라는 것은 살아오면서 배우고 익힌 무의식적 관념입니다. 생사해탈은 바로 이 기본 전제가 허망한 생각이라는 것을 돌아보는 데서 출발합니다. 태어난 몸이 나인 것도 아니고, 몸속에 깃든 영혼이 나인 것도 아니라는 말입니다.

　스스로 자세히 되돌아보면, 몸과 영혼이 나라는 근거는 자기 생각
에 불과하다는 것을 알 수 있습니다. 몸과 영혼이 나라는 것은 태어
나면서 갖는 불변의 진리가 아니라, 태어나 성장하면서 학습한 것들
이 축적되어 자기도 모르게 당연한 일이 되어 버린 관념입니다. 몸
과 영혼이 내가 되려면 몸과 영혼이 나라는 생각에 의지해야 합니
다.

　우리가 아무런 생각이 없을 때는 몸이 나라는 인식, 영혼이 나라
는 인식이 없습니다. 어린아이가 성장하면서 '나'라는 개념을 배우
는 것은 나중의 일입니다. 종종 아이들은 자신을 나라고 여기지 않
고, 제3의 이름으로 부르곤 합니다. 예를 들어, 어린아이들은 자신의
장난감을 얘기할 때, "내 거야."라는 말 대신 자신의 이름을 붙여 ㅇ
ㅇ거야."라는 말을 합니다. 이것은 아직 '자의식'이 발달하지 않았기
때문에 일어나는 현상입니다. 이 현상은 나라는 것이 관념이라는 증
명입니다. 아이가 성장하면서 나라는 관념이 발달하고 눈에 보이는
몸, 몸을 지배하는 영혼을 나와 동일시하는 것입니다. 그러니 나, 몸,
영혼은 생각과 느낌, 감각, 사고 작용의 결과물일 뿐입니다.

　생사해탈이란 나라는 것, 몸, 영혼이라는 것이 자기 마음에서 일
어난 허망한 분별이라는 깨달음에서 비롯됩니다. 나, 몸, 영혼, 그리
고 생과 사라는 생각에 사로잡혔다가 여기에서 자유로워지는 일이

생사해탈이고, 본래 생사해탈이었다는 사실을 환기하는 일이 참된 생사해탈입니다.

생사란 삶의 조건 속에서 드러난 허망한 그림자입니다. 나라는 생각의 그림자, 나의 몸이라는 생각의 그림자, 내 영혼이라는 생각의 그림자, 태어났다는 생각의 그림자, 죽는다는 생각의 그림자가 어우러져 스스로가 죽는 마음의 병에 걸리고, 살고 있다는 관념의 병에 시달리고 있습니다. 내가 따로 존재한다는 관념에 사로잡혀 스스로를 구속하는 것이 병입니다.

본래 우리 존재 자체는 구속의 주체도 없고, 구속할 대상도 없습니다. 나를 비롯하여 모든 것이 고정된 무엇이라고 할 것이 없는 완전한 해탈, 걸리는 것이 아무것도 없는 자유가 우리 본연의 모습입니다.

20. 삶은 고통이 아니다

삶은 언제나 한결같은 모습을 보이지 않습니다. 행복할 때도 있고, 불행한 일도 있고, 사사건건 해결해야 할 일들도 많이 일어납니다. 여러 가지 일들이 우리들의 마음을 졸이게 하고, 일이 잘 해결되어 마음이 놓일라치면 어느새 새로운 일이 일어나 마음을 흔들어 놓습니다.

이런 식의 삶에서 벗어나 보려고 여러 종교나 수행단체를 드나들어 보지만 만족스럽지 않습니다. 우리에게 항상 무언가를 요구하기 때문입니다. 시시각각 마음을 다스려야 하고, 기도해야 하고, 살펴야 하고, 인지해야 하는 등 끊임없는 노력을 요구합니다. 자유를 얻으려고 시작했는데, 이 일이 도리어 스스로를 구속하게 됩니다.

삶의 구속에서 벗어나려는 일이 오히려 자신을 구속하는 경우가 많습니다. 무언가를 꾸준히 하지 않으면 불안하여, 정기적으로 어떤 공동체에 나가게 되고, 특정 수행을 합니다. 수행을 하면 당장은 마음이 안락하고 편안하지만, 그렇게 할 때만 효과를 봅니다. 특별한 수행은 여러 가지 신통한 경계와 능력을 가져다주기도 합니다. 이

223

매력에 빠져 이것을 깨달음 공부인 줄 착각하게 되고 때로 이것이 주는 즐거움에 탐닉하여 깊이 빠져 들어 헤어나지 못하는 경우도 많습니다. 잘못된 접근을 하고 있는 것입니다. 이전에 우리의 삶을 괴롭혔던 분별의 방식으로 분별심에서 벗어날 길을 찾기 때문입니다. 마치 진흙 묻은 손으로 진흙을 닦는 겪이고, 주위가 시끄럽다고 자기가 목소리를 높여 조용히 하라고 외치고 있는 행동과 같습니다.

삶은 본래 아무런 구속이 없습니다. 삶은 본래 고통이 아니라, 평화이고 안락이며 흔들리지 않는 고요입니다. 우리 삶에는 아무런 문제가 없습니다. 삶에서 벌어지는 온갖 인연들을 통제할 필요도 없고, 그 모든 것을 억지로 받아들여야 하거나 특별한 수행을 통해 삶의 고요를 얻는 일도 아닙니다.

단지 우리가 잘못된 눈을 가지고 삶을 바라보았다는 깨달음이 필요할 뿐입니다. 삶을 바르게 볼 눈을 갖추지 못했을 뿐입니다. 삶이 무엇인지를 깨달으면 고통은 본래 존재하지 않았다는 사실을 알게 됩니다. 만약 한 사람이 세상에 태어나 여러 사람들과 관계를 맺고, 여러 가지 환경, 다양한 지위, 수많은 성취 혹은 좌절을 맛보며 결국 이 세상을 하직하는 것이 삶의 모습이라고 여긴다면, 잘못 보고 있는 것입니다.

지금 이 순간 주변을 살펴보면, '나'라는 사람이 여러 가지 문제를 안고 있고 그 문제를 해결하려고 노력하는 모습이 보일 수도 있습니다. 그러지 않고 아무 생각 없이 눈앞의 책을 보거나 여러 가지 사물 가운데 자신이 있다는 것을 확인할 수도 있습니다. 또는 밖은 조용 하지만 마음속은 여러 가지 소음과 투쟁으로 어지러울 수 있습니다. 아니면 해결해야 할 문제가 쌓여 있거나 만나기 싫은 사람을 만나고 있을지도 모릅니다. 또는 난처하기 짝이 없는 상황에 놓여 있을 수 도 있고, 몸과 마음이 아파 고통에서 벗어나려고 안간힘을 쓰고 있 을지도 모릅니다.

많은 문제들이 우리를 둘러싸고 있고, 우리는 이러한 상황 속에서 운이 좋으면 돌파구를 마련하거나 그러지 않으면 문제들에 파묻혀 버립니다. 이런 모든 일들은 나라는 독립된 존재를 중심으로 펼쳐지 는 것 같습니다. 몸과 마음을 가진 내가 엄연히 이렇게 있고, 상대적 으로 존재하는 것들이 나아가거나 물러남 속에서 나와 충돌하거나 관계하거나 비껴 지나가는 것 같습니다. 이러한 충돌과 긴장관계는 몸과 마음을 가진 존재가 나라는 착각에서 비롯됩니다.

그러나 진정한 나는 이런 난처한 상황에 둘러싸여 무언가에 일방 적으로 당하거나 극복해 나가는 개별적인 존재가 아닙니다. 사실은 지금 눈앞에 펼쳐져 있는 삶의 모든 모습에서 어떠한 것도 더하거나 뺄 필요 없는 전체가 바로 나입니다. 그러니 내가 삶을 살아가는 것 이 아니고, 나라는 개인이 삶의 문제를 주도적으로 해결하며 싸워야 하는 것이 아니며, 삶 그대로가 바로 나인 것입니다.

지금 펼쳐지는 모든 현상은 모두 내 안의 일입니다. 이것은 알아야 하는 세계가 아니라 이미 나를 통해 알려지는 세계입니다. 인식해야 할 세계가 아니라, 나에게 인식되는 세계입니다. 아무것도 자기를 떠나 따로 존재하지 않는 세계입니다. 볼 수 있고, 들을 수 있고, 맛볼 수 있고, 알 수 있고, 느낄 수 있고, 깨달을 수 있는 것조차 모두 자기를 통해 드러나고 있습니다. 모든 의미는 자기가 부여한 의미이며, 모든 기준은 자기에게서 세워진 기준이며, 남이라는 것조차 내가 남이라고 여기기에 남이 되는 것입니다.

만약 지금 펼쳐지는 내적, 외적 상황이 어떠한 것도 빼거나 더할 필요 없이 모두 나 자체라면, 삶의 문제를 해결하기 위해 필요 이상의 노력을 할 이유가 없습니다. 모든 일의 본성이 동등하기 때문입니다. 똑같다는 것은 투쟁이 없는 것이며 고통이 없는 것입니다. 투쟁과 고통은 분리된 것들 속에서 일어나는 반응이기 때문입니다.

무슨 상황이 펼쳐지든 나 자체이기 때문에 상대가 없고 빈틈이 없습니다. 이 전체가 나 자신이라면, 여기에서 드러나는 모든 것의 개체성이 사라져 버립니다. 이 모든 것이 분리된 현상으로 받아들여지면 그것들이 문제가 되고 장애가 될 수 있지만, 그 모두가 본질적으로 다르지 않다면 갈등도 없고 장애도 없습니다. 지금 펼쳐져 있는 전체. 온갖 문제와 소음과 번민과 즐거움 그대로 텅 빈 것입니다.

삶은 본질적으로 고통이 될 수 없습니다. 삶은 늘 다른 모습으로 펼쳐지지만 늘 다르지 않고, 여러 가지가 존재하는 것처럼 드러나지만 본래는 아무것도 그것이랄 게 없습니다. 삶은 온갖 소음과 움직임 그대로, 항상한 고요입니다. 삶의 어떤 모습에도 마음 둘 일이 없습니다. 삶의 어디에도 머물 이유가 없습니다. 뿐만 아니라 어느 것도 외면할 이유가 없습니다. 모든 것이 펼쳐지는 지금, 특별한 이유로 내 마음이 불편할지라도 그것 그대로 텅 빈 충만입니다.

21. "어떻게 하나가 되지요?"

갓 40대로 접어든 분과 만나게 되었습니다. 20대부터 깨달음에 관심을 가졌습니다. 영성에 관련된 책을 읽기도 하고 경전도 읽고 기운을 다스리는 운동도 했습니다. 그러다가 결혼을 하게 되었습니다. 결혼을 하고는 사는 일에 바빠 마음공부와 멀어졌답니다. 그러다가 4년 전에 어머니가 돌아가셨습니다. 너무도 가슴이 아팠습니다. 아픈 마음을 주체할 수 없어 이 문제를 해결하려고 인터넷 공간을 떠돌았습니다. 에크하르트 톨레 TV를 보았고, 라마나 마하리쉬, 니사르가다타 마하라지, 아디야샨티 등 근현대 영적 스승들의 글을 열심히 읽었습니다. 그러다가 문득 모든 것이 바로 지금 여기에서 드러난다는 나름대로의 통찰이 있었습니다. 모든 게 이 마음의 일이라는 것은 분명했습니다. 그런데 마음이라는 것이 현상과 따로 있는 듯하여 미진함을 느꼈으며, 어떻게 해도 이 간극이 좁혀지지 않아 답답하다는 것입니다.

지금은 "모든 게 마음의 일이다. 지금 여기에서 드러난다."는 말을 받아들일 수 있답니다. 그런데 "둘 아닌 하나가 되어야 한다."는 말을 들으면 자신은 그런 상태가 아니어서 공부가 이것도 아니고 저것도 아니랍니다. "둘 아닌 하나가 되어야 한다."는 말이 자신을 콱 가로막고 있다고 했습니다. 마침 아이도 학교에 들어가 엄마의 보살핌이 필요한데, 자신은 이 문제에 맞닥뜨려서 손길을 제대로 주지 못하고 있어서 안타깝다고 했습니다. 그러면서 물었습니다.

"모든 것을 드러내는 이 존재가 분명히 있잖아요. 그런데 이게 모든 것을 드러낸다면 이것과 드러나는 것 사이에 둘이 될 수밖에 없는데, 어떻게 하나가 되지요?"

이런 말을 들으면 사람이 언어나 생각에서 자유로워지는 것이 얼마나 어려운 것인지를 실감하게 됩니다. 영성 서적을 보거나 인터넷 공간에서 설법을 들으며 혼자 공부하는 사람들이 많습니다. 공부에 대한 열망이 강하기 때문에 공부하다 보면 자신도 모르게 어떤 통찰이 생기고 그 이후로 설법을 잘 알아듣게 되어 공부가 진일보하였다는 나름의 판단을 하게 됩니다. 그런데 어떨 때는 잘 알아듣는 듯하다가도 어떤 구절에서는 막히는 경우가 있어서 어쩔 줄을 모릅니다. 공부가 시원하지 않아 일상생활도 원만하지 않고 공부는 공부대로 답답합니다.

제가 마음공부를 할 때도 비슷한 상황들이 있었습니다. 공부에 모종의 변화를 맞으면 만족스러운 상태에 있다가도, 어느 순간 의문이 일거나 어떤 지견이 생기면 그것을 해결해 보거나 드러내 보이려고 스승님을 찾아갑니다. 물론 그럴 때마다 원하는 답을 듣지는 못했습니다. 모두가 망상이라는 말씀에 입도 뻥끗 못하고 나오는 일이 많았습니다. 의문에 맞게 풀어서 설명해 주기를 바랐는데, "그게 망상 아니냐, 여기에 무슨 일이 있느냐?"라는 말을 들으면 민망하기도 하고 서운하기도 했습니다.

그때는 몰랐지만, 지금 보면 왜 그렇게 차갑게 느껴질 정도로 응대하셨는지 짐작이 갑니다. 이 공부란 의문이 해결되고, 자기가 구상한 생각의 틀에 맞는 변화를 얻어 내는 게 아닙니다. 깨달음을 다른 말로 해탈이라고 합니다. 해탈이란 자유입니다. 깨닫지 못했다면 자유롭지 못하다는 것입니다. 우리는 해탈해 보기 전에는 무엇에 묶여 있는지 명확히 알지 못합니다. 해탈해 본 사람만이 그 정체를 압니다.

물론 설법이나 글을 통해 듣고 읽은 대로 '관념에서 해탈이다. 생각에서 벗어남이다.'라고 말할 수는 있습니다. 그러나 이렇게 알기만 한다면 이것이 구속입니다. 자신도 모르게 '마음공부란 관념에서 해탈하는 것'이라는 관념에 사로잡혀 버리기 때문입니다. 스스로가 분명히 깨닫지 못했을 때는 무슨 말을 들으면 그 말을 관념으로 집착하려는 습관에 사로잡히게 됩니다. 그래서 깨달음으로 이끄는 방편의 말이 오히려 사람들을 구속하는 경우를 많이 보게 됩니다.

이분도 어떤 변화를 겪었지만 거기에서 모든 관념을 내려놓지 못하고 그것을 대상화하려는 시도, 분별로 접근하려는 마음의 습관에 사로잡혀 있었습니다. 여전히 분별의식으로 모양 없는 법을 분별하려는 시도를 내려놓지 못한 것입니다. 진실은 결코 알려지지 않습니다. 이 말은 개념으로 정의되지 않는다는 뜻입니다. 마지못해 해탈의 길로 이끌려고 "둘 아닌 하나의 법이다."라고 말을 하지만, 이것을 간직하고 있다면 분별심에 사로잡힌 것입니다.

온갖 망상과 분별을 내려놓게 하려고 이런저런 얘기를 하는 것입니다. 생각과 감정, 사물, 사건들이 본래 마음에서 일어나는 환상임을 보아 사로잡히지 않게 하려고 이런저런 말을 하는 것일 뿐입니다. 여기에는 아무런 헤아림이 없습니다. 공부에 막힘이 있다면 자기도 모르게 분별망상에 갇혀 있다는 신호입니다. 모든 것이 드러나는 여기에 온전히 합하지 못하고 여전히 생각으로 법을 그리고 있습니다.

마음과 경계가 하나 되는 일은 없습니다. 마음과 경계가 둘이 아니라는 말은 마음과 경계가 둘로 나뉘어 있는데 애써 노력하여 이것이 일치되는 경지를 얻으라는 뜻이 아닙니다. 자기도 모르게 고정시키고 있는 '마음이라는 어떤 것', '마음으로 인해 드러나고 있는 현상'이라는 것을 생각으로 분별하고 있지 않은지 돌아보라는 것입니다. 법에 대한 미세한 분별심에서 벗어나라는 것입니다.

마음에 마음이 없고, 경계에 경계가 없습니다. 분별되지 않는 실상을 깨닫게 하기 위해 마지못해 둘을 세운 것입니다. 마음과 경계를 분별하지만 않는다면, 마음과 경계뿐만 아니라 모든 것이 본래 하나입니다. 불이법은 애써 지어서 이루는 어떤 공부 상태가 아니라, 안팎으로 추구하고 생각하는 일이 완전히 멈출 때 본래 그렇다는 것을 깨닫게 되는 일입니다.

　이 세상은 본래 다양한 모습 그대로 평등한 하나입니다. 이것을 바르게 보지 못하는 이유는 마음이니 경계니 하는 생각에 사로잡혀 있기 때문입니다. 그 어느 것도 이것을 벗어난 일이 없음이 분명해지면 저절로 밝게 보게 될 것입니다. 그러니 마음이니 경계니 둘이니 하나니 하는 망상에서 깰 뿐입니다. 그때야 '모든 것이 둘 아닌 하나의 법'이라는 것을 분명히 체감하게 될 것입니다.

22. 영혼과 신통, 행위의 문제

공부모임을 갖다 보면 많은 사람들이 깨달음을 열망하고 있다는 사실을 알게 됩니다. 그들은 자기에게 주어진 여러 인연을 따라 공부처를 전전합니다. 여러 곳에서 특정한 수행을 한다거나, 깨달은 사람이라고 알려진 스승 밑으로 들어가서 수년간 시간을 보냅니다. 그러나 많은 경우 실망하고 돌아서기도 하고, 나름대로 소득을 얻었으나 만족스럽지 않아 다른 길을 가기도 합니다. 때때로 믿고 의지한 사람의 인격적인 모습에 실망한다거나, 그 공동체의 이율배반적인 행태에 실망하여 돌아서는 경우도 많습니다. 그렇게 떠났지만 깨달음의 길을 포기할 수 없어서 소문 따라 이곳저곳을 기웃거리거나 인터넷 공간에서 찾아 헤맵니다.

그들의 방황이 멈추는 경우는 흔치 않습니다. 어디에든 의지해야 마음이 편하고, 무언가 들고 있어야 공부를 하는 것 같습니다. 이전과 다른 변화를 경험해야 안심을 하며, 얻은 그것을 갈고 닦으려고 노력합니다. 그러나 진정 깨달음이 무엇인지 분명해지고 보면, 이 모든 지난날의 방황과 애씀이 바로 깨달음을 방해하고 있었다는 사실을 알게 됩니다.

출가하여 적지 않은 시간 마음공부에 힘을 써 온 분을 만났습니다. 어린 시절부터 현실의 삶에 허무감을 느꼈고, 불만족스러운 현실에서 벗어나려는 의도도 있었고, 깨달음을 성취하려는 목표도 있었습니다. 이런 이유가 복합적으로 작용하였을 것입니다. 20대 후반 한 종교단체에 들어갔습니다. 그 단체를 이끄는 분은 자신의 몸을 결코 돌아보지 않는 헌신적인 모습을 보였습니다. 그를 따르는 수많은 사람들의 상처를 보듬어 주었습니다. 깨달음으로 이끄는 말을 들으면 크게 감화를 받아서 그렇게 믿음을 갖고 따랐습니다.

그런데 간혹 의문이 들었습니다. 아직까지도 그 의문들이 머리를 맴돕니다. 사람의 미래를 본다거나, 이렇게 하면 우환이 닥칠 것이고 저렇게 하면 좋은 결과를 얻을 것이라는 예언적인 말씀들. 어떤 궂은 날에 사람의 혼령을 보았지만 알맞게 대처하니 평안해졌다는 이야기들……. 그때는 깨달으면 그런 능력이 생길 수도 있다고 막연히 여겼는데, 지금에 와서 보니 뭔가 의문으로 남습니다. 그리고 자신이 지금 맡고 있는 일이 죽은 사람의 영혼을 천도시키는 일인데, 재를 지내고 나서 영정 사진이나 재에 썼던 물건들을 예전에 하던 대로 태워 없애야 할지 그대로 놔두어도 되는지 명확하게 판단이 서지 않습니다. 특정 종교단체에서 오래 생활해서 그런지는 모르겠으나, 스스로가 어떤 행동을 하면 자꾸 그 행동을 잘했는지 잘못했는지 혹은 선한지 그렇지 않은지를 돌아보게 되어 마음이 불편하다고 했습니다.

영혼의 문제, 신통의 문제, 행위의 문제는 많은 사람들이 의문을 갖고 있고, 깨달음으로 나아가는 길에 장애가 되는 것들입니다. 육체가 내가 아니라는 것은 받아들일 수 있는데, 이 몸 안에 깃든 영혼은 어떻게 되는 것인지 궁금합니다. 여러 종교에서 죽으면 육체는 흩어지지만 영혼은 죽지 않고 심판을 받아 그 결과 천당이나 지옥으로 간다고 말합니다. 그것을 보면 영혼을 부정하기가 어렵습니다. 그래서 살아 있는 동안 선행을 쌓아 좋은 곳에 가려 하는 마음을 일으킵니다. 현실의 삶이 내세의 삶을 결정짓는 시험장이 되어 매사에 심판받는 느낌을 받습니다. 또 영혼이 있기 때문에 죽은 사람이 쓰던 물건이나 천도재에 썼던 물건들을 함부로 대해서는 안 될 것 같은 마음이 듭니다.

또 하나 넘어서기 쉽지 않은 장애가 바로 신통력입니다. 평범한 사람들에게는 없지만 수행을 많이 하면 특별한 신통력이 생겨서 과거도 보고 미래도 보며, 다른 사람의 운명도 볼 수 있고, 이 특별한 능력으로 여러 사람들을 돕는 것이 큰 자비행이 아닌가 하는 기대감도 있습니다.

여기에 더불어 사람으로 태어나서 선업을 쌓아야 한다는 의식이 우리들의 내면에 깊이 잠재해 있습니다. 남에게 피해를 주지 않는 행동을 해야 한다는 의식, 상황에 따라 올바른 선택을 하고 행동해야 한다는 의식이 평범한 사람들이나 수행하는 사람들에게 잠재해 있습니다. 이것은 사후에 좋은 곳에 가려는 의도가 잠재해 있기도 하지만, 깨달음의 성취를 위해서도 선행은 필수조건이라는 의식을 가지고 있습니다.

영혼의 문제는 수행자뿐만 아니라 많은 사람들이 궁금해하는 내용입니다. 딱히 영혼이 없다면 우리의 삶이 설명되지 않을 것 같은 생각이 듭니다. 전통적으로 죽은 사람을 위해 제사를 지내거나 좋은 곳에 태어나도록 기도를 올리는 일은 영혼을 인정하기 때문에 이루어지고 있는 의례가 아닌가 여겨지기도 합니다. 그러나 본질적으로 모든 것은 자기 마음을 떠나 존재하지 않습니다. 실재는 이 마음일 뿐이고 이것은 분별하여 알 수 있는 어떤 것이 아닙니다.

지금 눈앞의 사물들, 일어나는 사건들, 세계의 펼쳐짐, 우주의 성립이 자기 마음에서 일어나고 사라집니다. 여기에는 예외가 없습니다. 영혼도 마음에서 일어난 한 생각으로 분별하여야 성립이 되는 것입니다. 자기의 생각을 빌리지 않고는 영혼이 드러날 수 없습니다. 영혼뿐만 아니라 지금 이렇게 살아 있는 육체를 가진 나, 이 내가 하는 좋고 나쁜 행위들, 그리고 이것을 심판하는 자, 그 심판의 결과로 가게 되는 지옥과 천당이 모두 지금 쓰이고 있는 이 마음이 빚어낸 허망한 관념들입니다. 육체의 죽음, 육체에 깃든 영혼, 이 영혼이 내세에 받는 짐승의 모습, 인간의 모습, 천상의 모습이 모두 지금 이 마음에 드리워진 영상들입니다.

이것을 벗어난 것은 아무것도 성립될 수 없습니다. 어떤 생각이

나 말도 이것을 떠나 있지 않고, 어떤 존재도 이것을 떠나 있지 않습니다. 이 사실을 철저히 깨칠 수 있어야 합니다. 만약 그러지 못하면, '비록 눈에 보이지 않지만 이것을 비추는 나의 마음, 나의 영혼, 나의 본성이 따로 있다.'고 고정해 버리는 실수를 범합니다. 자기도 모르게 미세한 분별심에 머물러 버리게 되는 것입니다.

내 안에 본성이 있다는 것까지도 나의 생각입니다. 생각이 없다면 내 안에 본성이 있다는 것이 성립될 수 없습니다. 있는 그대로의 세상을 보는 안목이 분명하지 않아 스스로에게서 일어난 미세한 생각의 그림자에 머무는 것입니다. 모든 분별되는 것은 그게 생각이든 느낌이든 감각이든 모두 다 본바탕에서 일어난 그림자와 같은 것입니다.

그러니 '내 안에 마음이 있다.', '영혼이 있어서 내생을 받는다.'는 관념을 가지고 있다면 아직 안목이 철저하지 못한 것입니다. 본성에 대한 자각이 분명해진다면 이 일은 '영혼이 있다, 영혼이 없다'와는 아무 상관없는 일이라는 것을 알게 됩니다. 또, 영혼이 있다 해도 다르지 않고, 영혼이 없다 해도 다르지 않다는 것을 밝게 알게 될 것입니다.

신통력의 문제나 행위의 문제도 마찬가지입니다. 다른 사람의 마음을 읽는다, 앞으로 일어날 일을 예언할 수 있다는 것은 모두가 분별된 현상을 대상으로 하는 것입니다. 깨달음이란 어떤 대상을 잘 아는 것도 아니고, 어떤 일을 잘 예측하는 것도 아닙니다. 이 모든 것이 마음에서 일어난 실체 없는 것들이라는 사실에 밝아지는 일입니다. 그러므로 신통력이 있고 없고는 깨달음과 아무 상관이 없습니다. 신통력을 잣대로 깨달음을 판단한다는 것은 실상을 모르는 어리석은 행위입니다.

뿐만 아니라 선행과 악행이라는 행위의 문제도 깨달음의 증거가 될 수 없습니다. 깨달음은 분별되는 행위에 따라 판가름나는 것이 아닙니다. 선과 악이 모두 마음에서 일어난 분별된 생각이어서 이 모두가 평등한 일이라는 깨달음입니다. 그런데 이런 말을 잘못 알아들으면 자신의 이익을 위해 악행을 저질러도 된다는 생각을 갖게 됩니다. 이것은 아만심에 사로잡힌 착각입니다. 깨달음은 악행을 정당화하는 길이 결코 아닙니다. 선과 악의 본성이 마음 하나로 평등하여 그것이랄 것이 없지만, 선행을 하면 선한 결과를 받고 악행을 하면 악한 결과를 받습니다. 그렇더라도 본질적으로 그런 일이 있는 게 아니라는 것이 이 세계의 실상입니다.

모든 사물, 개념, 이해, 감정 등 정신적, 물질적인 모든 것, 즉 우주 전체가 나의 표현입니다. '우주 전체가 나의 표현'이라는 것까지도 사실 '이것'의 표현입니다. '무엇이다'라고 분별할 만한 것은 참된 나가 아니라 나의 표현이라는 것입니다. 그러니 우주 전체가 나의 표현인데, 우주를 떠돌아다니는 영혼을 참된 나라고 할 수는 없습니다. 여기에서 더 엄밀해지면, 전체가 나이고 나가 전체이지 그 안에

238

서 왔다 갔다 하는 혼령은 허망한 그림자일 뿐임을 잘 알 것입니다. 이것이 참된 이해이고 참된 깨달음입니다.

죽은 사람의 영정 사진이나 저 앞에 흔들리는 나뭇잎이나 다를 바가 없고, 천도재가 생일 축하 파티와 다를 바가 없습니다. 때에 따라 알맞게 할 뿐이지 모든 것에 그것이라고 할 만한 게 아무것도 없습니다. 영정 사진을 필요에 의해 모셔 둘 수도 있고 없앨 수도 있습니다. 인연 따라 하면 될 뿐입니다. 그러니 죽은 사람의 영혼이 존재한다고 인정하여 그것을 보고 그것에 사로잡히는 것은 깨달음과는 아무 상관이 없는 것이지만, 무엇이 따로 존재한다는 고정관념 없이 인연 따라 행한다면 무슨 행동을 하든 진실하지 않은 것이 없습니다.

스스로가 선한 행위를 했든 악한 행위를 했든, 선한 행위를 한 사람도 없고 악한 행위를 한 사람도 없습니다. 자꾸 뒤돌아보고 자책하고 후회하는 마음의 습관도 이 공부에서는 장애가 됩니다. 붓다께서 깨달음에 이르는 길에 다섯 가지 장애를 말씀하셨는데, 여기에 후회하는 마음이 들어 있습니다. 참된 가르침은 참회를 시키고 후회를 하며 자꾸 지나간 일을 마음에 담아 두게 하지 않습니다. 그러한 일이 본래 실체가 없음을 밝게 보는 것이 참된 참회입니다.

이것은 이해의 문제가 아니라 스스로 깨달아 세상을 보는 눈이 변하는 것이고, 삶에서 온갖 분별과 탐욕의 굴레에서 벗어나는 일입니다. 상황에 따라 알맞은 행위를 하지만 어느 것에도 머물거나 집착하지 않게 되는 변화입니다. 이런 변화는 하루아침에 이루어지지 않습니다. 그러나 모든 것이 바로 지금 이 마음이니 이것을 체험하고 여기에서 시간을 지내다 보면, 헐떡이며 찾고 무언가를 지키려는 분별집착들이 저절로 사라져 버릴 것입니다. 헐떡임이 사라질수록 선입견과 편견, 고정관념, 마음의 분별적 습관이 가리고 있던 참세상이 있는 그대로 드러날 것입니다.

23. 탁마가 중요하다

매월 초하루에 어느 절에서 장부 정리를 해 주고 있습니다. 벚꽃 비가 추적추적 내리던 날이었습니다. 비가 오는 날은 신도들이 많이 오지 않습니다. 작은 절인 데다가 대부분의 신도들이 연세가 많은 분들이라 초하루 같지 않게 절이 한적했습니다. 요사채에 들어가 맡은 일을 하고 있는데, 창밖에서 한 미모의 여성이 저를 보고 웃고 있었습니다. 출입구를 찾는가 싶어 오른쪽으로 돌아서 들어오라고 현관 쪽을 가리켰습니다.

조금 지나니 그분이 환한 미소를 띠며 제 앞으로 다가왔습니다.
"저 모르시겠어요?"
"모르겠는데요? 누구시죠?"
"기억하기 힘들 거예요. 부산대 앞 공부모임에 한 번 참석했는데 시간도 많이 지났으니 기억할 수 없겠지요."
아무리 기억하려고 해도 떠오르지 않았습니다.
"몰라보아서 미안합니다. 그런데 여기에 어떻게 오셨죠?"

그분은 이것이 인연인 것 같다며 그동안의 얘기를 꺼내 놓았습니

241

다. 제가 보기에는 이런 분도 마음공부에 관심이 있을까 싶었습니다. 물론 외모와 상관없이 누구나 존재의 근원에 관심을 가질 수 있습니다만, 대부분 삶의 고통에서 벗어나 보려고 마음공부를 하는 경우가 많아 이런 미모에 경제적으로 전혀 어렵지 않아 보이는 젊은 분이 마음공부에 대해 말을 한다는 게 낯설었습니다.

이분은 해운대에 산다고 했습니다. 젊은 시절부터 불교에 인연이 깊었고 전통적인 수행도 많이 해 본 것 같았습니다. 특별히 정해 놓은 스승이 있는 것도 아니어서 절에 가서 좌선도 하고 염불도 하며 여기저기 수행 공간에 찾아 들어갔나 봅니다. 특별한 계기가 있어서라기보다는 가족 따라 불교에 인연을 맺게 되었고 저절로 관심이 가더라고 했습니다. 인터넷에 들어가 '마음공부'라는 글자를 쳐 검색을 하니 릴라 마음공부 모임이 검색되었다고 했습니다. 얘기를 듣다 보니 2년 전쯤 제 모임에 왔던 기억이 어렴풋이 났습니다. 그때 인상은 공부모임에 꾸준히 참석하려는 의도라기보다는 자신이 모종의 체험을 했는데 그것이 깨달음의 체험인지도 궁금했고 제대로 하고 있는지 알고 싶어서 왔던 것 같았습니다.

첫 체험은 염불을 하다가 왔다고 했습니다. 염불하는 자기와 주변에서 왔다 갔다 하는 움직임, 그리고 주위에서 들려오는 소리, 자기 입에서 나오는 소리가 하나가 되더니 내 힘으로 사는 게 아니라는 자각이 들었답니다. 그때의 경험이 생생하였고 그 이후로 삶의 문제들이 해소되어 편안한 상태였답니다. 마음 밖에 한 물건도 없다는 말이 실감이 났답니다. 누구를 봐도 나를 보는 것이고, 무슨 일이 벌어져도 나였다고 했습니다.

그 이후로도 체험을 몇 번 더 했습니다. 그때마다 갑자기 마음의 짐이 내려놓이는 일시적인 기간을 갖게 되었답니다. 그런데 그 휴지기가 지나면 다시 삶의 문제에 휩쓸리게 된다고 했습니다. 그러면서 어떤 때는 너무도 분명하여 아무런 의심이 없다가, 다른 때는 여러 선지식들의 법문이 귀에 들어오지 않고 캄캄할 때가 있다고 했습니다. 그래서 자신의 공부가 의심스럽고, 체험을 했는데도 왜 이러나 하는 생각이 줄곧 들었습니다.

미진한 심정으로 대형 서점에 가서 깨달음 관련 코너에서 이리저리 책을 보는데, 제가 쓴 책이 눈에 들어오더라고 했습니다. 이게 인연이구나 싶어 유튜브에 올려진 동영상을 보게 되었답니다. 그러다가 이 절의 스님 법문도 함께 검색되었는데, 들으면서 참으로 속이 시원해지더라고 했습니다. 그러고는 초하루 법회가 있다는 것을 알고 무작정 찾아왔다고 했습니다.

얘기를 들으면서 탁마가 얼마나 중요한지 새삼 알게 되었습니다. 이분은 처음 체험을 한 지도 십여 년 가까이 지났고, 그 이후로 본성에 대한 체험을 몇 번 했지만 여전히 안목이 열리지 않았습니다. 스승 없이 혼자 공부해 왔기 때문이 아닌가 여겨졌습니다. 체험을 여러 번 하더라도 자기도 모르게 사로잡혀 있는 고정관념을 돌아볼 수 있도록 이끌어 주고 환기시켜 줄 거울 같은 스승이 없다면 공부가 분명해지기가 참으로 어렵다는 것을 느꼈습니다.

깨달음에 관심을 갖고 공부하다 보면 순간적으로 본성을 체험하게 됩니다. 둘 아닌 실상을 경험하게 되면서, 이 세계를 잘못 보고 있었다는 깨우침과 함께 온 세계가 하나라는 가르침에 확신을 갖게 됩니다. 일 없는 경계를 맛봅니다. 이게 공부구나 싶습니다. 그러나 시간이 지나면서 그때와 다른 심적 경계를 경험하게 됩니다. 법문을 못 알아듣는 것도 아닌데 삶이 만족스럽지 않습니다. 어떨 때는 아무 일이 없는 것 같다가도 어떨 때는 온갖 일에 사로잡히는 스스로를 보면 뭔가 문제가 있는 것 같습니다.

안목이 열리지 않아 자기도 모르게 분별망상에 사로잡히는 줄 모르기 때문에 일어나는 현상입니다. 이 하나의 일뿐임이 분명하다면 온갖 경계가 오고 가더라도 한결같은 일이라는 것을 잘 알 것입니다. 그러나 고요하고 평안한 상태가 공부라는 고정관념 등 우리가 사로잡히기 쉬운 공부에 대한 고정관념에서 탈피하지 못한다면 공부가 오락가락하는 느낌을 받습니다.

고정관념은 육안으로 보이는 어떤 모양이 아니라 오래전부터 자기도 모르게 사로잡혀 온 익숙한 '관념'입니다. 너무도 오래되어 몸에 딱 맞는 옷처럼 붙어 버렸습니다. 이것을 벗어 버리기가 어렵습니다. 물론 체험을 통해 익숙한 것들이 진짜가 아님을 경험하게 됩니다. 그러면서 눈에 띄는 커다란 장애에서 벗어나게 됩니다. 그러나 오랜 세월 집요하게 달라붙은 교묘한 관념이나, 방편으로 설해진 경전, 어록, 설법 등 가르침의 말들에서 말끔히 깨어나는 일은 정말로 어렵습니다.

순간적으로 순금이 무엇인지 체감했지만, 분별망상의 티끌이 여전히 있어 안목이 분명하지 않을 때는 무엇이 순금인지 무엇이 잡석인지 분명히 감별해 내지 못합니다. 물론 본래 순금뿐입니다. 다만 고정관념의 티끌이 여러 가지로 보이게 하는 것입니다. 이때 눈에 든 티끌을 돌아보게 해 줄 단련의 기회를 가져야 합니다. 꾸준히 가르침을 받을 안목 있는 스승의 존재가 필요한 것입니다.

예부터 탁마를 중요하게 여겼습니다. 어쩌면 이것이 진짜 공부라고 할 수 있습니다. 고정관념 중에는 금방 알아차려지는 것들이 있는가 하면, 자기도 모르게 잘 속는 미세한 관념들이 많습니다. 자의식이라든가, 자기도 모르게 짓고 있는 수행상, 법에 대한 상, 조작적으로 공부를 하려는 마음의 습관에 쉽게 사로잡힙니다.

물론 어떤 상태에 들든 둘 아닌 하나입니다. 그러나 이것에 밝으냐 어둡냐는 각자에게 달려 있습니다. 모든 것에서 확연해질 때까지 탁마하면서 실상을 철저히 깨닫게 해 줄 눈 밝은 선지식이 필요합니다. 물론 마음 밖에 따로 선지식은 없습니다. 그러나 스스로가 그러하게 될 때까지는 필요한 환상입니다.

24. 참된 정진이란?

깨달음의 노정에 있는 분과 통화하게 되었습니다. 이분은 20여 년 전 출가를 하여 6~7년 승려로 생활하다가 환속하여 가정을 이루고 살아가는 분입니다. 자식도 두고 여느 가정과 다를 바 없이 생활하고 있습니다. 결혼은 했어도 마음공부의 끈은 놓지 못하여 사찰에 가고 좌선을 하며 살아왔습니다. 사는 모습은 일반 사람과 다를 바가 없지만 마음만은 여전히 출가하여 깨달음 공부가 항상 삶의 중심을 이루고 있습니다.

그동안 살아오면서 평등한 자리에 대한 체험이 없는 바도 아니고 생활의 질곡 가운데서도 결코 사라지지 않는 것이 '이것'이라는 확신도 있습니다. 그러나 여전히 공부를 해 나가야 한다는 생각이 있고, 또 감당하기 어려운 경계를 만날 때마다 마음이 흔들리는 자신을 보면서 공부가 부족하다고 여기고 있습니다. 특별히 따르는 스승이 있는 것도 아니고, 사람을 찾아보아도 배움을 청할 만한 분을 아직까지 만나지 못했습니다.

법문을 들으면 못 알아듣는 것도 아닌데, 미흡함은 여전합니다.

또 그동안 살아오면서 쿤달리니 체험을 비롯한 여러 가지 크고 작은 체험도 했고, 특히나 요즘 들어 사람을 만나면 그 사람의 에너지를 점점 더 강하고 예민하게 느끼게 됩니다. 또 자기의 행위나 상태, 자신이 한 선택을 자꾸 돌아보고 점검하게 된다는 것입니다.

알게 모르게 많은 분들이 깨달음을 열망하고 있고, 열망을 가지고 용기 있게 나아가는 사람들이 많다는 것을 느낍니다. 마음공부가 하루아침에 끝나는 일이 아니기 때문에 수년, 수십 년 삶의 중심을 여기에 두고 몰입하는 분들이 많다는 것을 이런 기회를 통해 실감하게 됩니다.

마음공부는 참 설명할 수 없는 구석이 있습니다. 한번 이쪽으로 마음이 동하면 평생 이 공부를 놓지 못하는 일면이 있습니다. 아마 이 일 외에 다른 것은 결코 우리 삶의 불만족을 해결해 주지 못할 것이라는 나름대로의 자각이 있기 때문일 것입니다. 그런데 이러한 열망에도 불구하고 공부의 방향을 잘못 잡음으로써 많은 시간을 낭비하거나 삶의 불만족, 삶의 문제를 끝끝내 해소하지 못하는 경우를 보게 됩니다.

물론 우리를 번뇌하게 하는 문제들이 사실은 실제 있는 것이 아니라 텅 빈 분별망상이기 때문에 이것이 순간적으로 힘을 잃을 때 부지불식간에 깨어나 문제가 사라져 버리는 체험을 할 수도 있습니다. 그러나 이것은 어쩌다 일어날 수 있는 일이고, 많은 경우 미명 속을 헤매거나 본성을 체험하더라도 잘못된 방향 때문에 완전히 말끔해져서 모든 문제에서 자유로워지는 변화된 삶을 맞이하기는 지극히 어렵습니다.

깨달음은 말로 할 수 없고, 생각할 수 없고, 모습으로 추구할 수 없다는 말을 많이 듣습니다. 그런데 이런 가르침의 말을 귀에 딱지가 붙도록 듣고도 우리는 그 진의를 모르고 잘못된 방향으로 공부를 해 나가기 일쑤입니다. 깨달음 공부를 어떤 대상을 두고 탐구하거나, 어떤 상태를 전제해 놓고 그 속으로 들어가야 하는 것처럼 여기는 경우가 있습니다. 이런 방향은 앞의 말을 완전히 잘못 알아들은 것입니다.

대상을 두고 탐구해 들어간다는 것은 자기도 모르게 깨달음이라는 분리된 대상을 염두에 두고 있는 것입니다. 또한 지금은 모르지만 나중에 알게 되고 체험하게 되는 완전한 깨달음의 상태에 들어간다거나 얻는다고 하는 것은 들어가고 나가는 테두리가 있는 것이기 때문에 모양이 있는 것이고 분별에 떨어진 일입니다.

이러한 접근은 우리가 기존에 세상을 살아가면서 행하던 공부 패턴과 다를 바가 없습니다. 분별심을 가지고 공부를 하는 것이기 때문에 늘 현재의 상태에 불만족스럽고, 자신의 상태를 돌아보게 되고 점검하게 만듭니다. 그리고 자신에게 일어나는 경계 변화에 여전히 관심을 가지게 되고, 그러한 경계 변화를 근거로 공부의 진척 정도를 가늠하게 됩니다. 이것은 여전히 망상경계에 사로잡힌 행위입니다. 공부의 기준을 경계에 두고 있으니 말입니다.

오랜 세월 마음을 닦고 경전을 보거나 참선 수행을 해도 깨달음을 성취하지 못하는 이유는 바로 이런 잘못된 접근 때문입니다. 깨달음은 그야말로 말로 할 수 없고, 생각할 수 없고, 모습으로 구할 수 없어서 따로 있는 무언가를 향해 나가는 일이 결코 아닙니다.

깨달음은 말로 할 수 없고 모양으로 볼 수 없다는 것은 우리가 단한 순간도 이것을 떠나 있지 않다는 말입니다. 수행을 하든 그러지 않든, 절에서 생활하든 세속에서 생활하든, 좌선을 하든 밥을 짓든 늘 이것을 떠나 있지 않다는 것입니다. 늘 떠나 있지 않기 때문에 모양이 없는 것이고, 대상화가 불가능한 것입니다. 그러니 이것을 따로 염두에 두고 닦아 나간다거나 공부해 들어간다는 것은 어불성설입니다.

이미 완전한 깨달음의 성품을 돌아보는 것이고, 안팎으로 향하던 모든 추구심이 사라지는 일입니다. 만약 열심히 수행하고 명상하고 공부해서 얻는 것이라면 현존하는 것이 아니기 때문에 허망한 것을 얻는 일입니다. 이런 말을 듣고 '현존하는 것을 지금 못 보고 있으니 이것을 확연히 깨닫기 위해서 수행을 한다.'라고 한다면, 이 사람은 여전히 자기 생각에 사로잡혀 공부를 하는 것입니다.

현존하는 본성을 확연히 깨닫는다, 확철대오한다는 것은 수행해서 얻어지는 것이 아닙니다. 수행해서 얻는 것이라면 여전히 수행의 주체가 있고 수행의 대상이 있는 것이어서 이 자체가 분리입니다. 흔들림 없는 깨달음을 가로막는 것은 수행의 주체로서 깨달아 들어가려 하는 '나' 때문입니다. 무언가 확연히 보려는 '나'의 존재, '나'의 욕망 때문입니다.

이러한 분리적인 시각은 자기도 모르게 자신의 상태를 돌아보고, 자신의 공부 상태에 관심을 두며, 자신에게 일어나는 경계 변화에 의미를 두어서 보는지 보지 않는지, 느끼는지 느끼지 못하는지에 매이게 합니다. 무엇을 보아 의미를 부여하고 문제시하는 것은 나와 나 아닌 것의 분리 속에서만 가능한 일입니다.

참된 정진이란 바로 지금 모든 추구가 멈추어지는 일입니다. 본성을 체득했다면 여기에 수행도, 해탈의 욕망도, 삶의 문제도, 깨달음이라는 분별상도 내려놓고 다 내맡겨 버리는 것입니다. 모든 것이 떨어져 나갔을 때, 본래 완전한 깨달음을 결코 벗어난 적이 없다는 명확한 깨달음이 올 것입니다.

마음공부가 열망 없이 시작될 수는 없지만, 결국에는 모든 추구가 사라져야 본래 고향을 떠난 적이 없다는 확연한 자각이 옵니다. 마음의 헐떡임이 멈추어지는 것은 자신의 의지에 의해서 이루어지는 일이 아닙니다. 안팎으로 추구하는 마음이 있다는 것은 스스로가 아직 밝게 깨어나지 못했다는 증거입니다.

마음공부는 근본적으로 깨달음의 공부입니다. 깨달아야 모든 추구가 자동적으로 쉬어집니다. 이때 불이법의 방편이 좋은 약이 될 수 있습니다. 불이법이라는 것은 둘이 없다는 말입니다. 변하는 것들 사이에 둘이 없다는 것이고, 변화하는 것과 변하지 않는 마음자리가 둘이 아니라는 것입니다. 모든 것이 한 덩어리라는 가르침입니다. 모든 것이 하나라면 지금 이 순간 아무런 마음도 일으킬 필요가 없다는 것입니다. 이미 이 마음, 이미 하나이기 때문입니다.

만약 깨달음을 위해 마음을 일으켜 행하려 한다면, 이미 이것과 이것 아닌 것이 나뉘기 때문에 둘이 됩니다. 깨달음을 위해 행하여 달라지기를 바라는 것, 지금과 달라진 상태를 맞이하는 것, 지금과 다른 확연한 깨달음의 각성조차 여기에서 일어난 한 생각, 즉 마음이 움직인 것이기 때문에 둘입니다.

당장 이 자리에서 무언가를 찾고 구할 일은 없습니다. 만약 찾고 구해야 할 일이 있다면 생각에 속은 것입니다. 움직여 일어난 것은 모두가 망상임을 스스로 밝게 깨닫는다면 저절로 모든 추구가 사라집니다.

참된 정진이란 바로 헐떡이며 찾고 구하던 마음이 완전히 멈추는 것이고, 본래 밝음을 확연히 보는 것이고, 깨달음을 위해 한 마음도

움직일 필요가 없었다는 사실에 밝아지는 일입니다. 바로 지금 당장
이 사실을 깨달음으로 말입니다.

4장

이야기 속 깨우침

1. 왜 저를 구하지 않으셨나요?

어느 마을에 해일이 휩쓸고 지나갔습니다. 그때 지붕 위에 앉아 구조를 기다리던 남자가 있었습니다. 구조대가 노를 저어 왔을 때 물은 거의 지붕까지 차올랐습니다. 구조대는 그 남자한테 가기 위해 노력했고, 마침내 남자 앞에 도착해서 소리쳤습니다.

"이봐요, 보트에 타세요."

그러자 그 남자가 말했습니다.

"아니에요, 아니에요, 신께서 구해 주실 거예요."

이러는 사이에 물은 점점 더 불어 가장 높은 지붕 꼭대기까지 올라왔습니다. 게다가 물살까지 사나웠습니다. 그때 다른 보트가 그를 구조하기 위해 왔고, 나중에는 보트에 타라고 사정하기에 이르렀습니다. 그럼에도 남자는 이렇게 말했습니다.

"아니에요, 아니에요, 아닙니다. 신께서 저를 구해 주실 거예요. 지금 기도하고 있습니다. 신이 저를 구해 주실 겁니다."

마침내 물은 남자의 키까지 올라 정수리만 보였습니다. 헬리콥터까지 출동해 남자 머리 위로 사다리를 내려보낸 뒤 위에서 소리쳤습니다.

255

"보세요, 이게 마지막이에요. 얼른 올라타세요."

그때도 남자는 여전히 이렇게 말했습니다.

"아니에요, 아니에요, 아닙니다. 신께서 저를 구해 주실 겁니다."

마침내 남자의 머리는 물 아래로 잠겼습니다.

천국에 도착한 남자는 신께 불평을 늘어놓았습니다.

"신이시여, 왜 저를 구하지 않으셨나요?"

그러자 신이 말했습니다.

"나는 너를 구하려고 했다. 네게 구조 보트를 두 번 보냈고, 헬리콥 터도 한 대 보냈다."

_출처 미상

우리는 수많은 시간을 진리라는 것을 기다리며 보냅니다. 그러나 정작은 단 한 순간도 진리를 떠난 적이 없습니다. 우리의 행동 하나 하나가 그렇고, 한 호흡 한 호흡이 그렇습니다. 그러나 스스로가 그 려 낸 신 혹은 진리라는 그림에 사로잡혀 그 그림에 걸맞은 신과 진 리를 기다립니다. 그런 신과 진리란 오지 않습니다. 신은 늘 우리와 함께하고 있기 때문입니다.

신은 특정한 시간과 장소에 특별한 모습으로 나타나지 않습니다. 특정한 시간이 아닌 모든 시간 속에 있고, 특정한 장소가 아닌 온갖 곳에 임재해 있습니다. 특별하지 않기에 모습이 없고, 없는 곳이 없

256

기에 '이렇다'라고 말할 수 없습니다. 온갖 모습 속에서 묵묵히 경험하고 매 순간 공명할 뿐입니다.

그대가 신을 기다리는 게 아니라 오히려 신이 그대를 기다리고 있습니다.

지금 당장 이렇게!!!

2. 잠자는 숲속의 공주

오랜 옛날 어느 나라에 왕과 왕비가 살았습니다. 왕과 왕비는 남부러울 것 없이 행복했습니다. 그러나 단 하나, 둘 사이에 자식이 없다는 것이 가장 슬픈 일이었습니다. 왕과 왕비는 나이가 들어 그들이 바라던 예쁜 공주를 낳았습니다. 공주가 태어나 온 나라가 축제 분위기에 싸였습니다. 공주가 세례를 받는 날, 일곱 명의 요정이 와서 축복을 해 주었습니다.

각각의 요정은 공주가 아름답고, 고운 마음씨를 가지며, 지혜롭고, 춤과 노래를 잘하며, 악기도 잘 다루는 사람이 되라고 선한 마법을 내렸습니다. 그런데 그때 초대받지 못한 늙고 추한 마녀가 나타납니다. 그녀는 화를 내며 공주에게 저주의 마법을 내립니다.
"나를 우습게 보았군. 아무리 좋은 마법을 걸어도 소용없다. 공주는 물레의 가락에 찔려 죽을 거니까."
왕과 왕비는 비탄에 잠겼습니다. 마침 커튼 뒤에 숨어 있던 일곱 번째 작은 요정이 나타났습니다.
"걱정하지 마세요. 저는 아직 어려서 마녀가 건 마법을 풀 수는 없지만 마법을 가볍게 만들 수는 있어요."

그러고는 공주가 물렛가락에 찔려 죽는 대신 백 년 동안 잠들게 하는 마법을 걸었습니다. 왕은 온 나라의 물레를 다 태워 버리도록 했습니다. 공주가 물레에 찔리는 일이 없도록 하기 위한 것입니다. 그러나 왕과 왕비의 마음대로 되지 않았습니다. 공주는 열다섯 살이 되던 어느 날 늙은 마녀의 물렛가락에 찔렸습니다. 공주가 잠이 들자, 온 나라가 잠들었습니다.

백 년이 지난 어느 날 잠자는 숲 속의 공주 이야기를 들은 한 왕자가 이곳으로 옵니다. 성은 가시덤불과 나무로 우거져 있었습니다. 자신이 가지고 있던 칼로 가시덤불을 베지만 베어지지 않았습니다. 그때 요정이 나타나 십자가 문양이 박힌 칼을 줍니다. 이 칼로 덤불을 자르니 쉽게 잘려 나갑니다. 그렇게 공주가 잠들어 있는 방까지 들어간 왕자는 마침내 잠든 공주를 발견하고 그녀의 아름다움에 반해 키스를 합니다. 공주가 깨어나고 뒤이어 공주의 시종들, 하녀들, 신하와 병사들, 온 성이 다 깨어나 왕국에 평화가 찾아왔습니다. 왕자와 공주는 결혼하여 행복하게 살았습니다.

_전래동화

아주 잘 알려진 서양의 전래동화입니다. 어릴 때 한 번쯤 읽어 보지 않은 사람이 없을 것입니다. 아름다운 공주가 마법에서 벗어나 행복을 얻는 이야기쯤으로 읽힐 수 있지만 깨달음 공부의 여정에 빗대어 말할 수도 있습니다.

대다수의 사람들은 좋은 선물, 선한 것만 받고 싶어 합니다. 아름답고, 지혜롭고, 생기롭고, 행복하고, 예쁘고, 재주가 많은 것을 선호하며 이것을 취하려 듭니다. 대신 늙고, 추하고, 어둡고, 무례하며, 죽는 것을 피하고 싶어 합니다. 그러나 우리의 삶은 어느 하나를 취하고 버릴 수 있는 것이 아닙니다. 드러나는 모든 것은 아름다우면 추함이 따르고, 지혜로우면 어리석음이 따르고, 젊으면 늙음이, 행복하면 불행이, 태어나면 죽음이 짝이 되어 뒤따릅니다.

그런데 이것을 모르는 대다수의 사람들은 좋은 것, 선한 것만 취하고 악한 것, 나쁜 것은 경험하지 않기를 바랍니다. 그래서 왕이 온 나라의 물레를 다 불태워 버리듯이, 미리 대책을 세운다고 마음이 바쁩니다. 마치 석가모니의 어린 시절 아버지 정반왕이 어린 석가에게 좋은 것만을 경험하게 하려는 것과 같습니다. 온갖 통제를 하고 대비를 하지만 결국 인연의 흐름은 거역할 수 없습니다. 공주가 물레에 찔려 잠에 빠져들듯이 말입니다.

잠이란 모든 것들이 따로 있다는 분리의식에 사로잡히는 것에 비유할 수 있습니다. 백 년 동안의 잠이란 바로 인생사 백년, 인간이 태어나 실체 없는 분리의식에 사로잡혀 사는 생애에 비유할 수 있습니다. 분리의식에 사로잡힌 삶을 살다 보면 고통스럽고 자유롭지 못하며, 생사의 물결에 출렁이는 스스로를 불만족스럽게 느끼게 됩니다. 이들 중 소수는 이 불만족스러운 삶에서 자유로워지는 길이 없는가 찾아 나서게 됩니다. 그렇게 마음속의 염원을 갖게 되면 마치 잠자는 공주의 곁으로 왕자가 다가오는 것처럼 스승과 인연이 닿게 됩니다. 스승은 잠든 공주를 깨우는 왕자처럼 진리의 칼을 가지고 실체 없는 분리의식에서 벗어날 수 있도록 이끌어 갑니다.

감정을 고양시키고, 생각을 정밀하게 구조화시키며, 신비한 능력을 가중시켜 망상의 덤불을 덧씌우는 쪽이 아니라, 분리의식이 옴짝달싹하지 못하는 지경으로 들어가게 합니다. 그러다 문득 왕자의 키스처럼 스스로의 본바탕을 체험하는 일이 일어납니다. 이제 깨어나기 시작하는 기회를 얻은 것입니다. 그러나 백 년 동안 사로잡혀 온 망상심은 단 한 번 왕자의 키스 같은 달콤한 체험으로 모두 해소되지 않습니다. 몸과 마음에 너무도 익어서 마치 본래의 내 몸이고 마음인 것처럼 달라붙어 있습니다. 이때 바른 안내를 받지 않는다면 달콤한 키스의 추억만 되새기며 시간을 보낼 수도 있습니다.

생각과 감정이 물들 수 없는 순수한 본성에 통했을 때 동반되는 긍정적이거나 달콤한 경험을 붙잡으려는 집착을 보입니다. 늘 한결같아서 언제 어디서나 변함없는 본성에는 관심이 없고 달콤하고 안락한 키스의 추억에 사로잡힐 수 있습니다. 체험 이후 눈 밝은 스승을 찾아가라고 하는 것은 자칫 현상적인 어떤 것을 체험으로 잘못 알고 이것을 잡으려는 마음의 습관을 경계하기 때문입니다. 백 년 동안 분별망상심을 따라 취사선택하면서 살아왔기 때문에 체험을 하더라도 체험의 본질이 아니라 체험에 동반되는 현상에 관심을 두기 쉽습니다. 이때 안목을 갖춘 스승은 체험의 경계는 놓아 버리되

늘 항상한 여기에만 관심을 두라고 일러 줄 것입니다.

진정한 체험은 특별한 이벤트, 감정 상태, 얻어진 이치가 아니라, 어떤 현상이나 생각, 감정에 상관없는 늘 이대로의 마음입니다. 그러니 체험도 놓아 버리라고 하는 것은 체험적 현상을 놓아 버리라고 하는 것입니다. 본래의 마음은 놓으려야 놓을 수 없고, 잡으려야 잡을 수 없는 부동의 본성입니다.

여기에 관심을 두고 모든 드러나는 현상의 허망함을 뚜렷이 자각할수록 본성에 대한 안목이 깊어지고, 흔들리지 않는 마음을 갖춥니다. 마치 공주가 깨어나고, 시종이 깨어나고, 신하와 병사, 그리고 온 나라가 깨어나는 것처럼, 이 작은 불씨에서 나를 비롯한 온 세계가 깨어나는 것입니다. 활짝 깨어나고 보면 마음의 본바탕은 내가 잠이 들었을 때나 지금 밝게 깨어나 있을 때나 한결같았음을 알게 됩니다. 이 한 개의 빛이 온 세상에 가득하고, 이 한 개의 빛이 온 세상 자체임을 뚜렷이 자각하게 될 것입니다. 참된 행복이란 바로 아무런 조건도, 변화도 없는 무한한 밝음일 것입니다.

3. 게으른 삼형제 이야기

한 농부가 대대로 물려받은 과수원을 일구고 살았습니다. 과수원은 산비탈 척박한 곳에 있었습니다. 이 농부에게는 게으른 아들 셋이 있었습니다. 농부가 땀을 흘리며 과수원을 일구는데도 도울 생각은 하지 않고 놀기만 했습니다. 과수원이 제대로 가꾸어질 리 없었습니다.

어느덧 농부는 나이가 들어 몸져눕게 되었습니다. 아버지가 몸져 누웠지만 장성한 아들들은 여전히 게으른 습관을 고치지 못했습니다. 이들은 아버지에게 의지하는 마음에 아버지의 건강이 회복되기만을 바랐습니다. 그러나 하늘도 무심하시지 아들들의 소원은 이루어지지 않았습니다. 농부는 임종을 앞두고 아들 셋을 불러모았습니다.
"사실 내가 저 대대로 물려받은 과수원을 열심히 일군 것은 저곳에 황금이 묻혀 있기 때문이다. 그러니 너희들도 내가 없거든 저 밭에 나가 열심히 황금을 찾아보거라."

아들들은 아버지를 땅에 묻자마자 삽과 곡괭이를 들고 황무지나

다름없는 밭을 파기 시작했습니다. 과일나무에 과일이 달려 있었지만 병들고 벌레 먹어서 수확할 것이 거의 없었습니다. 아들들은 과일나무는 안중에도 없고 오직 땅을 파기에 여념이 없었습니다. 과일나무인지 잡초인지 분간할 수 없을 정도로 웃자란 잡초를 걷어내니, 이제는 크고 작은 자갈들이 잔뜩 들어앉아 있었습니다. 세 아들은 오직 황금을 찾을 거라는 일념에 힘든 줄도 모르고 매일 밭으로 나갔습니다.

자갈들을 일일이 걷어 내니 검은 흙이 드러났습니다. 흙을 삽과 곡괭이로 파내어 뒤집고 여기저기 황금을 찾아다녔습니다. 구석구석 땅을 파내어 이리 뒤집고 저리 뒤집는 사이 계절이 바뀌었습니다. 한 철 두 철 지나갔지만, 기다리던 황금은 눈을 씻고 찾아봐도 보이지 않았습니다.

세 아들은 흐르는 땀을 식히며 나무 그늘에 앉아 아버지를 원망했습니다. 아버지가 우리를 속였으며, 자신들은 헛고생만 했다고 한탄하던 그들에게 탐스러운 과일들이 눈에 들어왔습니다. 튼실해진 과일나무에 싱싱한 과일들이 주렁주렁 매달려 있었습니다. 아들들이 매일 밭에 나와 잡초를 제거하고 자갈을 골라내고 흙을 뒤집는 사이에 밭은 잘 가꾸어져 있었습니다.

그제야 게으른 아들들은 황금의 의미를 깨달았습니다. 아버지가 말씀하신 황금이 무엇인지, 대대로 물려받았지만 돌보지 않고 내버려

두었던 밭의 진가를 새삼 알게 된 것입니다.

_전래동화

깨달음 공부도 이와 닮았습니다. 우리는 깨달음, 견성, 보리, 열반, 해탈을 성취하려고 마음공부를 시작합니다. 깨달음으로 이끄는 말을 들으며 깨달음을 위해 이런저런 수행도 하고 목표를 향해 매진합니다. 그러나 결국 참된 깨달음은 이러한 말이 가리킬 만한 물건이 따로 없다는 것을 깨닫는 데서 이루어집니다. 지혜로운 아버지가 아들들의 게으른 습관을 고치고 밭의 진면목을 보게 하려고 황금이 밭에 묻혀 있다고 말한 것처럼 깨달음을 가리키는 말도 이와 같습니다. 누구나 갖추고 있는 마음밭의 진가를 보아 삶의 장애에서 벗어나게 하려는 것입니다.

우리 모두는 깨달음의 성품을 완전하게 갖추고 있습니다. 이것을 떠날 수도 없고 벗어날 수도 없습니다. 이것 없이는 살아갈 수 없습니다. 이 마음밭은 살아 있는 허공과 같아서 온갖 것을 다 드러내지만 본래 비었습니다. 죽은 허공이 아니어서 환상과 같은 것들이 때에 따라 장애 없이 드러나고 사라집니다. 지금 당장 보고 듣고 느끼고 아는 데 장애가 없는 것이 이것을 증명하고 있습니다. 어떤 생각이든 마음 가는 대로 할 수 있는 것이 이것을 증명하고 있습니다. 배고프면 고픈 줄 알고, 맞으면 아프며, 어떤 생각이 떠오르면 생각 따라 감정도 장애 없이 일어납니다.

모든 것이 바로 지금 이 마음으로 그것이 되고 있습니다. 그러나 이것을 깨달았어도 마음밭의 진가를 보려면 그동안 습관적으로 사로잡혀 왔던 분리의식에서 깨어나야 합니다. 시야를 가리고 있는 분별의 잡초에서 깨어나고, 사사건건 걸림돌이 되었던 자갈돌들과 같은 고정관념이 본래 실체가 없다는 것을 볼 수 있어야 합니다. 스스로를 구속하는 분별의 잡초와 크고 작은 관념의 자갈돌들을 내버려 둔다면 우리의 삶은 여전히 황폐할 것입니다.

생각이나 감정은 그것의 존재를 인정하고 사로잡혔을 때 마왕과 같은 위력을 발휘합니다. 그러나 단지 마음 하나가 인연 따라 다양한 모습으로 일어난 실체 없는 것임을 밝게 본다면 그것은 그 모습 그대로 아무것도 아닙니다.

우리는 그동안 자기를 깨닫는 데 게으름을 피워 왔습니다. 이 마음이 참된 나이자 이 세상 전부인데, 이것의 진가를 깨닫는 데 소홀했습니다. 이미 있는 이 마음을 깨닫고 어두운 구석 없이 분명해져서 온갖 삶의 장애에서 벗어날 일입니다. 마치 이야기 속 과수원에 과실이 탐스럽게 열린 것처럼 삶은 본래 풍요롭고 진실하며 부족함이 없습니다. 다만 우리가 스스로에게서 일어난 생각과 감정, 여러 가지 고정관념과 집착 때문에 이 세상의 참모습을 보지 못하고 있습니다.

4. 비파를 조율하듯이

석가모니 당시 소나 콜리비사라는 제자가 있었습니다. 그는 지나치게 정진하고 경행(수행자가 일정한 장소를 가볍게 걸으면서 닦는 수행법)하여 발이 터졌습니다. 그가 경행하던 곳은 마치 도살장처럼 피로 뒤덮여 있었습니다.

하루는 낮에 홀로 좌선을 하다가 이런 생각을 했습니다. '붓다의 제자들 가운데 열심히 정진하는 자가 있다면, 나 역시 그들 중 한 명이다. 그러나 나는 아직도 집착을 떠나 모든 번뇌에서 해탈하지 못하였다. 나는 집에 재산이 많아 그것을 즐기면서 복을 지을 수도 있다. 차라리 세속으로 돌아가 그 재산을 쓰고 즐기면서 선한 복을 지을 수도 있지 않은가.'

붓다는 이런 소나의 마음을 알고 그를 찾아갔습니다.
"소나야, 어떻게 생각하느냐? 너는 세속에 있을 때 비파를 잘 연주하였느냐?"
"그렇습니다. 붓다시여."
"소나야, 그러면 비파의 줄을 아주 팽팽하게 하면 비파의 소리가 듣기 좋더냐? 연주하기에 적절하더냐?"

"그렇지 않았습니다."

"소나야, 그러면 비파의 줄을 아주 느슨하게 하면 비파의 소리가 듣기 좋더냐? 연주하기에 적절하더냐?"

"그렇지 않았습니다."

"소나야, 그러면 비파의 줄이 너무 팽팽하지도 않고 너무 느슨하지도 않을 때 비파의 소리가 듣기 좋더냐? 연주하기에 적절하더냐?"

"그랬습니다. 붓다시여."

"소나야, 그와 같이 지나치게 열심히 정진하면 흥분 속에 들뜨게 되고, 지나치게 느슨하면 나태에 빠지게 된다. 그러므로 소나야, 너는 정진하는 데 균형을 유지하도록 하라. 여러 감관에 균형을 유지하도록 하라."

"예, 그렇게 하겠습니다."

_잡아함경

석가모니 붓다는 자신의 수행 경험을 토대로 소나에게 조언을 해주고 있습니다. 석가모니도 출가 전 향락을 즐기다가 출가하고 도를 구할 때 선정과 고행에 철저히 매진했습니다. 그러나 그 결과는 참담했습니다. 스스로 만족하지도 못하고 몸만 쇠약해졌습니다. 그래서 양극단에 대한 집착과 추구를 놓아 버렸을 때 스스로 깨달을 수 있었습니다. 제자들에게 늘 이렇게 말했습니다.

"탐욕이나 쾌락에 빠져들지도 말고, 고행에 사로잡히지도 마라."

268

이게 바로 붓다의 가르침을 분명하게 드러낸 말입니다. '모든 것이 마음에서 인연 따라 일어난 무상한 것이니 어느 것에도 집착하거나 사로잡히지 마라.'

탐닉하거나 사로잡힐 만한 것은 모두 허망한 현상입니다. 추구할 만한 대상, 알 수 있는 이치, 보이는 것, 얻을 수 있는 것 등 마음을 써야 하는 것은 모두 인연 따라 드러난 그림자와 같은 것들입니다. 분리의식을 통해 대상화되어 드러나고 있는 것들입니다.

이것은 허망한 것이고 실체가 없는 것이기 때문에 이것을 대상으로 구하고 지킬 필요가 없습니다. 물론 인연 따라 해야 할 일이 있고 그렇지 않을 일이 있지만 스스로 그것에 사로잡히지 않습니다.

그와 반대로 쾌락을 떠나려고 애를 쓰는 것도 마찬가지입니다. 쾌락이 본래 실체가 없기 때문에 떠나려는 애씀 자체가 미망입니다.

그동안 길들여져 온 추구와 집착과 분별심이 멈추어졌을 때, 늘 진실을 떠난 적이 없음을 깨닫게 됩니다. 우리가 찾고자 하는 진실이 우리의 상태와 상관없이 늘 현존했다는 사실을 안다면, 안과 밖으로 향하던 마음의 길이 사라져 버립니다. 온갖 애씀이 멈추어져서 안으로 지킬 마음도 따로 없고 밖으로 구할 도도 따로 없다는 깨달음이 일어납니다.

인연 따라 온갖 일을 다 하지만 집착할 것도 없고 머물 것도 없습니다. 마음공부를 하지만 공부라고 할 것도 없고 안 할 것도 없습니다. 지금 이 순간 이대로 아무런 부족함이 없습니다. 언제, 어디서나, 어떠한 생각이나 느낌 속에서도 늘 변함없습니다. 모든 일이 일어나고 사라지는 바로 이 마음뿐이기 때문입니다.

5. 20년 동안 똥을 치웠다

걸식을 하던 청년이 한 장자의 집을 방문하게 되었습니다. 주인은 거지를 보자마자 오래전에 잃어버린 자신의 아들이라는 사실을 알았습니다. 그런데 아들은 자기처럼 미천한 사람이 장자의 자식이라는 사실을 감히 상상조차 하지 못하는 것 같았습니다. 사실을 말한다고 해도 받아들여질 것 같지가 않았습니다. 그래서 아버지는 아들에게 사실을 말하는 대신 하인으로 삼았습니다. 아들은 20년 동안 장자의 집에서 똥 치우는 일을 했습니다. 20년이 지나자 아들은 이 집의 생활에 익숙해졌고 자기 집인 것처럼 편안했습니다. 그때 아버지가 아들에게 사실을 말합니다.

"나는 너의 아버지이고, 이 집이 네 집이다."

아들은 그때서야 이 사실을 받아들일 수 있었습니다.

_법화경

서 있는 곳이 자기의 본래 집이라는 사실을 깨닫고도 그동안 짊어지고 있던 모든 분별망상을 내려놓고 분리 없는 하나에 원만히 통하기는 쉽지 않습니다. 진실을 체감하고도 진실을 위해 아무것도 할

271

게 없다는 사실을 온몸으로 받아들이고 모든 분리의식을 내려놓기까지 긴 시간이 걸릴 수 있습니다.

사실 아들은 아버지 집을 떠난 적이 없습니다. 거리를 헤매고 남에게 구걸하면서도 그가 헤매던 거리는 아버지의 거리였고, 아버지의 땅이며, 아버지의 음식이었습니다. 이것은 곧 그가 헤매던 거리가 자신의 거리였고, 자신의 땅이며, 자신의 음식이었다는 것입니다. 그는 마침내 아버지가 계신 자기 집에 도착했지만, 의심이 떠나지 않았습니다. 이 집이 자기 집이고, 그동안 자기 집을 떠난 적이 없다는 사실을 아무런 의심 없이 받아들일 수 없었습니다. 오래 산 집처럼 편안하지 않았고 자꾸 의심이 가며 낯설기만 했습니다.

그래서 예전 방황하던 습관이 발동하여 지금 이곳이 아닌 상상 속의 집을 그림 그리게 되었습니다. 그리고 시시때때로 의심이 일어났습니다. '과연 이 집이 맞나? 이 집이 내가 떠나온 진짜 집일까?' 그렇게 지금 당장 발 딛고 선 집은 돌아보지 않고 꿈속의 집을 상상했습니다.

20여 년이나 똥을 치우게 했다는 것은 그동안 몸에 밴 방황하는 마음, 찾아 헤매는 분리의식을 항복시켰다는 것입니다. 그동안 살아오면서 익혀 온 분리의식은 자꾸 '다른 게 있지 않을까?' 하고 의구심을 갖게 합니다. 혹은 좀 더 그럴듯한 깨달음의 그림을 그리고, 보다 완벽해지기를 꿈꿉니다. 또는 자꾸만 마음을 일으켜 자신의 상태를 점검하고, 깨달음에 대해 정의하려고 합니다. 지금 당장의 이 마음 뿐이라는 사실을 온전히 받아들이지 못합니다.

법이라고 분리하여 알 만한 것은 없습니다. 그러니 법이 아니라고 할 만한 것도 없습니다. 지금 당장 온갖 생각을 하고, 말하고, 듣고, 보고, 느끼는 가운데 늘 변함없는 것이 있을 뿐입니다. 이것은 결코 그릴 수 없습니다. 이것은 특정한 형태로 존재하는 것이 아닙니다. 그러니 이것을 대상화해서 느낄 수도, 알 수도, 찾을 수도 없습니다.

상상할 수 있는 법, 알 수 있는 법, 깨달을 수 있는 법, 찾을 수 있는 법은 없습니다. 대신 이것으로 인해 막힘없이 상상할 수 있고, 끊임없이 알 수 있으며, 이리저리 찾을 수 있는 것입니다. 생각할 수 있고, 느낄 수 있고, 볼 수 있고, 상상할 수 있는 모든 일이 바로 지금 이 마음에서 일어날 수밖에 없다는 자각이 분명해지면 모든 것이 있는 그대로 고요해집니다. 모든 의심이 떨어져 나가면, 더 이상 법을 찾아 방황하는 마음이 일어나지 않을 것입니다.

6. 생멸이 다하고 나면 적멸의 즐거움이라

전생에 석가모니 붓다는 설산동자였습니다. 그는 오로지 해탈의 도를 얻기 위해 부귀영화도 버리고 가족도 떠나 수행하고 있었습니다. 마침 이 모습을 본 제석천이 설산동자의 마음을 시험해 보고 싶었습니다. 그는 무서운 나찰(악귀)의 모습으로 변신하여 내려와서는 게송 한 구절을 읊었습니다.

"이 세상의 모든 존재는 항상하지 않고 변하니, 이것이 바로 생겨나고 사라지는 법칙이다(諸行無常 是生滅法)."

설산동자는 이 소리를 듣고 무한한 기쁨을 느꼈습니다. 그것은 마치 오랫동안 사막을 헤매다 극적으로 오아시스를 만난 것과 같았습니다. '확실히 이 세상 만물은 항상하지 않아서, 생겨나면 사라지지 않는 것이 없다. 이것이야말로 내가 구하려던 진리의 말씀이다. 이것은 틀림없는 하늘의 소리다.'

그는 급히 일어났습니다.
"저의 주위에 누가 계신지요?"

그러나 주위에는 무시무시한 나찰 외에 아무도 없었습니다. 설산동 자는 나찰에게 물어보려고 앞으로 나아갔습니다.

"이 게송의 의미는 삼세의 모든 부처님께서 한결같이 가르치는 바른 길입니다. 그런데 나찰이여, 당신은 어디서 이처럼 거룩한 게송을 들었습니까?"

"나는 그런 것에 전혀 관심이 없다. 다만 며칠 동안 먹지 못해 배가 고플 뿐이다. 이 게송은 허기와 갈증에 지쳐 그저 헛소리를 해 본 것에 불과하다. 그러니 내게 먹을 것을 달라."

"나찰이여, 만약 그 게송의 전부를 알려 준다면 당신의 제자가 되겠습니다."

"나머지 게송을 읊을 기력마저 없으니 더 이상 말을 시키지 마라."

"그렇다면 무엇을 원하십니까?"

"나는 인간의 살과 피를 원한다."

"잘 알았습니다. 제게 나머지 게송을 마저 들려주시면 이 몸을 당신의 먹이로 바치겠습니다."

"아니, 그대는 오직 여덟 글자 때문에 자신의 몸을 바치겠다는 말인가?"

"흙으로 만든 그릇 대신에 칠보를 얻을 수 있다면 기꺼이 그릇을 버릴 수 있듯이 나는 이 육신을 버려 부처님의 도를 얻고자 합니다. 당신은 왜 나를 믿으려 하지 않습니까? 모든 부처님께서 이를 증명해 주실 것입니다."

"정녕 그렇다면 내가 그 게송을 마저 들려주지."

나찰은 드디어 엄숙한 표정이 되어 나머지 게송을 읊었습니다.

"생겨나고 사라지는 것이 다하고 나면 고요한 열반의 즐거움이라
(生滅滅已 寂滅爲樂)."

그러고 나서 나찰은 말했습니다.

"자, 그대의 소원을 들어주었으니 이젠 그대의 육체를 내게 바쳐
라."

게송의 나머지를 듣고 난 설산동자는 한없이 기뻐하며 이 시를 세
상 사람들에게 전하기 위해 바위나 돌, 나무 등에 새겨 두었습니다.

그러고는 나찰과의 약속을 지키기 위해 나무 위에서 몸을 던졌습
니다. 그러나 그의 몸이 땅에 닿기도 전에 누군가가 그의 몸을 받
았습니다. 놀라 쳐다보니 나찰로 변신하였던 제석천이 빙그레 웃고
있었습니다. 설산동자의 몸을 사뿐히 땅에 내려놓은 제석천은 천신
들과 함께 수행자의 발아래에 엎드려 공손히 예배하였습니다.

_열반경

말할 수 있고, 생각할 수 있고, 알 수 있고, 볼 수 있고, 느낄 수 있
고, 들을 수 있고, 감촉할 수 있는 것이 어우러져 세계가 형성됩니다.

276

그러나 이렇게 분별되어 드러난 것은 한결같지 않습니다. 이 세계는 단 한 순간도 멈추어 있지 않습니다. 나타났다 하면 사라지고, 사라지고 나면 다시 나타납니다. 정신적, 물질적, 감각적인 세계는 생멸법의 세계입니다.

이 생멸이 끝나야 적멸의 즐거움이 찾아온다는 것입니다. 나찰의 처음 두 구절을 들은 설산동자는 이것이 그가 찾고 있던 가르침이라는 것을 알고 마지막 구절을 들려줄 것을 요구합니다. 그러자 나찰은 너의 피와 살을 내게 바치면 마지막 구절을 알려 주겠노라고 합니다. 피와 살은 육체입니다. 우리는 이 육체를 나라고 여겨 애지중지하며 살아가고 있습니다. 나찰은 '너 자신마저 버릴 수 있느냐?'고 물은 것입니다. 이 몸이 나라는 그릇된 망상이 깨달음을 가로막고 있다는 사실을 일깨우는 것입니다.

오직 해탈을 얻기 위해 부귀영화를 버리고 떠난 설산동자에게 마지막 관문이 남아 있는 것입니다. 자신이라고 여겨 온 허망한 관념마저 돌아보지 않을 수 있는지 시험대에 오른 것입니다. 준비가 된 설산동자는 깨달음을 얻기 위해 모든 것을 내려놓습니다. 나의 육체, 나의 마음, 내가 아는 것, 내가 경험한 것, 내가 여기는 진실 등.

생멸법이란 외적 경계뿐만 아니라 내적인 경계도 모두 포함합니다. 생멸이 다한다는 것은 바깥 경계뿐만 아니라 나, 진실, 깨달음, 마음이라는 내면의 분별집착마저 사라지는 것을 의미합니다. 안팎으로 드러나는 모든 경계에 대한 분별과 집착마저 놓아 버릴 수 있어야 비로소 이 세계 그대로가 적멸의 즐거움인 것을 깨닫게 됩니다.

마지막 구절을 알아들은 설산동자는 깨달음의 흔적마저 지워 버립니다. 나무 위에서 뛰어내린다는 것은 분별세계에 아무런 마음의 집착도 남기지 않는 것입니다. 나라는 흔적도, 깨달음이라는 흔적도 지워 버리는 것입니다. 현상적으로는 예전과 다름없는 세계이지만 이 모든 것이 마음 하나로 평등하기에 분별집착을 놓아 버리고 허공과 같은 마음이 되는 것입니다.

이 세상은 본래 그렇습니다. 다만 우리 각자가 자신의 생각과 고정관념에 사로잡혀 안팎으로 따로 있다고 여기고 있을 뿐입니다. 마음은 묘해서 드러나는 분별상에 속으면 그것들이 객관적으로 존재하는 것처럼 여겨집니다. 그러나 본래는 각자 완전히 갖추고 있는 텅 빈 마음 하나뿐입니다. 이것이 여러 가지 조건으로 인해 분리된 모습으로 드러나고 있습니다. 몸을 허공 속으로 던진다는 것은 바로 텅 빔으로 돌아가는 것입니다.

그래야 진정 새로 태어날 수 있기 때문입니다. 설산동자는 죽지 않았습니다. 죽은 것은 분별의식이었습니다. 몸이라는 생각, 마음이라는 관념, 깨달음이라는 어떤 것, 해탈이 이런 것이라는 견해 등 스스로에게서 일어나 스스로를 가두고 있던 허망한 관념에서 깨어난

278

것입니다.

외적으로 드러나는 대상경계에 대한 분별집착에서 벗어나는 것도 쉽지 않지만, 내면의 분별의식에서 자유로워지는 것은 참으로 어렵습니다. 법에 대한 지견, 깨달음의 상태에 대한 망상들, 깨달았다는 자만 등 깨달음의 자취에서 벗어나는 것이 쉽지 않은 일입니다.

'오직 이것뿐이다', '마음뿐이다', 진공묘유, 체와 용, 공즉시색 색즉시공 등 깨달음으로 안내하는 이정표에 머물러 있는 경우가 많습니다. 그러나 참된 깨달음이란 마음에 아무런 내용이 없는 것입니다. 안팎이 허공과 같이 텅 비어서 인연 따라 온갖 사물, 생각, 감정이 드러나지만 어느 것도 이것저것이랄 게 없습니다. 깨달은 마음을 놓아 버리기가 쉽지 않습니다.

결코 이 일은 생각의 길이 아닙니다. 오히려 모든 생각이 힘을 잃어버리는 길입니다. 그러고 나면 온 우주가 있는 그대로 한결같을 것입니다. 온갖 차별이 있는 그대로 평등할 것입니다. 따로 있다는 분별의식, 의지하려는 습관과 집착에서 깨어날 뿐 깨달음이라고 할 만한 게 따로 없습니다. 어두운 것도 없고 밝은 것도 따로 없습니다.

'모든 것은 변하나니 이것이 생멸법이다.
생멸이 다하고 나면 일 없는 열반의 즐거움이라.'

이 게송이 읊어지는 순간 이 게송에마저 집착하지 않는다면 여기에 무슨 일이 있습니까? 생멸이 다한 열반은 바로 지금 직면해 있습니다.

7. 스승의 주먹

붓다께서 안거에 들었을 때입니다. 심한 질병에 걸려 생사의 기로에 설 정도까지 갔습니다. 그러던 중 다행스럽게도 몸을 추스르고 일어나셨습니다. 병이 나은 지 얼마 되지 않아 자리에 앉으셨습니다. 이때 존자 아난다가 붓다께 말했습니다.

"세존이시여, 참아 내셨으니 더없이 기쁩니다. 붓다께서 병이 드셨기 때문에 실로 저의 몸은 마비되고 제 앞은 캄캄하고 가르침도 제게 아무 소용이 없었습니다. 그러나 세존이시여, 저는 '세존께서는 수행승들의 승단을 위해 무엇인가를 말씀하시기 전에는 완전한 열반에 들지 않을 것이다.' 라고 생각하고 어느 정도 안심을 하였습니다."

이 말을 들은 붓다께서 말씀하셨습니다.
"아난다여, 수행승의 승단이 나에게 바라는 것은 무엇인가? 아난다여, 나는 안팎 없이 가르침을 다 설했다. 아난다여, 여래의 가르침에 감추어진 스승의 주먹(師拳)은 없다. 아난다여, 여래는 '내가 수행승의 승단을 이끌어 간다.' 라든가 '수행승의 승단이 나에게 지시를 받는다.'고 생각하지 않는다. 내가 수행승의 승단에 관하여 더 이상 무엇을 언급할 것인가?"

그러고 나서 붓다는 아난다에게 다음과 같은 가르침을 남겼습니다. "아난다여, 나는 지금 늙고 노쇠하고 만년에 이르렀으며 내 나이 팔십이 되었다. 아난다여, 예를 들어 낡은 수레가 가죽 끈에 의지하여 가듯이, 여래의 몸도 가죽 끈에 의지하여 가는 것과 같다. 그러므로 아난다여, 자신을 섬으로 하고 자신을 의지할 곳으로 해야지 남을 의지하지 마라. 법을 섬으로 하고 법을 의지할 것으로 해야지 다른 것을 의지하지 마라. 만약 이와 같다면 그들은 누구라도 배우고자 열망하는 나의 수행승들, 최상의 사람들이 될 것이다."

_쌍윳따 니까야, 제47쌍윳따 '질병'

당시 인도의 몇몇 스승들은 죽을 때 그의 깨달음이나 최후의 비밀을 손바닥에 적었습니다. 그리고 상수 제자를 불러 주먹을 펴서 손바닥에 적은 것을 보여 주었습니다. 상수 제자는 스승의 주먹에서 최후의 비결이나 가르침의 비밀을 알게 됩니다. 스승의 주먹을 보았다는 것은 곧 교단의 정통성을 이어받는 대표가 되었다는 의미입니다.

스승의 주먹은 석가모니 붓다 당시 여러 수행 교단에서 스승이 제자에게 법의 정통성을 전하는 일반적인 모습이었습니다. 아난 존자도 붓다께서 연로하여 임종이 가까워지자 스승의 주먹을 보여 달라고 했습니다.

이에 응해 붓다께서 말한 "나에게 스승의 주먹은 없다."는 것은 당시 상황으로 봐서는 놀라운 가르침이었습니다. 많은 제자들이 스승의 비밀한 뜻이나 비범한 능력을 믿고 의지하여 공부하는데, 붓다께서는 자신만이 가진 특별한 것이 아무것도 없다고 했습니다.

많은 공부인들이 스승의 존재를 특별하게 생각합니다. '스승은 나와 다른 특별한 안목이 있고, 능력이 있으며, 나와는 다른 것을 가지고 있다.' 그러한 마음으로 그분의 말씀에 귀 기울이고 몸짓이나 행동이나 가리켜 보이는 데서 의미를 찾으려 합니다. 이러한 마음은 공부에 들어가는 데는 좋은 자극제가 될 수 있습니다. 그러나 이 마음이 스승을 대상화하는 실수를 범하게도 합니다. 자칫 스승이 흠모의 대상이 되고, 스승의 아우라를 마음공부의 지표로 삼을 수 있습니다. 법을 가리키는 몸짓이나 손짓에 자기가 보지 못하는 특별한 것이 있다고 여겨 그것을 찾으려고 매달립니다.

그러나 참된 스승에게는 특별한 것이 없습니다. 스승의 주먹은 제자가 만드는 것입니다. 스승은 있는 그대로의 자신, 누구나가 갖추고 있는 그대로의 능력을 가리켜 보이려고 주먹을 쥐어 보이기도 하고 펴 보이기도 합니다. 그러나 보는 사람은 스승의 손이 쥐었다 폈다 할 때 손바닥 안에 제대로 보지 못한 무엇이 있다고 여깁니다. 그 보일 듯 말 듯한 것들을 가지고 나름대로 의미를 구성하고 도리를 만듭니다.

스승의 주먹은 본래 비었습니다. 만약 거기에 특별한 물건이나 적힌 무엇이 들어 있다면 그것은 진실이 될 수 없습니다. 스승이나 상수 제자만이 갖는 것이라면 진실이라고 할 수 없습니다. 진실이란 누구에게나 평등한 것입니다. 스승뿐 아니라 제자, 그리고 스승과 제자라는 특별한 관계가 아닌 평범한 사람들에게도 이미 완전하게 갖추어져 있는 것입니다.

스승에게는 아무런 뜻이 없습니다. 이 아무런 뜻이 없지만 모든 일을 가능하게 하는 것을 깨닫게 하려고 쥐었다 폈다 할 뿐입니다. 스승뿐만 아니라 이 세상 모든 것에는 아무런 정해진 무엇이 없습니다. 어떠한 것도 정해진 것이 없이 모두 자기 마음에서 일어나는 것들입니다. 예수께서도 저 들판에 핀 꽃을 보라고 했습니다. "그것들은 수고도 하지 않고 길쌈도 하지 않는다." 온 세상은 이 하나의 자연스러움뿐입니다. 분별하여 헤아리고 따져 보면 세상은 복잡하고 불합리하고 갈등투성이이고 고난의 결정체이지만, 실제 그러한 것이 없기에 자유이고 단순하며 지극한 자연스러움이고 아무런 일이 없는 것입니다.

세상 모든 것이 자기 마음 안의 일임이 분명할 때 이 안목이 생깁니다. 지금 당장 안팎의 모든 것이 이렇게 드러났다가 사라지고 있습니다. 이 마음 하나로 나와 네가 따로 있는 듯 드러나고 있습니다.

284

생각과 감정과 사물도 잇따라 일어나고 있습니다. 모든 분별 현상 가운데서 그 어느 것에도 물들지 않는 평등한 본성을 깨달아야 합니다. 세계는 이 텅 빈 하나가 추는 춤입니다.

8. 공덕천과 흑암녀

어떤 여인이 다른 이의 집에 들어갔습니다. 그 여자의 몸매는 단정하고 용모가 아름답고 좋은 보석으로 몸을 치장하고 있었습니다. 주인이 그녀를 보고 물었습니다.

"그대의 이름은 무엇인가?"

여인이 대답했습니다.

"나는 공덕천입니다."

주인은 또 물었습니다.

"그대는 가는 곳마다 무슨 일을 하는가?"

공덕천이 대답했습니다.

"나는 가는 곳마다 가지각색 금, 은, 폐유리, 파리, 진주, 산호, 호박, 자거, 마노, 코끼리, 말, 수레, 노비, 하인들을 줍니다."

주인이 듣고 기쁜 마음으로 즐거워하며 말했습니다.

"내게 복덕이 있어서 그대가 나의 집에 온 것이다."

기쁜 나머지 향을 사르고 꽃을 흩어서 공양하고 공경하며 예배했습니다.

그런데 문밖에 또 다른 여인이 있었습니다. 누추한 여인은 의복이 남루하고 더럽고 때가 많고 피부가 쭈그러지고 살빛이 부옇게 변해 있었습니다. 주인이 보고 물었습니다.

"그대의 이름은 무엇인가?"

여인이 대답했습니다.

"나의 이름은 흑암녀입니다."

"왜 흑암녀라고 이름하였는가?"

흑암녀가 대답했습니다.

"나는 가는 데마다 그 집 재물을 소모하게 합니다."

주인이 그 말을 듣고는 칼을 들고 나서며 말했습니다.

"여기서 빨리 나가지 않으면 목숨을 끊으리라."

흑암녀가 대답했습니다.

"그대는 왜 이렇게 어리석고 지혜가 없습니까?"

주인이 물었습니다.

"어째서 나를 어리석고 지혜가 없다고 하는가?"

흑암녀가 대답했습니다.

"그대의 집에 들어간 이는 나의 언니요, 나는 언제나 언니와 행동을 같이하는 사람입니다. 그대가 나를 쫓아내려거든 나의 언니도 쫓아내야 합니다."

주인이 안으로 들어가서 공덕천에게 물었습니다.

"밖에 어떤 여인이 와서 말하기를 그대의 동생이라 하는데 사실인가?"

공덕천이 대답했습니다.

"그는 분명 나의 동생입니다. 나는 항상 동생과 행동을 같이하였고, 한 번도 떨어진 적이 없습니다. 가는 곳마다 나는 좋은 일을 하고 동생은 나쁜 짓을 했으며, 나는 이로운 일을 하고 동생은 손해나는 일을 했습니다. 만일 나를 사랑하거든 그도 사랑해야 하고, 나를 공경하려면 그도 공경해야 합니다."

주인이 이렇게 말했습니다.

"만일 그렇게 좋은 일도 나쁜 짓도 한다면 나는 받아들일 수 없으니, 모두 마음대로 가시오."

두 여인이 서로 팔을 끌고 살던 데로 향했습니다. 주인은 그들이 가는 것을 보고 마음이 기뻤습니다.

두 여인은 손에 손을 잡고 돌아가던 중 가난한 집에 이르렀습니다. 가난한 사람이 보고는 기쁜 마음으로 청했습니다.

"지금부터 그대들은 나의 집에 항상 있으라."

공덕천이 말했습니다.

"우리들은 어떤 사람에게 쫓겨난 터인데, 그대는 어찌하여 우리더러 있으라고 청합니까?"

가난한 사람이 말했습니다.

"그대가 지금 나를 생각하니 나도 그대를 생각하오. 사정이 그러하니 그대의 동생도 함께 생각하려 하오. 그래서 둘 다 나의 집에 있으라고 청하는 것이오."

_열반경

288

드러나는 현상은 멈추어 있지 않습니다. 생겨나면 사라지고, 사라지면 다시 생겨납니다. 내면에서 펼쳐지는 생각과 여러 가지 좋고 나쁜 생각들이 한정 없이 머물러 있지 않습니다. 생각과 느낌, 소리와 맛, 형형색색의 사물들이 모두 멈추어 있지 않고 변하기 마련입니다.

현상은 항상 새롭습니다. 항상 신선하여 똑같은 것이 없습니다. 그런데 이러한 사실에 어두우면 스스로 옳다고 여기는 생각에 머물러 있으려 하고, 거기에 집착하려 합니다. 그러나 그 모든 대상은 객관적으로 존재하는 것이 아니라 마음에서 인연따라 일어난 조건적인 것들입니다. 나를 포함하여 산과 강, 하늘과 땅, 사람과 사물, 동물과 식물, 가치와 정의, 욕망과 성취 등 알 수 있고, 볼 수 있고, 느낄 수 있고, 생각할 수 있는 모든 것은 객관적으로 존재하는 무엇이 아닙니다.

늘 변하므로 좋은 것은 돌연 나쁜 것이 되고, 나쁜 일은 좋은 일을 불러옵니다. 새 것은 낡은 것이 되고, 낡은 것은 새 것으로 변합니다. 또 좋은 일은 사람에 따라, 처한 상황에 따라 나쁜 일이 되고, 나쁜 일 또한 사람이나 입장이 다른 사람에게는 좋은 일이 됩니다. 우리나라에서는 의인으로 평가받지만, 적대국가에서는 테러리스트로 낙인찍히는 일이 흔합니다. 선은 악이 있기에 선이 되며, 악은 선이 있기에 악이 되는 것입니다. 어떤 일이 성립되려면 그것과 그 아닌 일이 쌍으로 존재해야 성립이 되는 것입니다. 좋고 나쁜 것이 늘 함께 있고, 옳고 그른 것이 늘 짝을 이루며, 생겨나고 사라지는 것이 동전의 양면입니다.

분별된 현상은 시간, 공간, 입장에 따라 늘 다릅니다. 말할 수 있고, 알 수 있고, 생각할 수 있고, 느낄 수 있는 모든 것이 그런 운명입니다. 여기에 사로잡히면 고통을 받을 수밖에 없습니다. 고통은 어떤 것이 영원하기를 바라는 마음과 그렇지 못한 현상 사이의 괴리에서 생깁니다. 이 이율배반적인 상황이 계속된다면 삶은 고통입니다. 그러나 이 있는 그대로의 세상을 바르게 본다면, 삶은 고통이 아닙니다. 모든 것에 밝아 분별에서 깨어나고 집착을 놓아 버리는 것이 삶의 장애에서 벗어나는 길입니다.

현상은 변하여 무상하지만 이것 그대로가 자기 마음 하나입니다. 드러나는 것은 마음의 다양한 표현입니다. 모든 현상의 본질은 아무런 한계도 구속도 없습니다. 아무런 분리도 차이도 없습니다. 주체도 없고 객체도 따로 없이 모두가 완전한 하나입니다. 이 사실에 눈을 뜬다면 모든 경계가 그 틀, 그 변화, 그 모습 그대로 아무런 장애가 되지 않을 것입니다.

바로 지금 온갖 현상으로 드러나는 만물이 그렇다는 것입니다. 당장 우리가 직면한 안팎의 모든 세상이 그렇습니다. 지금 당장 이 사실을 분명히 깨닫는 데에 해탈의 길이 있습니다. 세상의 참모습에 밝아지면 화려하고 찬란한 모습의 공덕천과 더럽고 누추한 흑암녀가 모두 진실할 것입니다.

　장자가 공덕천과 흑암녀를 받아들이지 않은 것은 현상을 쫓지 않고 본래마음에 밝은 것이며, 가난한 자가 공덕천과 흑암녀를 받아들인 것은 현상 따라 생멸하는 마음에 사로잡힌 것입니다. 그러나 참으로 온갖 현상에 분별하고 집착하는 마음이 없다면 공덕천이 와도 집착하지 않고, 흑암녀가 와도 두려워하지 않을 것입니다. 참으로 밝아진다면 인연 따라 오가는 공덕천과 흑암녀의 출입에 아무런 마음의 장애가 없을 것입니다. 공덕천과 흑암녀로 비유된 삶과 죽음, 옳고 그름, 깨끗하고 더러움이 그것 그대로 진실할 것입니다.

9. 가리왕의 사냥

석가모니 전생에 인욕선인(忍辱仙人)이 되어 숲 속에서 수도할 때가 있었습니다. 당시 이 나라를 다스리던 가리왕(王)은 성질이 교만하고 포악했습니다. 하루는 가리왕이 후궁들과 같이 이 숲에 꽃구경을 왔습니다. 점심을 먹은 다음 노곤해진 가리왕은 잠이 들었습니다. 이 시각 후궁들은 꽃을 따라 배회하다가 고요히 선정에 든 인욕선인을 발견하였습니다. 그들은 선인 곁으로 가서 법문을 청해 들었습니다.

때마침 잠에서 깨어난 왕은 주변에 아무도 없자 화를 내며 주변의 이곳저곳을 찾아 헤매었습니다. 그리고 후궁들이 한 수행자에게 지극한 예를 다하여 법문을 듣고 있는 것을 발견하고는 분노가 폭발하였습니다. 가리왕은 성난 음성으로 선인에게 물었습니다.

"여기서 무엇하고 있느냐?"
"저는 인욕을 수행하는 중입니다."
"나의 후궁들을 모아 놓고 떠벌리는 것을 보니 인욕이 아니라 탐욕을 닦고 있는 것이겠지. 내가 너의 인욕을 시험하리라. 얼마나 잘

참는지 보자."

가리왕은 칼을 뽑아 선인의 귀를 잘랐습니다. 그러나 선인은 두려
워하거나 화를 내지 않았고, 억지로 참는 기미도 보이지 않았습니
다. '이것이 나를 깔보고 무시하는구나. 이놈! 어디 한번 해보자.'

더욱 노한 왕은 선인의 두 팔과 두 다리, 그리고 코를 베어 버렸습
니다.

"이놈아, 이렇게 해도 아프지 않으냐? 원망하는 마음이 일어나지
않느냐?"

"내가 본래 있지 않고 남 또한 없는데, 무엇이 아프고 누구를 원망
하겠습니까?"

그때 하늘에서 사천왕들이 모래와 돌들을 던졌고, 그토록 못된 가
리왕도 하늘의 노여움이 두려워 무릎을 꿇고 참회하였습니다.

"선인이시여, 이제까지 한 일을 모두 참회합니다. 선인께서는 자비
로써 저의 참회를 받아들여 주소서."

"왕이시여, 나에게는 탐욕도 노여움도 없습니다."

"선인이시여, 그 마음을 저희가 어떻게 알 수 있습니까?"

"만일 나의 마음이 참되고 거짓이 없다면 나의 잘린 손발과 귀와
코가 본래대로 붙을 것입니다."

그 말이 끝나기가 무섭게 모든 것은 제자리에 붙었습니다. 이에 왕
은 더욱 깊이 참회하였고, 후궁들은 더욱 깊이 귀의하였습니다.

_본생담

가리왕은 우리의 분별심입니다. 분별하여 질투하는 마음은 마치 가리왕처럼 교만하고 포악합니다. 가리왕은 사냥을 좋아했습니다. 사냥이란 대상경계를 쫓아 안팎으로 잡으러 다니는 행위입니다. 드러나는 대상경계를 진실로 알고 그것을 얻으려고 쉴 새 없이 사냥터를 전전합니다. 분별심이 바로 그렇습니다. 온갖 대상경계를 따라 쫓아다니며 잠시도 쉬지 못합니다. 깨달음조차도 밖에서 구하려고 합니다.

이 분별은 깨달음이라는 이상을 그려 그것에 맞는 일을 기다리거나 찾아다닙니다. 어떤 상태나 능력, 경지를 찾아다니다가, 나중에는 깨달음이란 소리도 아니고 냄새도 없으며 촉감도 아니라는 말을 듣고는 귀를 없애 소리를 제거하려 들고, 코를 없애 냄새라는 것을 떠나려 들고, 감촉을 없애 몸을 떠나려는 조작을 짓습니다. 그러나 이것은 모두 스스로가 일으킨 법에 대한 관념입니다. 법은 그림에 해당하는 어떤 것이 아닙니다. 이 모든 마음의 추구와 조작을 내려놓았을 때, 바로 지금 이 마음, 한 생각에 모든 것을 드러내는 바로 이 마음이 모든 것의 근본임을 깨닫게 됩니다.

그러니 제대로 된 공부라면 어떤 소리, 어떤 냄새, 어떤 감촉, 어떤 생각에도 아랑곳하지 않는 이 마음뿐임을 깨닫게 합니다. 인욕선인이 가리왕이 일으킨 귀에 대한 분별, 코에 대한 분별, 몸에 대한 분별에도 흔들리지 않았다는 것은 온갖 소리, 냄새, 움직임, 감촉의 본바탕이 한결같기 때문입니다. 소리를 따라가고 냄새를 따라가며 생각에 사로잡혀 번뇌의 피를 흘리는 것이 아니라, 어떠한 분별에도 변하지 않는 본래마음뿐임을 밝게 보는 것이 참된 인욕입니다. 본래마음을 깨닫고 보면 가리왕처럼 안팎으로 찾고 구하는 사냥을 하지 않게 됩니다. 언제나 부족함이 없기 때문입니다. 늘 살아 있는 부처, 바로 지금 이 마음에 귀의할 수밖에 없습니다.

공부를 하다 보면 이전에는 돈과 명예, 지위와 권력, 관계와 사랑을 위해 이리저리 정처 없이 사냥을 떠나다가, 공부에 대한 변화를 조금 맛보면 법이라는 이상을 향해 사냥을 떠나곤 합니다. 그러나 우리가 얻어야 할 것은 이미 있는 이 마음입니다. 이미 완전하게 갖추어져 있어서 따로 찾을 필요가 없는 이 마음입니다. 여기에는 돈도 없고 명예도 없고, 지위, 권력, 관계, 사랑, 사람이 없습니다. 분별하여 찾을 만한 모든 것이 적멸합니다. 하지만 이것이 모든 분별의 바탕이고 이것이 모든 모습으로 드러나고 있다는 자각이 듭니다. 경계이자 마음이고 마음이자 경계입니다. 언제나 이러하고, 이러합니다.

10. 양의 뿔

세존이 비유하여 말씀하셨습니다.

'어떤 사람 둘이 친구가 되었다. 한 사람은 왕자였고, 다른 사람은 아주 가난한 평민이었다. 둘이 서로 왕래하다가 가난한 사람이 왕자의 품에 훌륭한 칼이 있는 것을 보았다. 가난한 사람은 그 칼을 탐냈지만, 가질 수 없었다. 왕자는 오래지 않아 먼 나라로 여행을 떠나야 했다. 가난한 사람은 그렇게 왕자와 헤어질 수밖에 없었다.

어느 날 가난한 사람이 어떤 사람의 집에서 잠을 자다가 "칼, 칼" 하며 왕자의 품에 있는 칼에 대해 잠꼬대를 했다. 옆에 있던 사람들이 듣고는 그 사람을 끌고 임금에게 갔다. 임금이 추궁했다.
"네가 '칼, 칼' 하였는데 그 칼을 내게 보여라."
가난한 사람은 왕자와 만난 전후 사정을 얘기하고는 그 칼이 자신에게 없다고 말했다. 그러자 왕은 네가 본 칼의 모양이 어떠냐고 물었다.
"대왕이시여, 제가 본 칼은 양의 뿔과 같았습니다."
왕이 듣고는 웃으며 말했다.

"너는 두려워하지 말고 지금 가고 싶은 대로 가라. 나의 창고에는 그런 칼이 없는데, 하물며 왕자에게 그런 칼이 있겠느냐?"

이 말을 하고 왕은 오래지 않아 죽었다. 그 뒤를 이어 다른 아들들이 번갈아 왕위를 이었는데 신하들 사이에서 훌륭한 칼에 대한 소문이 분분했다. 그때마다 왕들은 자신의 창고를 뒤져 보았지만 그런 칼은 찾지 못했다.

시간이 흘러 먼 나라로 떠났던 왕자가 돌아와 왕위를 이었다. 여전히 칼에 대한 소문이 있어서 왕은 신하들에게 물었다.
"그대들은 그 칼을 보았느냐? 어떤 모양이더냐?"고 물으니 신하마다 대답이 달랐다.
"빛이 깨끗한 우담바라 꽃과 같습니다."
"양의 뿔과 같습니다."
"빛이 붉어서 불덩어리 같았습니다."
"검은 뱀과 같았습니다."
이 말을 듣고 있던 왕은 크게 웃으며 이렇게 말했다.
"그대들은 모두 내 칼의 참 모양을 보지 못했다."

이와 같이 중생들이 나의 모양을 알지 못하는 것은 마치 신하들이 칼의 모양을 모르는 것과 같다. 보살이 이렇게 나를 말하는 것을 범부들이 알지 못하고 가지각색으로 분별을 내어 나라는 모양을 짐작하여 보는 것은 마치 칼의 모양이 양의 뿔과 같다고 대답하는 것과 같다. 이렇게 범부들이 차례차례로 계속하여 잘못된 소견을 일으키므로 그런 소견을 끊어 버리기 위하여 여래가 일부러 '내가 없다'고 말하였으니 마치 왕자가 신하들에게 말하기를 "나의 창고에는 그런 칼이 없다."한 것과 같다.'

_열반경

법에 대한 말이 모두 이와 같습니다. 왕자가 훌륭한 모양의 칼을 보이고 다른 나라로 떠난 뒤 남은 사람들이 칼이 양의 뿔과 같다, 우담바라 꽃과 같다, 불덩어리 같다, 뱀과 같다고 하는 것은 모두 필요에 의해서 한 임시방편의 말을 진실로 여겨 법이 그러하다고 착각하는 것입니다. 그러나 참으로 그런 모양 아닌 것이 참 모양입니다.

참된 보배는 텅 빈 허공과 같은 왕의 창고입니다. 이 창고에는 모든 것을 집어넣을 수도 있고, 내놓을 수도 있습니다. 참된 본성도 이와 같아서 모든 것을 내보이고 거두어들일 수 있지만, 정작 이 자체는 텅 빈 것입니다. 나를 비롯한 세상의 모든 것을 드러낼 수 있고, 여기에서 모든 것이 사라질 수 있습니다. 모든 것이 하나같이 텅 빈 마음의 일이니 일어나도 일어난 것이 아니고 사라져도 사라진 것이 아닙니다.

모두에게 이 허공과 같은 성품이 갖추어져 있습니다. 모든 것이 왕의 창고와 같은 본성으로 드러나고 있습니다. 여기에서 하늘이 드

298

러나고, 땅이 펼쳐지며, 숨도 쉬고, 일을 하고, 걱정하고, 좋아하고, 도를 찾고, 체험을 기다리고, 법이 있다 없다, 내가 있다 없다, 있는 것도 아니고 없는 것도 아니다, 하고 있습니다. 이 모든 일이 행해지고 있는 당면한 자리, 바로 지금 여러분 각자의 자리인 이 성품뿐입니다.

드러나는 현상에 사로잡히지 않는다면 그것 그대로가 텅 빈 허공과 같은 성품임을 자각하게 됩니다. 안팎으로 현상을 따라 이리저리 찾고 헤매던 마음을 쉬고 보면 진실로 아무 일이 없습니다. 아무 일이 없는 가운데 온갖 일이 인연 따라 펼쳐지고 있습니다. 이것은 이해와 상상으로 그려 낸 이상세계가 아니라 바로 지금 스스로가 발딛고 선 세계입니다. 세상의 참모습을 직접 깨달아 법에 대해 이러쿵저러쿵하는 마음의 소음에서 벗어날 일입니다.

11. 지혜의 칼

세존이 영산회상에서 설법할 때 오백 비구가 있었습니다. 모두 사선정과 오신통을 갖추었지만 아직 깨달음을 얻지 못했습니다. 이들은 각자가 숙명통으로 과거생에 부모를 죽이는 등 무거운 죄를 지었음을 보고는 의심을 품고 법을 깨달을 수 없었습니다.

이때 대중의 의심을 본 문수가 손에 날카로운 칼을 쥐고 여래를 몰아붙였습니다. 이에 세존이 문수에게 말했습니다.
"멈추어라. 멈추어라. 역죄를 지어서는 안 된다. 나에게 해를 끼쳐서는 안 된다. 내가 반드시 해를 입는다면, 착하기 때문이다. 문수사리여! 그대는 본래부터 나와 남이 없었는데 단지 속마음으로 나와 남을 보는구나. 속마음이 일어날 때는 나는 반드시 해를 입을 것이다. 이것을 일러 해를 끼친다고 한다."

이에 오백 비구는 스스로 본래마음은 꿈과 같고 환상과 같으며, 꿈과 환상 속에는 나와 남이 없고, 나아가 부모도 자식도 없음을 깨달았습니다. 오백 비구는 하나같이 문수를 찬탄하는 게송을 읊었습니다.

300

"문수 큰 지혜를 가진 보살이여!

법의 밑바닥까지 깊이 통달하셨구나.

스스로 손에 날카로운 칼을 쥐고서

여래의 몸을 위협하였네.

칼과 마찬가지로 부처님 역시 그러하셔서

하나의 모습일 뿐 둘이 없다네.

모습도 없고 생겨남도 없으니

이 속에서 어떻게 죽겠는가?"

_오등회원

오백 명의 비구란 오온 즉 우리들의 몸, 감정, 생각, 의지, 분별의식을 말합니다. 우리가 알고 있는 '나'라는 존재는 독립적으로 존재하는 개체가 아니라, 몸과 생각과 감정과 의지와 분별의식이 어우러진 지금 이 순간의 인연일 뿐입니다. 그런데 우리는 이 인연을 나라고 고정시킵니다. 나뿐만 아니라 경험되는 모든 것이 지금 이렇게 일어나는 상대적인 인연일 뿐인데, 각각이 따로 존재한다고 고정시켜 버립니다. 이것이 세상의 참모습에 어두운 인간의 정신세계입니다. 그런데 깨달음이란 이런 고정된 실체가 객관적으로 존재하지 않는다는 사실에 통하는 것입니다.

지금 이렇게 여러 가지 것들로 드러나지만 실제는 아무것도 실체가 없습니다. 이야기 속 문수는 이것을 몸소 깨우쳐 주려고 연극을 펼친 것입니다. 이 육체를 중심으로 한 '나'라는 개인이 따로 존재한다고 여기기 시작하면, 나의 출생이 있고, 나를 낳은 부모가 있고, 나를 낳은 부모가 태어난 일, 나를 낳은 부모가 태어난 시간, 그 부모가 죽은 일, 그 부모를 죽인 일이 있을 뿐만 아니라, 나를 고정된 실체로 인식하고, 나의 일, 나의 성취, 이것으로 인해 빚어진 불만족, 갈등과 번뇌, 깨달음의 세계 등등 끝없이 분화되는 인연 속에서 길을 잃고 고통에 빠집니다.

문수는 오백 비구가 이런 망상에 빠져 있는 것을 보고 이들이 분별하여 우러르는 부처를 베려는 연극을 합니다. 칼을 들어 분별망상 속에서 상을 지어 높이 우러르는 부처를 베려고 합니다. 문수의 행동은 얼핏 보면 오백 비구가 보인 행위와 다르지 않습니다. 여래라는 대상이 있고 그것을 칼로 부수려는 분별입니다. 이때 세존이 문수에게 멈추라고 합니다. 본래 아무런 분별이 없는 착한 마음인데 여래라는 상을 세우고 그것을 추구하는 것이나 그것을 상대로 부수려는 것도 본래마음을 해치는 것이기 때문입니다.

지혜의 칼은 분별망상에서 깨어나는 것을 비유적으로 표현한 것입니다. 스스로가 마음 하나뿐임을 깨달아 나라는 존재이든, 부모이든, 깨달음이든, 열반이든, 여래이든 모든 것이 있는 그대로 공임을 아는 무분별의 지혜입니다. 스스로가 진실로 마음 하나뿐임에 통한다면 여래도 따로 없지만 문수나 문수의 칼, 분별망상이라는 것도 따로 있지 않다는 것을 분명히 볼 것입니다.

선지식들이 분별망상에서 깨어나게 하기 위해, '없다 없다' 하고, '놓아 버려라 놓아 버려라' 하지만, 이것은 모두 문수가 오백 비구를 위해 자비로운 마음에 분별을 일으켜 칼을 든 것과 같습니다. 있다고 여기는 사람에게는 있다는 생각을 부수려고 없다고 하는 것이고, 쥐고 있는 이에게 쥘 만한 게 없기 때문에 놓으라고 하는 것입니다. '아무것도 없다'는 관념, '놓아 버려야만 한다'는 고정관념을 심어 주기 위한 것이 아닙니다. 그 어느 것도 사로잡힐 만한 것이 없습니다. 어느 것에도 머물 만한 것이 실재하지 않습니다. 이것을 깨닫는다면 놓아 버려야 할 일도 본래 없었음을 잘 알 것입니다.

우리가 진실로 깨달아야 할 것은 문수의 칼이라는 지혜의 보검을 간직하는 것이 아닙니다. 오백 비구가 그랬던 것처럼 모든 것이 착한 본래마음이 표현된 분별상임을 보아, 나, 부모, 과거, 여래, 칼이라는 것에서 깨어나는 것입니다. 그러고 보면 문수가 보인 자비로운 쇼도 환히 볼 수 있을 것입니다. 뿐만 아니라, 지금 이 모든 쇼가 여러분에게서 일어나고 있다는 사실도 밝게 볼 것입니다.

12. 무착의 주걱 맛

옛날 중국 오대산 중턱에 무착문희(無着文喜)라는 승려가 살았습니다. 무착은 문수보살을 직접 만나 뵙기를 바라며 계율과 교학을 배우고 있었습니다. 하루는 아랫마을에 내려가 탁발을 하고 돌아오는 길이었습니다. 무착 앞으로 소를 끌고 가는 노인이 있었습니다. 그 뒷모습이 범상치 않아 노인을 따라 그가 기거하는 절로 들어갔습니다. 마침 노인께 인사하고 차를 대접받았습니다.

"자네는 무엇하러 오대산에 왔는가?"
"저는 문수보살을 친견하여 그 가피(加被)를 얻고자 해서 찾아왔습니다."
"자네가 과연 문수보살을 만날 수 있을까? 자네가 살던 절에는 대중이 얼마나 되고 어떻게 살아가는가?"
"삼백여 명의 대중이 경전(經典)도 읽고 계율을 익히면서 생활하고 있습니다. 이곳은 어떠한지요?"
"전삼삼 후삼삼이요, 용과 뱀이 뒤섞여 있고 범부와 성인이 함께 산다네(前三三 後三三 龍蛇混雜 凡聖同居)."
알아듣지 못한 무착은 날도 어둡고 해서 하룻밤 신세를 지려고 했

304

습니다. 그러나 노인은 애착이 남아 있는 사람은 이 절에서 살 수
없다며 시동을 불러 배웅해 드리라고 했습니다. 마침 절을 나서는
데 무착은 조금 전에 노인이 한 말을 시동에게 물었습니다. 그러자
시동이 큰 소리로 불렀습니다.

"무착아!"

그 소리에 엉겁결에 대답하였습니다.

"예!"

"그 수효가 얼마나 되는가?"

동자가 다그쳐 물었습니다.

무착은 또다시 말문이 막혀 동자를 보고 말하였습니다.

"이 절의 이름이 무엇이냐?"

"반야사라고 한다네."

동자가 말하며 가리키는 곳을 보니, 웅장하던 절은 어느새 간 곳이
없었습니다. 깜짝 놀라 돌아보니 동자도 사라져 아무것도 보이지
않았습니다.

무착은 이 일을 계기로 크게 분발하여 앙산혜적 선사의 회상에서
큰 자유를 얻었습니다. 어느 해 겨울이었습니다. 무착이 동짓날이
되어 팥죽을 쑤고 있는데, 김이 모락모락 나는 죽 속에서 문수보살
의 거룩한 모습이 나타났습니다. 문수보살이 옛날 오대산에서 있었
던 일을 상기시키면서 먼저 인사말을 건넸습니다.

문수보살이 말했습니다.

"무착은 그동안 무고한가?"

그러자 무착이 갑자기 팥죽을 젓던 주걱을 들어 문수보살의 얼굴을 사정없이 후려쳤습니다. 문수보살은 깜짝 놀라서 말했습니다.

"이보게, 무착. 내가 바로 자네가 그리도 만나고 싶어 하던 문수라네, 문수!"

무착이 이 말을 받아서 대꾸하였습니다.

"문수는 문수고, 무착은 무착이다. 문수가 아니라 석가나 미륵이 나타날지라도 내 주걱 맛을 보여 주겠다."

문수보살이 말했습니다.

"쓴 오이는 뿌리까지 쓰고 단 참외는 꼭지까지 달도다. 내 삼대겁(三大劫)을 수행해 오는 동안에 오늘 처음 괄시를 받아 보는구나."

문수보살은 이 말을 남기고 슬그머니 사라졌습니다.

_벽암록, 전등록

대다수 마음공부를 하는 사람들은 자기를 놔두고 문수를 찾습니다. 자기를 놔두고 깨달음을 구하는 것입니다. 진정한 문수가 누구인지 놓치고 있습니다. 노인이 소를 끌고 절로 들어간다고 했는데, 소란 바로 우리 모두가 갖추고 있는 깨달음의 성품입니다. 사실 모두가 이 소 한 마리를 타고 있는데, 무착문희가 그랬듯이 참 자신을 못 보고 남의 소에만 관심이 있습니다.

노인이 무착에게 사는 곳이 어떠한지 물은 것은 그대가 영원히 떠나지 못하는 마음의 고향을 물은 것입니다. 우리 모두는 한 개의 절에서 생활하고 있는데, 여기는 앞뒤 없이 평등합니다. 앞과 뒤, 안과 밖이 하나인 마음 절입니다. 용과 뱀이 뒤엉키고 성인과 범부가 함께한다는 것은 불이법의 실상을 비유적으로 표현한 것입니다. 모든 것이 앞뒤 없이 하나로 평등하지만 세속을 떠난 것도 아니고 출세간 에만 의지한 것도 아닙니다.

용과 성인이 현상세계를 떠난 출세간의 세계라면 뱀과 범부는 현 상세계, 즉 차별세계를 말합니다. 여기는 세속과 출세속이 둘이 아 닌 세계이고, 성인과 범부가 한 몸인 세계입니다. 모든 것이 온갖 차 별상으로 드러나지만 이것이 앞뒤, 안팎 없이 하나로 평등한 세계 입니다. 이것이 바로 우리가 지금 당장 살아가는 세계입니다. 그런 데 우리는 용과 뱀을 따로 보고, 중생을 버리고 부처가 되려고 안간 힘을 씁니다. 그러나 그 시작부터 잘못되었음을 깨닫는 것이 참다운 마음공부입니다. 모든 것이 자기 마음에서 그림자처럼 나고 사라질 뿐입니다. 이것을 투철히 깨칠 뿐입니다.

크게 발심하여 실상을 깨달은 무착 앞에 문수보살이 나타나지만, 이미 스스로가 둘 없는 하나의 세계임을 깨달았기에, 나타났다가 사 라지는 문수는 진정한 문수가 아니라는 것을 보았습니다. 그동안 밖 을 향해 문수보살을 보려고 했던 이 마음, 바로 자신 스스로가 참된 문수였습니다. 이것은 지킬 것도 구할 것도 없는 세계, 진정한 무집 착(無着)의 세계입니다. 처음에 노인이 머물던 반야사라는 절에서 무 착이 하룻밤 머물고 싶었지만, 노인은 집착이 있는 사람은 살 수 없다고 말했습니다. 반야사란 집착할 대상도 집착할 자도 따로 없는 무분별의 세계입니다. 우리 각자 스스로의 본성이 바로 이 반야사입니다. 그런데 무착은 이름만 무착이었지 마음속에 문수를 따로 친견하기를 바라는 집착이 강하게 있었기에 여기에 머물 수 없었습니다.

나중에 무착의 주격 맛을 보고 모습을 감추면서 문수가 한 말은 우리가 빠지기 쉬운 그릇된 집착을 적나라하게 보여 주고 있습니다. 문수는 삼대겁 동안, 즉 과거 · 현재 · 미래의 헤아릴 수 없는 시간 동안 한 번도 괄시 받아 본 적이 없었다고 했습니다. '무수한 세월 나를 좋아하지 않는 사람이 없었다.'는 것은 자기를 뇌두고 허깨비와 같은 문수를 찾는 사람이 태반이라는 뜻입니다. 많은 공부인들이 자기를 뇌두고 밖으로 깨달음을 탐하고 있다는 것을 일깨우고 있습니다. 이 때문에 진정 깨닫지 못하는 것입니다. 자기를 뇌두고 문수라는 그림자, 깨달음의 허깨비를 쫓고 있습니다. 각자 스스로가 문수요, 나를 떠나 밖으로 문수를 찾으려는 이 마음이 바로 참된 문수입니다. 이것을 깨닫는 것이 참 문수를 친견하는 것입니다.

온 우주가 자기에게서 드러나고 사라지는 것을 모르고 자신이 투영한 허깨비와 같은 세계를 향해 깨달음을 추구하는 사람들이 많습니다. 바로 지금 자신의 참된 본성은 돌아보지 않고, 자기를 떠나 더 나은 공부, 더 만족스러운 깨달음을 구합니다. 그러나 구하고 있는 그 마음 바탕이 진정 우리가 찾고자 하는 마음입니다. 한 생각 일어날 때 그 생각의 당처를 깨닫는다면 찾을 것이 아무것도 없었다는 사실에 실소할 것입니다.

 '쓴 오이는 뿌리까지 쓰고, 단 참외는 꼭지까지 달다.'라는 말은 모든 것이 한 덩어리라는 것을 가리키는 비유입니다. 공부가 불만족스럽고 분명하지 않은 것은 모든 것이 예외 없이 한 개의 자기 마음뿐임을 분명하게 깨닫지 못했기 때문입니다. 쓰다면 전체가 쓴 것이고, 달다면 전체가 단 것입니다. 비교 상대가 없이 쓰고 비교 상대가 없이 달다면, 쓴 것도 없고 단 것도 없습니다. 이것을 스스로 체득하여 스스로 분명해진다면, 저절로 집착하는 마음이 사라집니다. 그 어느 것도 다른 것이 없기 때문입니다. 그러기 전에는 아무리 많은 말을 듣고 이해해 봐야 문수의 그림자를 쫓는 일밖에 되지 않습니다. 그런 문수는 남은 물론 자기도 구원하지 못합니다. 오직 스스로의 문수를 친견하고, 이것이 전부임을 깨달아야 모든 삶의 문제에서 벗어날 수 있습니다.

13. 뱃사공

황벽희운 선사는 당나라 때 백장회해 선사의 법을 이은 스님입니다. 그가 전국 곳곳을 돌아다니며 수행하던 시절의 얘기입니다. 천태산(天台山)을 여행하다가 한 승려를 만났습니다. 그를 보니 마치 예전에 알고 있었던 사람 같았습니다. 함께 다니기로 했는데 가는 길에 큰 개울을 만났습니다. 마침 비가 많이 내려 물이 불어 있었습니다. 마땅히 물을 건널 만한 방법을 찾지 못하여 황벽 선사는 지팡이에 기대어 서 있었습니다. 그러자 동행했던 승려가 황벽 선사를 건네주려고 했습니다.

황벽 선사는 도움을 사양하며 말했습니다.
"스님이 먼저 건너가시지요."
그 승려는 쓰고 있던 삿갓을 물 위에 띄웁니다. 그러고는 곧장 삿갓을 타고 옷깃에 물 한 방울 묻히지 않은 채 건너갔습니다. 이 장면을 본 황벽 선사가 한탄했습니다.
"내가 일개 뱃사공과 일행이 되었다니, 한 방망이 죽도록 때리지 못한 것이 후회된다."

_황벽어록

이 일화를 보면서 우리는 곧잘 이렇게 받아들입니다.

'황벽 스님은 일찍부터 행각을 하며 마음공부를 하였다. 그러다가 한 승려를 만났다. 처음 그를 봤을 때 어디선가 많이 본 듯한 사람이었다. 그를 만나 길을 가는데 물이 불어 강을 건널 수 없는 곳에 이르렀다. 그러자 동행하던 승려가 갓을 물 위에 띄우고는 그 갓을 타고 강을 건넜다. 옷에 물 한 방울 튕기지 않고 순식간에 강을 건너는 것을 보고 황벽 스님이 한탄한다.

"내가 그동안 동행한 사람이 근본을 깨닫는 공부를 하는 사람인 줄 알았더니 그게 아니라 신통한 능력을 닦는 외도였구나."

이 글을 읽으면서 그 내용을 이미지로 그리고, 의미를 만들어 받아들입니다. 어떤 생각의 거리가 주어지면 자동으로 자신이 가지고 있는 정보와 분별 능력을 동원하여 그림을 그리고 그 그려진 그림을 토대로 문맥을 이해합니다. 이해한 내용을 가지고 정리하여 '이 말씀은 이런 내용을 담고 있구나. 마음공부란 신통한 경계를 닦는 공부가 아니구나.' 하고 의미를 만들어 믿어 버립니다.

이것이 마음공부에 가장 큰 장애입니다. 인연 따라 일어난 특정한 상에 사로잡히는 것입니다. 이것이 황벽 스님이 개탄한 내용입니다. 이것이 바로 물 위를 물 한 방울 튀기지 않고 건너는 공부를 하는 것과 다름없는 외도의 공부입니다. 진실로 황벽 스님이 말하고자 하는 것은 '물 위를 걷는 능력을 얻는 것이 깨달음 공부가 아니라는 답'을 제시하는 게 아닙니다. 물론 특정한 능력, 비일상적인 능력을 얻는 것이 공부는 아닙니다. 그러나 그러한 능력을 얻는 것이 공부가 아니라는 견해를 믿는 것도 참된 공부가 아닙니다.

진실로 우리가 깨달아야 할 것은 물 위를 걷는 능력이든, 생각을 잘하여 이해를 밀도 있게 하는 능력이든, 생각을 잘하지 못하여 무슨 말인지 모르겠다고 하는 것이든, 이 모든 것이 바로 지금 이렇게 일어나고 있다는 사실입니다.

황벽 스님은 당나라 그 시절 그 사람이 아닙니다. 우리가 바로 지금 그를 당나라 사람이라고 생각하고 인정하고 믿어야 당나라 사람이 되는 것입니다. 지금 이 순간에는 황벽 스님도 없고, 그가 그 시절 행각하며 신통한 능력을 지닌 동료를 만난 적도 없고, 물이 불어난 강을 건너려 한 일도 없습니다. 지금 이 순간 우리가 그렇게 생각하고, 그 시절의 황벽 스님 행적을 믿어 버리고 투사하고 있을 뿐입니다.

우리 앞에 펼쳐진 모든 일은 이렇게 펼쳐집니다. 우리는 어떤 객관적인 일을 경험하고 있는 것이 아니라, 지금 꿈결처럼 일어난 생각과 분별의식으로 그 모든 것을 그려 내고 있습니다. 우리 앞에 펼쳐진 세계는 밖에 객관적으로 존재하는 세계가 아니라, 우리 자신에게서 나온 세계입니다. 바로 지금 이 순간 모든 창조가 이루어지고 있습니다.

모든 현상은 이렇게 드러납니다. 바로 지금 눈앞에 펼쳐져 있는 사물이든 빛깔이든 생각이든 이미지이든 감정이든 바로 지금 이렇게 드러나고 사라지는 것입니다. 시간과 공간을 비롯한 그 안팎으로 펼쳐지는 모든 내용물들이 바로 지금 이 텅 빈 허공과 같은 마음에서 드러나고 있는 것입니다.

물 위를 걷는 능력도 바로 지금 이렇게 드러나고 있습니다. 모든 것이 일어났다 하면 바로 지금 이 순간 이렇게 일어나고 사라지고 있습니다. 과거가 과거에 있지 아니하고, 미래가 미래에 있지 아니하며, 현재가 현재에 있지 아니합니다. 바로 지금 온갖 것이 이렇게 일어나고 사라지고 있을 뿐입니다.

이 사실은 엄청난 변혁을 예고합니다. 과거가 실체가 없고 미래가 실체가 없으며 현재도 마찬가지라는 것입니다. 시간이 실체가 없으면 모든 것이 실체가 없는 것입니다. 모든 것은 시간 속에서 나고 사라지는 것이니 존재의 근거가 사라지는 것입니다. 공간도 마찬가지입니다. 시간 속 공간이고, 공간 속의 시간입니다.

우리는 시간과 공간 속에 내가 있고 내가 생각한다고 여기지만, 그렇지 않습니다. 한 생각이 드러남으로써 시간과 공간이 되는 것입니다. 내가 존재한다는 것도 마찬가지입니다. 내가 존재한다는 무의식적 관념이 발동하여 내가 존재하는 것처럼 여겨지는 것입니다. 모든 분별하여 말할 수 있는 것의 정체가 그렇습니다. '이것이다, 저것이다' 할 수 있는 모든 것은 상념의 결과물이고, 이미지의 투영이고, 감각과 의식의 뒤엉킴으로 실체가 없습니다.

다행스러운 것은 그 모든 일이 바로 지금 이렇게 나고 사라지고 있다는 사실입니다. 진리가 되었든 깨달음이 되었든 바로 지금 이렇게 나고 사라지고 있다는 것입니다. 모든 것의 내용물은 실체가 없지만 이 끊임없는 작용은 멈추어 있지 않습니다.

'무엇이다'라고 말하면 그것은 실체가 없지만, '무엇이다'라고 말하고 생각하는 데 아무런 제약도 제한도 없습니다. 모든 것이 어떠한 방해도 없이 자유롭게 생멸변화 하는 듯 드러나지만, 그것들은 실체가 없어서 생멸변화 한다고도 말할 수 없습니다. 다만 이 항상한 깨어 있음, 빈틈없는 성품은 변함없습니다.

5장

본성을 깨우는 두드림,
똑똑똑!

1. 뿌리로 돌아가라

마음공부란 근원에 대한 관심이고 근원에 대한 깨달음입니다.
근원은 모든 것의 본바탕이어서
그 어느 것도 예외가 될 수 없는 것입니다.

나의 근원입니다.
너의 근원입니다.
눈앞의 사물의 근원입니다.
손가락 움직임의 근원이고, 전등 불빛의 근원입니다.
바람의 근원이고, 바위의 근원이며, 땅과 풀의 근원입니다.
하늘의 근원이고, 산하대지 사방팔방 모든 것의 근원입니다.

모든 드러나는 것은 나를 떠나 존재하지 않습니다.
모든 사물은 나의 의식, 감각, 감정을 떠나 일어날 수 없습니다.
깨달음이라는 것조차 나의 한 생각을 떠나 있을 수 없습니다.
나의 의식세계를 떠난 세상, 나의 감각의 인연을 떠난
사물과 빛깔과 소리는 있을 수 없습니다.

이것을 깨닫지 못하면 근원을 관념 속에서 찾을 것이고,
감각이나 감정 상태 속에서 그림 그릴 것입니다.

그러나 그 모든 형상화되는 것들이
바로 지금 당장 누구나 직면한 이 자리에서 일어난
관념과 감각과 기억과 지식과 경험의 조합임을 돌아볼 수 있다면,
모든 것의 구속에서 자유로워질 기회가 열린 것입니다.

생각이 시도 때도 없이 일어나 생각으로 끌려가고,
감정에 시달리고, 감각적인 현상에 떨어질 수도 있습니다.

그러나 그렇더라도 이게 고정된 실체가 아님을 잘 안다면,
그게 오래 지속되지도, 강하게 자신을 구속하지도 않을 것입니다.
여기에는 구속받을 나도 따로 없고,
구속의 대상도 따로 없습니다.

매 순간 당장 만물이 나고 사라지고 있는 여기.
바로 여기가 근원입니다.

2. 따라가지도 않고 등지지도 않을 때

하얀 바탕에 글자들이 드러납니다.
글자를 따라 손가락도 움직입니다.

이 순간 하얀 바탕과 글자와 손가락을 따라가지도 않고
다른 생각 속으로 들어가지도 않을 때, 어떻습니까?
이 글을 읽으면서 의미 속으로, 이미지 속으로 들어가지도 않고
제거하려는 생각에도 빠지지 않는다면, 어떻습니까?

가득 들어오지만 아무것도 없습니다.
있지만 아무런 질량감이나 존재감을 느끼지 못합니다.
그러나 죽어 있지는 않습니다.

인연 따라 온갖 것이 나타나고 사라지지만
성성한 깨어 있음이 있습니다.
텅 빈 살아 있음이 체감됩니다.

어떠한 현상이 나타나도 이것은 변함없습니다.

어떠한 생각이 일어나도 이 성품은 한결같습니다.
온갖 현상 속에서도 현상에 물들지 않습니다.
명멸하는 현상 그대로가 바로 이 하나의 일입니다.

그냥 보고 그냥 느끼고 그냥 생각할 뿐입니다.
모든 것이 멈추어 있지 않고 약동하지만,
그것 그대로 다르지 않을 뿐입니다.

이것을 잡으려고도 하지 않고 알려고도 하지 않습니다.
그냥 모든 마음의 애씀을 내려놓을 뿐입니다.
여기에서 마음을 일으켜 어떻게 하려는 의도가 쉬어질 뿐입니다.

진실은 늘 우리 앞에 몽땅 드러나 있지만,
우리 스스로 욕망과 조작에 사로잡혀 진실을 등지고 있습니다.

지금 당장 온갖 일이 실재하는 것이 아닙니다.
있는 그대로인 채 아무 일 없음이 삶의 본모습입니다.

3. 원래 하나의 텅 빔

모든 것이 지금 이 마음입니다.
지금 이 순간 경험하는 모든 것, 과거의 일들,
앞으로 펼쳐질 일들이 언제나 바로 지금 이 순간의 텅 빔입니다.

세상사의 좋고 나쁜 일, 아프고 괴로운 일, 행복하고 즐거운 일이
바로 지금 이 순간 이렇게 드러납니다.
삶의 모든 면면들, 과거의 추억, 아픈 상처, 지금의 불만족,
앞으로의 희망이 바로 지금 이 순간 이것의 표현입니다.

항상한 것은 이것밖에 없습니다.
나머지는 모두 허망하고 임시적이고 실체가 없는 것입니다.
과거의 삶, 현재의 삶, 앞으로 펼쳐질 모든 일들이
바로 지금 이것의 춤입니다.

이것은 무엇이 아닙니다.
내가 알 수도 없고, 이해할 수도 없고, 모를 수도 없고,
잡을 수도 없고, 버릴 수도 없습니다.

그러나 알고 이해하고 잡고 버리려는 마음을 내려놓으면
당장 이렇게 변함없을 뿐입니다.
이것을 알고 모르겠다는 나조차
이것으로써 존재하는 것처럼 보이는 것입니다.

생각으로 가 닿을 수 없고 느낌으로 알 수 없지만,
온갖 생각과 느낌 속에서 이 일이 분명합니다.
세상만사 모든 일이 있는 것과 없는 것 사이를 왔다 갔다 하지만,
이것은 있을 때도 움직이지 않고, 없을 때도 사라지지 않습니다.

있고 없는 생각에 사로잡히면 이 일을 체험할 수 없지만,
있고 없다는 생각에 무심하면 이것은 그냥 있습니다.
그러니 끝내는 있다는 말조차 하지 못합니다.

어떤 말로 정의하려 하지 않습니다.
이것을 취하려고도 하지 않고, 얻으려는 마음도 내지 않습니다.
이것은 나의 의지에 영향을 받거나,
나의 소유가 될 수 없기 때문입니다.
이것에 대한 절대적인 내맡김을 통해
나의 존재조차 사라져 버릴 뿐입니다.

내가 없는 세상은 풍성하고,
내가 애쓰지 않는 세상은 안락하며,

내 것을 집착하지 않는 세상은 가볍습니다.
바로 지금 이 순간 모든 분별 조작과
그것에 따르는 집착을 내려놓을 수 있다면
바로 지금 이것을 당장 체감할 수 있습니다.

바로 지금 이 순간 한 생각에 사로잡히지 않을 때, 어떻습니까?

4. 저절로 깨어 있음

어떤 문제가 있다면, 그 문제가 문제가 되기 이전에
그 문제를 문제로 보는 내가 있는 것입니다.
어떤 문제가 없다면, 그 문제가 없기 이전에
그 문제를 없다고 보는 내가 있는 것입니다.

깨달음이 있다면, 깨달음이 있다고 여기는 내가 있는 것입니다.
깨달음이 없다면, 깨달음이 없다고 여기는 내가 있는 것입니다.

분별의 세계는 상대성의 세계입니다.
일이 있고 없음을 인정한다면, 그 일이 있고 없음을 인정하는
내가 도사리고 있는 것입니다.

그러니 말할 수 있고, 생각할 수 있고, 느낄 수 있고, 알 수 있는
모든 것들은 그것을 그것으로 보는 주관이 늘 함께 합니다.
주관과 객관은 모두 텅 빈 마음에서 인연 따라
일어나는 인연들입니다.

주관과 객관, 나와 나 아닌 상대들이 모두 텅 빈 본성의 춤입니다.
이 사실을 스스로 체득한다면, 모든 문제들과 문제 아닌 것들이
텅 빈 하나의 물결이라는 것에 밝을 것입니다.

인연의 물결은 끝이 없습니다.
환상과 같은 춤은 끝이 없을 것입니다.

그러나 온갖 춤사위, 온갖 파도가 그것 그대로 하나의 일이어서
아무 일이 없는 것입니다.
바로 지금 이 순간이 그렇습니다.

본성은 우리가 찾아야 할 것이 아닙니다.
이미 임재함을 깨닫고 여기에서 모든 갈망과 추구를 쉴 일입니다.
아무리 지키고, 얻고, 닦더라도 늘 한 가지 일이라는 사실을
깨달으면 저절로 모든 추구가 사라질 것입니다.
아무리 좋고 나쁜 인연들이 펼쳐지더라도 다른 일이 아니므로
이 인연들을 조작하려는 마음이 사라질 것입니다.
모든 것을 기준 없는 시선으로 바라볼 것입니다.

바로 지금 이 순간 완전합니다.
이 순간의 경험이 가장 완전한 경험입니다.
완전한 경험을 다른 날로 미룰 필요가 없습니다.
여기에는 시간도 공간도 없지만,

또한 모든 시간과 공간이 바로 이 하나입니다.

나의 깨어 있음이 아니라 저절로 깨어 있음,
나의 밝음이 아니라 저절로 밝음이 온 세상에 두루합니다.
이 하나의 진실이 항상할 뿐입니다.

5. 그대, 무엇을 보는가?

발밑을 보십시오.
어떤 것을 경험하든 자유이지만, 그 모든 경험 가운데
바로 지금 여기 텅 빈 발밑을 떠나 있지 않다는 것을 보십시오.

발밑을 모르는 자, 온갖 경험을 하지만
발밑을 아는 자, 온갖 경험 가운데서 아무런 일이 없습니다.

발밑을 모른다면 모든 경험이 헛되지만,
발밑을 안다면 모든 경험이 참됩니다.

그대, 발밑을 보십시오.
우리는 언제나 여기를 떠날 수 없습니다.
나는 내가 아니라 바로 이것이기 때문입니다.

모든 생각의 근원을 비추어 보십시오.
모든 감정의 근원을 비추어 보십시오.
모든 행위의 근원을 보십시오.

모든 의지의 근원을 보십시오.
모든 경험의 근원을 보십시오.

모든 것의 근원은 다르지 않습니다.
이 모든 것은 항상 텅 빈 하나이기 때문입니다.

그대, 어디에 서 있습니까?
그대, 무엇을 보고 있습니까?

6. 나를 흔들 사람, 바로 나

지금 흔들리고 있다면 오직 나 때문입니다.
지금 행복하다면 그 누가 준 행복이 아니라
바로 나로 인한 행복입니다.

지금 하늘이 파란가요?
내가 그렇습니다.

지금 매미가 우는가요?
나의 울음입니다.

지금 몹시도 더워 차가운 물을 찾는가요?
오직 나로부터 비롯된 것이고, 지금 아프다면 그 역시 나입니다.

어느 누구도 우리를 강요하지 않으며,
어느 누구도 우리의 모든 것을 우리 밖으로 끌어낼 수 없습니다.

생각은 모두 나의 생각.

감정은 모두 나의 것.
사물 또한 나를 통해 사물이 됩니다.

모든 것이 나의 일이라는 사실은 우리를 자유롭게 합니다.
밖에서 불어오는 바람이 한 점도 없으니 얼마나 자유로운가요?

다만 내게서 비롯된 영상에 속지 않을 뿐입니다.
모든 것이 나의 일이라면,
드러나는 일 그대로 있는 것이 아니니
사로잡힐 이유가 없기 때문입니다.

7. 어디에 있습니까?

오늘은 날씨가 화창합니다.
어디에서 화창합니까?

봄바람 솔솔 불고 여름의 열기가 조금 느껴집니다.
어디에서 불고 있습니까?

여기저기 햇빛을 받은 풀잎들이 시리도록 빛납니다.
어디에서 빛나고 있습니까?

지금 이렇게 내가 날씨를 느끼고 봄바람을 맞이하고
풀잎의 빛깔을 보고 있습니다.

그러나 진정으로 내가 느끼는 것도 아니고,
내가 맞이하는 것도 아니고, 내가 보고 있는 것도 아닙니다.

이것이 느끼고, 이것이 맞이하고, 이것이 보고 있습니다.
이것이 화창함이고, 이것이 봄바람이고,

이것이 시리도록 빛납니다.

모든 것이 바로 지금 여기에서 빛을 발하고 있습니다.
모든 움직임이 여기에서 움직임이 됩니다.
모든 소리가 여기에서 소리가 되며,
모든 느낌이 여기에서 꿈틀댑니다.

온 세상 아무리 뒤져 봐도
뒤지는 이것을 벗어나 뒤질 수 없고,
뒤지는 이것을 떠나 찾아지는 것이 없습니다.

한 걸음 떼기도 전에 이미 있는 것,
한 생각 일어나기도 전에 이미 분명한 것,
누구를 부르기도 전에 이미 불린 것.

무엇입니까?
어디에 있습니까?

물을 때 대답이 분명합니다.

지금 당장 눈앞으로 돌아와 이 세상의 모든 메아리가 울리는
이 텅 빈 마음에서 일이 없을 뿐입니다.
모든 것 잊어버리고 쉬어도 아무 일이 없습니다.

우리를 괴롭히거나 뒤흔들 것은 이 세상에 아무것도 없습니다.

그저 늘 항상한 이것만이 유일하게
믿고 의지할 만한 안식처입니다.
이 텅 빈 살아 있음 외에는 모든 것이 실체가 없으니
어떤 일이 일어나도 일어난 일이 없습니다.

8. 바람이 말을 하나 그런 일이 없고

객관이란 존재하지 않습니다.
저 밖의 사물, 저 밖의 사람, 저 밖의 소리가 모두
자기를 통해 드러나기 때문입니다.
그러니 주관도 존재하지 않습니다.
주관은 객관이 존재할 때 성립할 수 있기 때문입니다.

이 모두가 자기를 통해 드러납니다.
자기라는 것은 주관적인 자기가 아닙니다.
그저 지금 이렇게 나와 별개로 드러나는 게 아니니
자기라고 하지만, 주관적인 자기 이전의 자기입니다.

바로 이 마음입니다.
지금 작용하고 있는 바로 이 마음입니다.
소리가 드러남에 바로 이것이고,
사물이 드러남에 바로 이것입니다.

'이 마음', '이것'이라는 어떤 개념 속의 그것이 아니라,

그것이 불리기 이전에 이미 분명한 일.
온갖 사물이 드러나고, 소리가 드러나고,
생각이 일어날 때 분명한 일.

이것은 따로 있는 성품이 아니라
우리가 어떤 경험을 하든 일체인 것입니다.
드러나는 현상은 수없이 다양하지만
모든 것이 바로 이 하나의 성품입니다.

그러니 바위가 이것이고 하늘이 이것입니다.
사람이 이것이고, 사물이 그 특징 그대로 이것입니다.

이것이 전체입니다.
먼지티끌부터 헤아릴 수 없는 영역의 공간과
시간 속 우주가 전부 이것입니다.
이 마음을 벗어나 드러날 수 없습니다.

모든 것이 이 마음 하나임이 분명하면
'마음'에 대한 헤아림이 사라집니다.
그저 느끼고 체감하지만,
'이것이다' '저것이다' 하는 의식이 없습니다.
모든 것이 생기발랄하고 자유롭습니다.

바위가 살아 있고, 바람이 말을 합니다.
하늘이 살아 있고, 땅이 움직입니다.
그러면서도 하늘은 여전히 무심하고,
땅도 움직인 일이 없습니다.

9. 당장 이 마음

지금 당장 이 일입니다.
배워서 얻는 일이 아닙니다.
이 일로 인해 배우려는 생각이 일어나는 것입니다.

지금 당장 이 일입니다.
닦고 없앨 일이 따로 없습니다.
모든 오염과 마음의 습관이 바로 이 일로 인해
일어나기 때문입니다.

바로 지금 이 일입니다.
모든 것이 바로 지금 이렇게 드러나고 있기 때문입니다.

달리 찾고 구할 일이 없으며,
얻는다면 환상과 같은 것을 얻는 것입니다.

지금 당장 바로 보십시오.
지금 당장 어떠한 상태이든 회피하고 조작하려 하지 말고 바로 보십시오.
이 모든 일이 있는 그대로 이 마음을 떠나 있지 않습니다.

당장 쉬어질 뿐입니다.
당장 찾는 마음을 놓아 버릴 뿐입니다.
당장 헤아림을 내려놓고, 온갖 추구를 쉴 뿐입니다.

다시 마음을 일으켜 무언가를 구하려 한다면
그 마음이 구속이 될 것이고,
당장 모든 것에서 깨어날 수 있다면,
이 마음 그대로 한계 없는 자유입니다.

10. 보는 것이 본성

보는 자가 본성입니다.
듣는 자가 본성입니다.
생각하는 자가 본성입니다.
말하는 자가 본성입니다.
걷는 자가 본성입니다.
느끼는 자가 본성입니다.
맛보는 자가 본성입니다.

보는 일이 본성입니다.
듣는 일이 본성입니다.
생각하는 일이 본성입니다.
말하는 일이 본성입니다.
걷는 일이 본성입니다.
느끼는 일이 본성입니다.
맛보는 일이 본성입니다.

보이는 것이 본성입니다.

들리는 것이 본성입니다.
생각되는 것이 본성입니다.
말해지는 것이 본성입니다.
걸음걸음이 본성입니다.
느낌이 본성입니다.
맛이 본성입니다.

이 세상 모든 것이 본성입니다.

본성 아닌 것이 없으니 본성을 볼 수 없고,
느낄 수 없으며, 알 수 없고, 맛볼 수 없습니다.
보인 어떤 것을 본성으로 안다면 그것은 한계 있는 형상이지만,
볼 때 그것을 본성이라고 생각하지 않는다면
보는 자, 보는 일, 보이는 것이 본성을 벗어나지 않았습니다.

지금 이 순간 본성 아닌 것이 없지만,
스스로가 깨닫지 못한다면 이러한 말들에 갇혀 버립니다.
깨달음이란 말이나 이해로 증명되는 것이 아닙니다.

모든 것이 본성 아닌 것이 없다는 이해가 있다면
이 이해마저 마음에 두지 않아야 합니다.
말이라는 것은 분별된 의식이기 때문입니다.

340

깨달음으로 이끄는 언어는 내비게이션일 뿐입니다.
아무리 훌륭한 내비게이션을 가지고 있더라도
스스로 실현하지 않으면 목적지에 도달할 수 없습니다.

한 번도 떠난 적이 없는 이 일에 대한 자각은
생각의 장막이 걷혔을 때 저절로 분명해집니다.
생각 속으로 질주하고, 감정에 사로잡히며, 사물에 속고,
느낌에 갇히는 방황을 멈추었을 때,
이미 모든 것이 하나의 바탕이었다는 사실을 환기하게 됩니다.

지금 이 순간 바로 보십시오.

11. 지금 이 깨어 있음

본성은 선도 아니고 악도 아니지만,
선도 잘 드러내고 악도 잘 드러냅니다.
본성은 모양이 없고 흔적이 없지만,
온갖 모양과 흔적을 다 드러냅니다.

본성은 한계가 없는 것도 아니고 한계가 있는 것도 아니지만,
한계가 있다는 생각과 한계가 없다는 생각을
장애 없이 드러냅니다.
본성은 드러나는 낱낱의 현상에 묶여 있는 것이 아니지만,
현상계 밖에 따로 존재하는 것도 아닙니다.

지금 이런저런 얘기를 해 보았지만,
그 내용 속에 빠져 본성을 찾으려 한다면 영영 멀어집니다.

이런저런 설명을 하고 있을 때,
변함없이 살아 있는 것은 무엇입니까?

물을 마실 때,
이 깨어 있음은 무엇입니까?

커피를 마실 때, 커피향이 스윽 살아 꿈틀대는
이 자리는 무엇입니까?

이 허공 중에 생생히 깨어서, 크고 작은 소음을
또렷이 드러내는 것은 무엇입니까?

이런저런 생각이 오갈 때
그 생각의 파노라마는 이어졌다 끊어졌다 하지만,
끊임없이 약동하는 이것은 무엇입니까?

지금 이렇게 손가락을 까딱거릴 때,
무엇인지 모르지만 생생한 이것은 무엇입니까?

온 세상이 이 살아 있음 하나로 충만합니다.
온 세상이 이 깨어 있음으로 생동하고 있습니다.
온 세상이 이 빛으로 어둠과 밝음을 몽땅 비추고 있습니다.
온 세상이 있는 그대로 고요하고 고요합니다.

문득 깨달을 일이지, 여기에서 다시 생각을 일으켜
이런저런 이미지에 빠져든다면 어찌할 수 없습니다.

12. 모든 것은 지금 이 마음의 표현

한 생각에 모든 일이 펼쳐집니다.
생각은 우리 마음에서 일어나는 허망한 분별입니다.
모든 것이 마음에서 일어나 저 바깥세계에 펼쳐져 있는 것처럼
드러나지만, 그것은 본래 우리 각자가 평등하게 갖추고 있는
마음에서 일어난 영상입니다.

지금 경험되는 것들이 모두 우리 안의 이야기들입니다.
지금 존재하는 것들이 모두 내 안의 영상들입니다.

내 안이라고 말하지만, 어쩔 수 없어서 한 말입니다.
늘 나를 떠나 있지 않으니 밖에서 찾지 말라는 것입니다.

삶에 대한 어떤 말, 존재의 문제, 깨달음과 어둠, 아픔과 환희,
과거와 미래, 상처와 사랑, 마음에 두는 것들,
마음에 두고 싶지 않은 것들이
모두 한결같은 이 마음의 표현들입니다.

이것들은 때로 안에 있는 것처럼, 밖에 존재하는 것처럼, 과거의
것처럼, 앞으로 일어날 어떤 일처럼 느껴지거나 예상될지라도,
이 모든 것은 그런저런 시간과 공간 속의 객관적 일들이 아니라,
바로 지금 이 마음의 현현입니다.

여기에서 일어난 한 생각에 사로잡히면 이것이 구속이 되고,
여기에서 일어난 환상과 같은 것임을 밝게 보면
그 어떠한 것도 장애가 되지 않습니다.

바로 지금 이 사실에 밝을 뿐,
이리저리 일어나는 생각을 좇거나 거기에 빠져들지 않습니다.
지금 이 순간 우리 존재 자체는 분별되는 그 어느 것도 아닙니다.
하지만 전체가 바로 참된 나 자신입니다.

13. 분리 없는 춤

이 일은 알고 모르는 데 있지 않습니다.
이 일은 문자로 표현하고 표현하지 않는 데에 있지 않습니다.
이 일은 어떤 생각을 하고 하지 않는 데에 있지 않습니다.
이 일은 어떤 감정을 느끼고 느끼지 않는 데에 있지 않습니다.
이 일은 노래를 하고 하지 않는 데에 있지 않습니다.
이 일은 어떤 경험을 하고 하지 않는 것에
결코 구속받지 않습니다.

이 모든 경험이 이루어지고 있든 그렇지 않든
이 일은 변함없이 현존합니다.
내가 어떤 상태에 사로잡혀 있든 그렇지 않든
늘 한결같은 것입니다.
이 모든 일에 상관없지만
이 모든 일이 바로 여기에서 일이 되고 있습니다.

모든 일이 바로 이 바탕의 일이지만
따로 있는 바탕 또한 아닙니다.

경험 하나하나, 생각 하나하나, 느낌 하나하나가
바로 이 일입니다.

그러니 일어나는 일에는 마음을 두지 마시고 그냥 있으십시오.
깨달으려는 생각도 놓아 버리고,
어떤 상태에 진입하려는 욕망도 놓아 버리십시오.
이미 여기에 있기 때문입니다.

마음에 의지하거나 기대하는 바를 모두 내려놓아 버리십시오.
만약 그러한 것들이 있다면 진실이 아니며,
참된 것은 오직 의지와 기대가 일어나는 바로 이 마음입니다.

여기에는 아무런 분리가 없습니다.
찾으려는 마음, 찾는 대상, 찾는 행위가
모두 여기에서 그것이 되고 있기 때문입니다.
그러니 우리는 이것을 결코 찾을 수 없습니다.
이것을 떠난 적이 없기 때문입니다.

바로 지금 모든 의도가 일어나는 여기.
모든 욕망이 꿈틀대는 여기.
모든 현상이 드러나는 여기.
이것입니다.

14. 한 개의 허공

손가락이 큰 허공입니다.
책상이 빈틈없는 허공입니다.
글자 한 자 한 자가 한계 없는 허공입니다.

어느 것 하나 허공 아닌 것이 없습니다.
모든 것이 이 허공이어서 안도 없고 밖도 없습니다.
이 허공에는 어떠한 틈새도 없습니다.

우리 눈에는 손가락으로 보이나
이 물질감, 질량감 그대로 상대 없는 허공입니다.
온갖 경험이 똑같지 않고 온갖 생각과 느낌이 다르지만,
이 모두가 마음 허공 가운데 그림자처럼 일어난 것들입니다.
이 허공은 아무것도 잡을 만한 것이 없고 자취가 없으나
죽은 것이 아니어서 모든 것에서 살아 있습니다.

아무런 움직임이 없는 컵이 살아 있습니다.
딱딱한 벽이 생생합니다.

하늘이 숨을 쉬고, 바람이 말을 합니다.
초록색이 하얀색이고, 하얀색이 빨간색입니다.
내가 하늘이고 하늘이 나입니다.
일체가 하나여서 어떠한 틈새도 없습니다.

사람이 도(道)를 깨치는 것이 아니라,
온 자연이 도이고, 이것 하나로 만물이 평등합니다.

15. 언제 어디서나 그곳이 공부를 마칠 곳

지금 바로 이 마음에서 어떠한 노력도 필요 없습니다.
괴로우면 괴로움에 있고, 기쁘면 기쁨에 있습니다.
행복하면 행복에 있고, 아프면 아픔에 있습니다.

매 순간 바로 이곳이 공부를 마칠 곳입니다.
매 순간 어떤 경계가 드러나든
거기가 바로 영원한 안식처입니다.

마음을 움직여 조작할 필요가 없습니다.
생각을 일으켜 더 좋고 더 나쁜 것을 헤아릴 필요가 없습니다.

언제 어디서나 무슨 상황에서든
바로 그곳이 공부를 마칠 곳입니다.

전혀 마음 쓸 일이 아닙니다.
마음 쓸 일이 전혀 없습니다.

언제나 바로 이 마음에서 모든 영화가 펼쳐지고 있지만,
이 모든 영화는 덧없는 것이어서 금방 나타났다가 사라집니다.
그러나 매 순간 이 모든 영화의 본성은 언제나 한결같습니다.

그러니 기쁘면 기쁨에 있고, 고통스러우면 고통에 있습니다.
평화로우면 평화에 있고, 흔들리면 흔들림에서
모든 의도를 쉽니다.

우리는 이 물결을 벗어나 살 수 없습니다.
인연의 물결은 시시각각 모습을 달리하며
나에게 여러 가지 영향을 주는 것 같지만,
본질은 아무런 변화가 없습니다.

모든 물결이 물이듯이 모든 인연이 내 마음 하나입니다.
우리는 이 마음의 대지를 벗어날 수 없습니다.
지금껏 여기를 벗어난 적이 없고, 앞으로 벗어날 일도 없습니다.

모든 것이 이 한결같은 마음의 바다에서 출렁이는 물결이니,
언제 어디서나 모든 것을 내려놓고
포말처럼 유희를 즐길 뿐입니다.

16. 생각에 어두웠을 뿐

이미 이 마음입니다. 찾고 구할 일이 없습니다.
다만 추구하는 마음, 지키려는 마음만 내려놓고 보면
본래 이 자리입니다.

지금 말을 하고 생각을 하는 이 바탕입니다.
온갖 일이 저 밖에서 일어나고 있는 것이 아니라,
바로 지금 여기에서 일어나고 사라지고 있습니다.

모든 일이 그렇습니다.
바깥세계, 온갖 물질적인 모습들, 내면세계의 온갖 이미지와
생각들이 바로 지금 이 순간 이렇게 나고 사라지고 있습니다.
모든 것의 존재는 바로 지금 여기에서 주어지고 있습니다.

인연 따라 온갖 모습을 달리하며 나고 사라집니다.
세상만사 모든 일, 욕망의 세계, 물질의 세계, 깨끗한 세계.
과거의 기억, 과거의 아픔, 과거의 일들.
현재의 일, 생각, 느낌들.

미래에 대한 계획, 변화, 두려움들.

이 모든 것이 바로 지금 이렇게 일어납니다.
이 모든 분별의식들은 과거에도 없고 미래에도 없습니다.
이것이 과거이고, 이것이 현재이며, 이것이 미래입니다.
과거와 현재와 미래가 모두
지금 이렇게 일어난 생각일 뿐이기 때문입니다.

온갖 일들이 바로 지금 이 자리의 일임을 깨닫는다면,
우리에게 커다란 변혁이 일어날 것입니다.
내가 세상에 볼모로 잡혀 있다가,
세상이 나와 다르지 않을 것입니다.
세상이 나의 주인이었다가, 내가 세상의 주인이 될 것입니다.

이것은 본래 그렇지 새롭게 얻은 일이 아닙니다.
본래 내가 세상을 드러내고 있었지,
세상 속에 내가 갇혀 있었던 것이 아닙니다.
어리석은 착각이 나를 구속하고 있었습니다.

모든 것이 하나로 돌아오고 이 하나가 모든 것으로 돌아간다면,
세상과 나 사이에 아무런 틈새도, 이질감도 없을 것입니다.
나도 모르게 생각의 꿈에 속고 있었다는 사실을 깨닫고 나면
자기의 실수를 돌아보고 크게 웃을 것입니다.

17. 이미 도달해 있는 여기

바로 지금 모든 일이 벌어지고 있는 이 바탕입니다.
몸을 움직이고 소리가 퍼져 나오고
형형색색의 사물이 드러나고 있습니다.

드러나는 모든 것은 멈추어 있는 것이 없어서
그것이랄 게 없지만, 이 모든 것이 용솟음치고 있는
이 바탕은 한결같습니다.

온갖 단어와 말이 드러나고 있습니다.
글자를 따라 생각도 일어나고 있습니다.
바로 지금 이 바탕입니다.

이미 도달해 있는 여기에
장차 도달하겠다는 생각을 일으켜 꿈결 속에 빠집니다.
이미 여기뿐이어서 달리 벗어날 길이 없는데도
다시 찾겠다는 생각의 환영에 사로잡혀 있습니다.

지금 각자가 서 있는 여기에서
한 발자국도 움직일 필요가 없습니다.
바로 이 자리에 이미 서 있습니다. 바로 이것입니다.
언제나 이것뿐이어서 달리 애쓸 필요가 없는데도
몸과 마음을 재촉하며 자신을 괴롭힙니다.

욕망을 멈추고 가만히 있어 보십시오.
어떠한 추구나 생각, 온갖 감정이 일어나더라도
무심히 놓아 버리고 가만히 있어 보십시오.

지금 이때 무슨 문제가 있습니까?
지금 이때 달리 무슨 해야 할 일이 있습니까?

지금 없는 것은 언젠가 나타나더라도 사라져 버릴 운명입니다.
지금 있는 것이라도 변화하는 것이라면 실재가 아닙니다.

시간의 굴레에 떨어진 것, 공간이 있어야 존재하는 것,
특정한 조건 아래에만 모습을 보이는 것은 헛것입니다.

아무런 조건 없이 늘 실재하는 것.
어떠한 상황 변화에도 흔들림 없는 것이 진실한 것이고,
마음을 푹 놓을 자리입니다.

우리의 참모습은 사람도 아니고 동물도 아니며 물질도 아닙니다.

우리의 참모습은 시간에 구애받지 않기에 늙지 않습니다.

모든 것의 근원은 공간의 장애에서 벗어나 두루하고

시간의 굴레를 벗어나 늘 현전합니다.

바로 지금 당장 이것.

어떤 상념을 따라가지 않을 때 늘 성성하지만 고요한 이 일.

만물이 여기에서 생동하지만 만물이 완전히 힘을 잃는 여기.

떠난 적이 없어서 언제나 도달해 있는 이 자리.

바로 지금 곧 맛볼 뿐입니다.

18. 언제나 밝음

깨달음은 우리의 일상생활과 단 1센티미터도
떨어져 있지 않습니다.
깨달음은 특별한 생각이나 그것의 깊이,
날카로운 지성이나 고도의 사유 속에 있지 않습니다.
깨달음은 바로 지금 여기 우리가 숨 쉬는 공간에 완전합니다.

깨달음은 지금 이 순간 여기보다 더 나은 세계,
더 높은 세계, 신비스러운 초월세계에 있지 않습니다.
바로 지금 걷고 말하고 생각하고 느끼고 아는 여기에 있습니다.

깨달음을 위해 길을 떠날 필요가 없습니다.
우리는 깨달음에 이미 당도해 있고,
깨달음은 떠난 적이 없는 여기에 완전히 구현되어 있습니다.

깨달음을 위해 특별한 노력이나 닦음,
자세가 필요한 것은 아닙니다.
성취하려 하지도 않고 아무것도 바라지 않을 때,

언제나 빈틈없이
깨달음이 펼쳐져 있다는 것을 확인하게 됩니다.

무언가를 이루기 위해 마음을 고쳐먹든 그러지 않든,
원하는 바를 이루기 위해 마음을 깨끗이 하든 그러지 않든,
고요를 얻기 위해 앉아 있든 걸어가든,
생각의 날개를 펴든 그러지 않든,
깨달음은 언제나 여기에 완전합니다.

우리가 숨 쉬고 생각하고 일을 하는 여기가 깨달음의 장입니다.
밥을 먹는 것이 바로 이 일이고,
일을 하는 것이 바로 이 일입니다.
책을 읽는 것이 이 일이고,
휴식을 취하는 것이 이 일입니다.

하늘이 파랗고, 바람이 차갑고, 몸이 쑤시고,
갈증에 물을 마십니다.
모든 일은 바로 지금 이 순간 이렇게 일어납니다.

드러나는 현상은 다양하고, 높낮이가 있고,
깊이와 얕음이 있습니다. 밝고 어둠이 있고,
아프고 그렇지 않음이 있고, 즐겁고 두려운 것들이 있지만,
모든 것이 지금 이 순간 텅 빈 마음에서 일어나는 일일 뿐입니다.

그러니 깨달음을 위해 길을 떠나는 것이 아니라,
길 없는 여기에서 쉬어지는 일입니다.

불안한 마음에서 벗어나기 위해
이런저런 것을 없애거나 외면하는 것이 아니라,
불안한 마음 이대로 텅 비었음을 밝게 봅니다.
고요를 얻기 위해 앉아 있거나 생각을 끊는 것이 아니라,
산란함 그대로 본래 고요하다는 것을 바르게 볼 뿐입니다.

깨달음을 위해 할 일은 아무것도 없습니다.
대신 이미 완전하게 밝아 있는 사실을
지금 당장 밝게 볼 일입니다.

19. 도를 구한다면 도와 상관없는 일이다

지금 이대로에서 조금이라도 마음을 움직여
도(道)를 구한다면, 도와는 아무 상관없는 일입니다.

어떻게 해서 도를 깨치는 것이 아니라,
그냥 여기에서 모든 게 도 아닌 것이 없다는 것이
확연해지는 일입니다.

말을 하자니 확연하다 하지,
확연한 도가 따로 있는 게 아닙니다.
모든 것이 드러나면 그대로 도인 것이지,
달리 마음을 움직여 마음이라는 것을 찾는
실수를 범하지 않습니다.

'어떻게'가 그대로 도이니,
어떻게 해서 도를 깨닫게 되지 않습니다.
바라는 마음이 그대로 마음이니,
바라서 얻을 수 있는 마음이 없습니다.

공부를 하는 게 도이니, 공부를 해서 도를 깨닫는 게 아닙니다.
모르는 게 그대로 도이니, 모르다가 알게 되는 일이 아닙니다.

당장 이 사실을 깨닫고 모든 조작을 멈출 뿐입니다.
늘 생동하는 이 깨어 있음에 통하여
온갖 움직임과 자취를 남기지 않을 뿐입니다.

당장 이 사실이 분명해지면,
말하고 듣고 생각하는 가운데 늘 똑같고,
행동하고 느끼며 살아가는 가운데 늘 분명할 것입니다.

20. 단계가 없다

깨닫기 전에는 마음과 부처가 있고, 온갖 것이 있지만,
깨닫고 나면 마음이라는 것도 없고,
마음이 없다는 것도 없습니다.

깨닫기 전에는 깨달음에 단계가 있어 보이지만,
깨닫고 나면 깨달음조차 따로 없어 단계를 얘기하지 않습니다.

깨달음이 미진하면
점차 밝아짐을 보게 되고 점차 힘을 얻음을 느끼지만,
확연히 깨어나고 보면
법이 그래서가 아니라 스스로 밝지 않아
그런 경계에 마음을 두었다는 것을 알게 됩니다.

당장 하나입니다.
모든 물리적, 정신적 현상의 본성이 똑같습니다.
지금 당장 모든 것이 똑같아서
이런저런 말을 할 필요가 없고

돌아볼 필요도 없습니다.

지금 느끼는 온갖 감정들, 보이는 사물들,
생각되는 과거, 현재, 미래, 온갖 장소와 사건들……
드러나는 모든 것이 그대로 평등합니다.

드러나는 각각의 모양은 지금 조건이 어우러져 이런 모습이지만,
이것은 항상한 것이 아니어서 금방 다른 모습이 되어 버립니다.
그러나 그 모든 조건적인 만남의 시작과 중간과 끝이
모양도 없고 알 수도 없고 잡을 수도 없지만,
부정할 수 없는 하나입니다.

당장 이 본성에 밝을 뿐 여기저기 찾지 않습니다.
너무도 당연한 일에 마음을 놓을 뿐
마음의 조작 따라 흘러가지 않습니다.

지금 직면한 분별현상 어디에도 사로잡히는 마음이 없다면,
있는 그대로가 하나임이 체험될 것입니다.

21. 속삭임

모든 것이 자기를 떠나 존재하는 것이 없습니다.

이런 말을 들으면 "모든 것이 자기를 떠나 존재하지 않는다."라는
속삭임에 사로잡힙니다.

그런데 뜻을 마음에 담아 두라고 이런 말을 하는 것이 아닙니다.
우리의 삶이 본래 그러하니 마음의 눈을 자기에게로 돌려
이 사실을 직접 경험해 보라는 것입니다.

"모든 것이 바로 지금 여기에서 일어나고 사라진다.
모든 것이 하나의 현존이다. 모든 것이 마음 하나이다.
모든 것이 공이다."라는 말도,
눈앞의 실재를 몸소 깨달으라고 하는 말이지
이런 생각을 가지라고 하는 말이 아닙니다.

그런데 우리는 이런 의도를 모르고
이런 말을 관념화해서 마음속에 담아 두고

세상을 이 잣대로 해석하려고 합니다.
그러나 본래는 이런 속삭임이 없는 것이 이 세계의 참모습입니다.

모든 것이 자기를 떠나지 않는다는 것은
모든 것에 그것이라고 할 게 없는 것이고,
이것은 마음에 담아 둘 일이 아무것도 없다는 것입니다.

여기에는 아무런 속삭임이 없습니다.
여기에는 말할 만한 것이 아무것도 없습니다.
여기라고 하나 어떤 곳을 가리키는 것이 아니며,
바로 이것이라고 해서 어떤 대상을 가리키는 것도 아닙니다.

진실로 여기에 통하면, 깨달음에 대한 모든 말이 사라집니다.
법에 대한 온갖 속삭임이 허망하다는 것을 알게 됩니다.
이것은 머묾 없는 삶으로의 전환을 불러오고,
일어나는 일마다 장애가 없는 삶으로 변화시킵니다.

때에 따라 행동하고, 인연에 맞게 응하여,
절에 가면 절을 하고, 교회에 가면 기도를 하고,
배고프면 밥 먹고, 사람을 만나면 인사를 하고,
때때로 생각과 감정도 잘 일어나지만
남겨진 일이 없습니다.

'모든 게 법이니 구할 필요도 없고 지킬 필요도 없어.'
'법이 이러하니 이러할 때는 이렇게 해야 하겠지?'
'저 사람이 이렇게 행동하는 것을 보니 여법하지 않은데.'
'이것이 법인데.'
'생활과 법이 일치가 되어야 하는데.'
'마음과 현상이 하나인데.' 등등
허망한 속삭임이 없습니다.

텅 비어서 마음에 둘 만한 일이 아무것도 없고,
세상의 모든 장벽이 사라져 버립니다.

22. 죽은 말, 진실한 말

죽은 말은 무엇입니까?
자기입니다.

진실한 말은 무엇입니까?
자기입니다.

자기는 누구입니까?
자기입니다.

말에 사로잡히면 죽은 말이고
말에 사로잡히지 않으면 진실한 말이지만,
여기에는 죽은 말이 없고 진실한 말도 없습니다.

모든 것이 이렇게 나고 사라지고 있어서
이름이 죽은 말이고 이름이 진실한 말이며
이름이 자기일 뿐입니다.

드러나는 모습과 말과 말의 뜻을 좇아가면
여러 가지가 있는 듯하지만, 이 모든 것은
순간순간 조건에 따라 다르게 들리고 다르게 이해되고
다르게 받아들여지는 것들입니다.
이렇게 드러난다는 것은 모든 모습과 말과 말의 뜻이
텅 비었다는 것을 나타냅니다.

세상에 죽은 말이란 없습니다.
세상에 진실한 말이란 없습니다.
모든 것이 스스로의 생각에서
죽은 말이 되고 진실한 말이 됩니다.

참된 진실은
죽은 것도 아니고 진실한 것도 아닙니다.
온갖 것이 둘 아닌 하나라는 사실에 밝을 뿐,
진실한 말은 지키고 죽은 말은 내버리지 않습니다.

23. 저절로 밝을 뿐

'이것'에 해당하는 이것이 따로 없습니다.
깨달음에 해당되는 어떤 것이 따로 존재하지 않습니다.
우리가 경험하는 일상생활을 떠난 초월적 세계의 진리가
따로 존재하는 것이 아닙니다.

드러나는 현상세계에 사로잡혀 있는 사람들에게
공(空)의 세계를 얘기하지만,
공이 따로 있어서 하는 말이 아닙니다.

이 마음이 부처라고 말할 때도
부처인 마음이 따로 있어서 하는 말이 아닙니다.

깨달음을 말하지만, 깨달음에 해당되는 상태가 따로 있다면
참된 깨달음이 아닙니다.

모든 가르침의 말이 임시적인 것입니다.
달을 가리키는 손가락이라고 하지만,

정작 달도 따로 없고 손가락도 따로 없습니다.

"아닙니다", "없습니다"라고 부정하는 말을 하지만,
"아닙니다", "없습니다"라고 고정할 만한 것이 있어서
하는 말이 아닙니다.

자기에게서 일어난 생각에 사로잡혀
무언가 따로 있다는 집착에 떨어지고 있습니다.
그래서 그 헛된 집착에서 자유롭게 하기 위해
모든 것이 없다고 얘기합니다.
있다는 생각을 내려놓게 하기 위한 임시적인 말입니다.

만약 경전이나 어록 혹은 선지식의 말에 부합하는 상태가 나타나
그게 공부인 줄 안다면, 이것이 바로
그림자를 살아 있는 사람으로 착각하는 일입니다.

어떠한 말에도 속지 않고 놓아 버릴 때,
이러한 말들이 모두 스스로의 본성과
둘이 아님을 깨닫게 될 것입니다.

지혜로운 자의 말에 의지하는 공부가 아니라,
스스로 본래 갖추고 있는 마음 바탕뿐임을 깨달아
정신적, 물질적인 장애에서 자유로워지는 일입니다.

한계 없고 자유로운 타고난 본성의 발현일 뿐이지,
달리 지혜로워 보이는 언어에 구속되지 않습니다.

바로 지금 당장 어떠한 말에도 의미 부여할 것이 없습니다.
모든 것이 당장 이 마음입니다.
이렇게 저절로 밝고 밝을 뿐입니다.

24. 입으로만 하니 알지 못한다

입으로는 온갖 삼라만상을 잘 알고 설명하나,
참된 삼라만상이 무엇인지 알지 못합니다.
입으로는 삶에 대해 잘 설명하나,
삶의 참모습이 무엇인지는 캄캄합니다.
입으로는 자기를 잘 소개하나,
진짜 자기가 누구인지는 오리무중입니다.

머리로는 과거의 잘못을 돌아보고 미래를 잘 대비하나,
진정 과거와 미래가 따로 없는 줄은 알지 못합니다.
머리로는 세상의 온갖 지식을 다 꿰뚫고 있으나,
그 지식이 허망한 줄은 알지 못합니다.

공부를 위해 시시각각 깨어 있으려고 하나,
그 깨어 있으려는 마음이
깨어 있음을 가리는 일임을 알지 못합니다.
마음이 편안해야 공부가 되는 줄 알지만,
그 편안함을 추구하는 마음이 번뇌의 씨앗임을 볼 줄 모릅니다.

마음이 시끄러우면 공부가 후퇴한다고 여겨 자꾸
시끄러운 마음을 조용히 시키려고 하나,
시끄러운 그 마음이 깨달음의 본성인 줄 알지 못합니다.

모든 것이 따로 있다고 보고 그것을 설명하고 이해하며
바꾸려는 조작이 고통의 씨앗이고,
모든 것이 그것 그대로 둘 없는 성품임을 보는 것이
해탈, 열반입니다.

지금 이 상태에서 편안하고, 산란하고, 알고, 모르고,
이해하고, 깨닫고, 그렇지 못한 것에 사로잡히지 말고,
이것 그대로 내 마음 하나임을 깨달을 일입니다.

이 사실을 깨닫고 나면 모든 현상은 힘을 잃어버립니다.
실재하지 않는 일이기 때문입니다.

이 말을 듣고는 다시금 '어떻게 하면 이 마음을
깨달을 수 있을까?' 의문에 사로잡힌다면
벌써 어긋난 것입니다.

그렇다면 어찌해야 하겠습니까?
어찌할 수 없는 이것, 바로 이 마음일 뿐 다른 일은 없습니다.

25. 다 묻기 전에 분명한 소식

본성은 묻기 이전에 분명하고, 답하기 이전에 부족함이 없습니다.
법을 생각하기 이전에 이미 완연하며,
모르는 마음이 동하자마자 다 드러났습니다.

이미 완전한 이것이 아니면 단 한 마디도 할 수 없고,
의문도 일어날 수 없습니다.
이미 부족함 없는 이 일이 아니면 모를 수도 없고,
아는 일 또한 불가능합니다.

본성은 무엇을 아는 일도 아니고 모르는 일도 아닙니다.
본성은 말할 수 있는 일도 아니지만, 말할 수 없는 일도 아닙니다.
이 모두가 본성으로 그려진 허망한 그림자일 뿐입니다.

지금 무슨 경험을 하고 있든 분별되어 드러난 현상이 아니라
모든 현상을 펼쳐 내는 바로 이것입니다.
이것은 무엇이라고 분별할 수 없어 텅 비었지만,
아무것도 아닌 없음도 아니어서 온갖 것이 여기서 살아 있습니다.

374

없는 일 또한 이것으로 생생히 깨어 있습니다.

삶과 죽음의 모든 일들이 다만 이 한 개의 일입니다.
삶에 대한 그림들, 죽음에 대한 그림들이
바로 지금 이것으로 그것이 되고 있습니다.
일상생활 쉽고 어려운 일, 기쁘고 괴로운 일이 있는 게 아니라
바로 지금 이것입니다.

온통 이 하나의 일이 있을 뿐이기에
법을 다 묻기도 전에 한 방망이를 때리는 것입니다.
묻고 답하는 일에 빈틈이 없이 너무도 분명하기에
곧바로 가리켜 보이는 것입니다.
법에 대한 망상을 일으켜 의문에 떨어지기에
이 망상을 부수려고 한 방망이를 때리는 것입니다.

묻는 자리가 바로 답하는 자리고,
때리는 자리가 바로 맞는 자리입니다.
이 하나의 깨어 있음에서 묻기도 하고 답도 하며,
때리기도 하고 맞기도 합니다.

여기에는 주인도 있고 손님도 있고, 스승도 있고 제자도 있지만,
본래 주인도 없고 손님도 없으며, 스승도 없고 제자도 없습니다.

온갖 말을 다 하지만 말이 있는 것이 아니며,
온갖 생각을 다 하지만 허망한 생각일 뿐입니다.
온갖 행동을 다 하지만 자취가 없고,
온갖 경험을 다 하지만 아무 일도 없습니다.

바로 지금 생생히 깨어 있는 일.
생생히 깨어 있다는 말이 뜻이 되기 이전에 분명한 일.
분명하다는 말도 여기에서는 허망해지는 일.
말할 수 없지만 온갖 말이 말이 되는 이것.
이것일 뿐입니다.
이것이 아닌 이것일 뿐입니다.

봄을 알리는 매화 향기가 그윽한 한 방망이 소식입니다.

26. 똑똑똑!

지금 이 순간 찾을 것도 없고 지킬 것도 없습니다.
지금 이 순간 일어나는 온갖 경험이 본질적으로 다르지 않습니다.
지금 이 순간 있는 그대로
틈이 없고, 갈등이 없으며, 당연하고, 평등합니다.

일어나는 일들은 각각 다른 일처럼 펼쳐집니다.
인연 따라 차별되고 분리되며, 갈등의 모습이기도 하고,
화합의 모습이기도 합니다.
그것은 평화의 모습이기도 하고, 투쟁의 모습이기도 하고,
고통의 모습이기도 하고, 환희의 모습이기도 합니다.

그것은 고난의 모습이기도 하고, 불편함의 모습이기도 하고,
밝음의 모습이기도 하고, 지혜의 모습이기도 합니다.
그것은 더럽고 깨끗하며, 추하고 아름다우며, 어렵고 쉬우며,
멈추고 움직이며, 하얗고 까만 모습이기도 합니다.
그것은 오른쪽이기도 하고 왼쪽의 모습이기도 하며,
높고 낮은 모습이기도 하고, 사람과 동물, 생물과 무생물,

기체와 액체, 딱딱한 것과 부드러운 것의 모습이기도 합니다.

모습은 다르지만, 이 모든 것이 평등한 하나입니다.
이 모든 그것은 어느 것 하나 예외 없이 이것입니다.

이것은 손을 댈 필요가 없고, 마음 쏠 필요가 없습니다.
이것은 누구에게나, 모든 것에서, 온갖 시간과 장소,
온갖 상상과 움직임 가운데 변함이 없습니다.

한 생각 일어날 때 분명하여
아는 것과 모르는 것에 상관하지 않습니다.
사물이 드러날 때 분명하여
무언가를 보거나 보지 않는 일과 관계가 없습니다.
어떤 감정이 드러날 때 분명하여
행복과 불행, 고통과 안락함에 영향을 받지 않습니다.

이것은 지금 이 순간 분명합니다.
바로 지금 이 순간
우리가 의도하고 생각하기 이전에 당면한 것입니다.

드러나는 모습 가운데 분명하고,
경험되는 일들 가운데 깨어 있으며,
인지되는 사건마다 부족함이 없는 본질입니다.

이것이 다양한 모습으로 드러나고 있을 뿐
특별한 일이 있는 것이 아닙니다.

지금 당장 직면한 이것.
바로 지금 깨어 있는 이것!

이것에 노크합니다.
똑똑똑!

27. 괴로운 그 자리가 해탈의 자리

괴로움이 깨달음의 씨앗입니다.
고통이 깨달음으로 이끄는 밑알입니다.
분별로 인한 고통이 없다면
분별에서 깨어나는 일에 관심을 갖지 못합니다.

지금 겪고 있는 고난이 깨달음에 눈을 뜨게 합니다.
지금 느끼는 분리감이 합일의 마음을 돌아보게 합니다.
지금 경험하고 있는 불안과 불만족이
여기에 머물지 않게 하는 경종이 됩니다.

번뇌로 인해 해탈의 마음을 내는 것이고, 고통으로 인해
모든 집착에서 벗어나려는 마음을 일으키게 됩니다.
깨끗하고 맑은 물에서는 고기가 살지 못하고,
탁하고 오염이 된 곳에서 연꽃이 자라듯이,
지금 경험하고 있는 고뇌가 바로 깨달음의 씨앗입니다.

다만 드러나는 분별현상에 마음이 없어야 할 것입니다.

고통을 회피해 눈을 감는 것이 아니라,
지금 경험하는 고통의 정체를 바로 보아야 할 것입니다.
지금 경험하는 불안과 불만족을 제거하는 것이 아니라,
탐욕과 분노와 어리석은 마음의 정체를 바로 보아야 할 것입니다.

일어나는 경계를 피하지도 않고 사로잡히지도 않을 때,
이 사실을 바로 볼 수 있을 것입니다.
마음의 움직임 하나하나가 텅 비어
아무것도 없다는 사실에 눈뜨게 될 것입니다.
모든 것이 이 마음의 일이어서
어느 것도 다른 일이 없다는 것을 알게 될 것입니다.

모든 것이 홀연히 일어나는 아지랑이와 같은 것이고,
생각생각의 근본이 안개와 같은 것입니다.
모든 것을 피하거나 움켜쥐려 하지 않고 바로 본다면,
번뇌 그대로 보리이고, 불안 그대로 평안일 것입니다.

모든 선과 악이 있는 그대로 허망한 분별이고,
모든 선과 악이 있는 그대로 텅 빈 성품임을 바르게 볼 것입니다.

더럽고 습한 곳이 그대로
텅 비어 청정하고 물들지 않는 곳임을 알아,
더러움을 치우고 습기를 제거하여 깨끗한 곳으로 만들려는 망상을 부리지 않게 됩니다.

번뇌마다 자취가 없고 불안한 마음 그대로 실체가 없으니,
번뇌를 끊어 백지상태로 돌리거나
불안을 잠재우는 조작을 하여
더 큰 불안을 초래하지 않을 것입니다.

28. 멈춤

무언가를 향해 나아간다는 것은
길이 있다는 잠재된 생각을 바탕으로 일어나는
마음의 움직임입니다.
그러나 질문을 던져 보시기 바랍니다.

누가 길이 있다고 하는가?

무언가를 깨닫겠다는 것은
깨달을 무언가가 있다는 잠재된 생각을 바탕으로 일어나는
마음의 움직임입니다.
그러나 질문을 던져 보시기 바랍니다.

누가 깨달음이 있다고 얘기하는가?

무언가를 지키려는 것은
지킬 것이 있다는 잠재된 생각을 바탕으로 일어나는
마음의 움직임입니다.

그러나 질문을 던져 보시기 바랍니다.

누가 지킬 것을 만들고 있는가?

모든 것이 비었다고 하든 이름뿐이라고 하든
자꾸 말이 나오는 것은
이름할 수 없는 일, 공이라는 생각을 바탕으로 일어나는
마음의 움직임입니다.
그러나 질문을 던져 보시기 바랍니다.

어떤 생각에 사로잡혀 자꾸 이런 말들이
내면을 맴돌고, 밖으로 나오는가?

무언가를 향해 길을 떠나지 않습니다.
길이 있다면 모두
스스로에게서 일어난 생각이기 때문입니다.

무언가를 깨닫는 일이 아닙니다.
깨달을 무엇이 있다면
스스로에게서 일어난 깨달음의 환상이기 때문입니다.

무언가를 지키지 않습니다.
지킬 무엇이 있다는 것도

스스로에게서 일어난 망상이기 때문입니다.
말할 만한 것이 있지도 않고 없지도 않습니다.
있다 하든 없다 하든 모두 허망한 말이기 때문입니다.

마음은 가상현실을 향해 움직입니다.
마음은 환상을 따라 출렁거립니다.
마음이 애써 무엇을 한다는 것은 모두가 물결과 같은 일입니다.
마음이 습관적으로 수다스러운 것은
깨어나지 못한 미세한 생각이 작동되고 있기 때문입니다.

마음의 존재를 확인하는 것은
어떠한 움직임도 요구하지 않습니다.
움직여서 일어난 변화라면 모두가 물결과 같은 일이지만,
마음 자체는 어떤 움직임 가운데서도 움직임이 없기 때문입니다.

진실로 마음에 확연히 통하여 분리가 사라지고 싶다면
멈출 수 있어야 합니다.
그러나 움직임에 익숙해진 마음이 멈춘다는 것은
멈춘다는 애씀으로, 멈추려는 수행으로,
가라앉히려는 조작으로 이어지기 십상입니다.

진정한 멈춤은 움직일 필요가 없었다는 각성에서
자연스럽게 일어납니다.

모든 길, 깨달음이라는 것, 지킬 만한 것,
자기도 모르게 사로잡히는 관념들이 모두
이 마음에서 비롯된 것이라는 뚜렷한 밝음이 먼저입니다.

마음을 움직여 변화된 무엇이라면 모두가 무상하다는
전환이 오고, 이 내적 전환에 따라 길이 있다는 환상,
추구하는 헐떡임, 지키려는 애씀,
말하고 싶은 무언가를 내려놓게 되면,
온 세상이 본래 분리와 불안과 불만족과 애씀이 필요 없는
하나라는 사실에 환히 눈 뜨게 될 것입니다.

29. 깨달음에는 정해진 모습이 없다

깨달음은 드러나는 모습에 있지 않습니다.
깨달음은 분노하는 모습을 보일 수 있고, 기쁜 모습을
보일 수 있고, 혼란스러운 모습을 보일 수도 있습니다.

그러나 분노에 화가 없고, 기쁨에 알맹이가 없으며,
혼란스러움 그대로 고요하고 편안합니다.

때론 질서를 엄격히 지키는 모습으로 드러날 수 있고,
질서를 무너뜨리는 모습을 보일 수 있으며,
때론 교만하기도 하고, 거짓된 행동처럼 보이기도 합니다.

그러나 질서에 아무런 틀이 없으며,
질서를 무너뜨리는 모습 가운데 무너지는 것이 없으며,
교만함에 자기를 높이는 마음이 없고,
거짓에서 자취를 볼 수 없습니다.

지혜로운 모습에서 지혜를 볼 수 없으며,

두려움 가운데서 피할 대상이 없고,
바르고 단정한 모습에서 바름도 단정함도 남아 있지 않습니다.

모든 것이 다르지만 어떤 것도 다르지 않고,
모든 것에 높낮이가 있지만 그 높이도 깊이도
본래 없는 것입니다.

1년 365일, 일상의 모든 일 그대로 아무 일이 없어서
다른 경험을 하지 않습니다.
지금 일어나는 일 그대로 다른 일이 없다는 것은
아무 일이 없다는 것입니다.

스스로에게 진실로 아무 일이 없다면,
아이러니하게도 죽은 세상이 아니라
생생히 깨어 살아 있는 세상을 만끽할 것입니다.

30. 진실 속에서 진실을 밝게 본다

우리는 진실을 떠나 존재할 수 없습니다.
모든 존재의 바탕이 진실이기 때문입니다.
늘 이 일이 있기에 모든 일이 가능한 것입니다.

이것으로 이끄는 말이 필요 없습니다.
온갖 옳고 그른 것이 있는 그대로 진실이고,
온갖 선하고 악한 것이 있는 그대로 진실이며,
온갖 행위 낱낱이 바로 이 하나의 진실로서 펼쳐지고 있습니다.
지금 이 순간 진실로 향하는 마음을 갖든 그러지 않든
모두가 진실한 바탕 위에서 펼쳐지고 있습니다.

스스로가 나태하든 그렇지 않든, 온갖 마음의 잡음이
일어나든 그러지 않든, 진실에 대한 온갖 상념이
일어나든 그러지 않든, 드러나는 모든 것은 항상하지 않고
그때그때 인연 따라 변하는 것이지만,
이 모든 것이 하나의 진실로 드러나는 다양한 것이기에
언제 어디서나 달라진 것은 없습니다.

다만 이러한 사실에 명확한 깨달음이 없으므로
자꾸 개념 따라 스스로가 흔들리고
감정 따라 진실 여부를 판가름합니다.

참된 공부란 어떤 상태를 추구하는 것도 아니고,
어떤 생각을 고집하는 것도 아니며,
생각에 맞는 경험을 하는 것도 아닙니다.
무슨 일이 벌어져도 하나라는 사실을 분명히 깨달을 뿐입니다.

당장 모든 일이 바로 지금 이 진실 가운데 나고 사라지며,
이 하나로 안팎 없이 평등함을 깨달아
근본적인 방향 전환을 맞을 뿐입니다.

분별경계 속에서 내가 진실을 찾으려는
뒤집어진 관념에서 벗어나
나를 포함한 온갖 것이 진실 하나임을 깨닫습니다.

그러고 나면 진실에 저절로 숙연해지고
법을 향한 부질없는 노력이 흔적 없이 사라져 버립니다.
내가 있으나 내가 없고,
온갖 일이 있으나 그러저러한 일이 없습니다.
이것이 진실 속에서 진실을 밝게 보는 일입니다.

31. 다 드러났다

진실은 모두 다 드러나 있어서 비밀스러운 뜻이 없습니다.
진실은 이미 활짝 열려 있고, 감출 수 없는 것이며,
특별한 사람만 전해 받는 것이 아닙니다.

진실은 스승이라 하더라도 감출 수 없고,
특별한 능력을 갖추어야 얻을 수 있는 것이 아닙니다.
진실은 특별한 여정을 떠나거나 정해진 길이 있어서
그 길만 따라가야 얻을 수 있는 것이 아닙니다.

진실은 언제 어디서나 한결같고 두루해서 늘 충만한 것입니다.
만약 특별한 시간과 공간, 상황과 능력 속에 있는 것이라면,
그것은 진실이 아니니 애써 노력해서 구할 이유가 없습니다.
지금 없는 것은 나중에 얻어지더라도
언젠가는 사라지는 무상한 것이기 때문입니다.

지금 당장 곁에 스승이 있건 없건, 누구의 가르침을
받았건 받지 않았건, 수행을 많이 했건 그러지 않았건,

지식이 많건 적건, 노인이건 아이이건, 여성이건 남성이건,
착한 사람이건 악한 사람이건, 불행하건 행복하건,
걸어가건 앉아 있건, 어떤 시간, 공간, 상황, 상태에 상관없이
한결같은 것은 무엇입니까?

진실은 언제나 한결같은 것, 언제나 평등한 것,
늘 떠날 수 없는 것,
특별한 모양도, 냄새도, 맛도, 감촉도 없지만
늘 깨어서 모든 것을 드러내고 있는 것,
온 누리에 펼쳐져 있는 이 깨어 있는 성품입니다.

매미가 여기에서 울고, 아이가 여기에서 인형놀이를 하고,
자동차가 여기로 지나가며,
생각이 여기서 나고 사라지고 있습니다.

진실은 현상을 따라가는 마음의 헐떡임이
멈추었을 때 비로소 자각됩니다.
온갖 분별되는 것에 마음이 없으면,
모양 없는 거울 같은 투명한 깨어 있음이 체험될 것입니다.

32. 비었지만 없는 게 아니다

경험할 수 있는 모든 것은 고정되어 있는 것이 아닙니다.
보는 사람을 비롯하여 보는 행위와 보이는 모든 것,
듣는 사람을 포함해 듣는 행위와 들리는 모든 것,
생각하는 주체를 포함해 생각하는 행위, 생각되는 모든 것이
시간과 공간과 상황 속에서 늘 변합니다.

사물로 드러나는 물질세계,
감정과 의지와 관념으로 드러나는 정신세계의 모든 것이
변화무쌍하여 마치 마술사가 마술을 부리는 것과 같고,
아지랑이로 만들어진 여러 가지 모습을 보는 일과 같습니다.
거울 속 영상과 같고, 물에 비친 달그림자와 같으며,
공중에 투사된 갖가지 모양과 같습니다.

안팎으로 텅텅 비었습니다.
그러나 감각과 감정과 생각에 사로잡혀
드러나는 것을 실재라고 여기면,
이 모든 것이 허망하다는 말이 믿어지지 않습니다.

모든 분별망상과 헤아림, 근거 없는 믿음을 내려놓고
있는 그대로 보면, 멈추어 있는 것은 아무것도 없습니다.
이것이 실제 우리가 서 있는 세계의 모습입니다.

모든 것이 허망하여 법이니 깨달음이니 어둠이니 밝음이니
말할 것이 없지만, 이 모든 허망한 물결이
끊임없이 작용하고 있다는 것은 분명합니다.
무엇이라 얘기할 수 없고 단정할 수 없지만
이것의 존재를 부정할 수 없습니다.

언제 어디서나 널리 가득하고, 안도 없고 밖도 없이 한결같으며,
사물마다 영롱하고, 생각마다 밝고 밝습니다.
무엇이든 고정되어 멈추어 있는 것은 없지만,
이 멈추어 있지 않음이 이것을 증명하고 있습니다.
드러나는 허망한 것에 마음을 둘 필요가 없습니다.

어떤 것에도 마음을 두지 않을 때
이 생생한 살아 있음은 무엇입니까?

딱! (죽비를 치며)

모든 현상이 나고 사라질 때 이 모든 것에 마음이 없는데도
탁상시계 소리 째깍째깍, 심장은 저절로 뛰고 있습니다.

이 무엇입니까?

딱!

이 막힘없는 작용을 똑똑히 보십시오.
고개 돌리는 대로 저절로 분명한 이 성품을 보십시오.

우리의 의지와 상관없이 늘 열려 있어서
인연 닿는 대로 부족함 없이 작동되고 있습니다.

이 무엇입니까?

딱, 딱, 딱!

33. 산이 먼지티끌 속으로,
바다가 털구멍 속으로 들어간다

한 개의 신비한 능력이 있습니다.

이것은 산을 먼지티끌 속으로 집어넣을 수 있고,
먼지티끌을 산에 집어넣을 수도 있습니다.

이것은 오대양의 바닷물을 한 개의 털구멍 속에 넣을 수 있고,
한 개의 털구멍을 오대양의 바닷물에 넣을 수도 있습니다.

이것은 과거 모든 시간을 1초 안에 넣을 수 있고,
1초를 과거 시간 속에 넣을 수 있습니다.

이것은 현재와 미래의 모든 시간을 눈 깜짝할 사이에
없앨 수 있고, 눈 깜짝할 사이에
현재와 미래는 물론 과거의 모든 시간까지 토해 냅니다.

이것은 무엇에든 통하지 않는 데가 없고,
무엇이고 이것에 통하지 않는 일이 없습니다.

세상의 온갖 폭력과 평화와 악행과 선행이
바로 이 한 가지 안에 들어오고,
이 한 가지가 온갖 일 속으로 들어갑니다.

이것은 세상의 온갖 소리를 다 드러내기도 하고,
온 세상의 소리를 다 받아들이기도 합니다.

이것은 찾을 필요도 없고 지킬 이유도 없는 것입니다.
이것은 늘 이렇게 드러나 있습니다.
생각하고, 말하고, 느끼고, 알고, 보고,
움직이는 온갖 일 가운데 분명한 것입니다.

이것으로 인해 생각하고 말하고 느끼고 알고
보고 움직일 수 있는 것입니다.
생각이 일어나면 이것이 확연하고, 느끼면 이것이 분명하고,
알고 보고 움직일 때마다 그 내용에 상관없이 늘 생생합니다.

지금 당장 이 하나가 온갖 일 가운데 변함없습니다.

하늘이 파랗습니다!

34. 무엇으로 밥을 먹습니까?

이것으로 걸어가고 이것으로 하늘을 봅니다.
이것으로 생각하고 이것으로 느낍니다.
이것으로 아파하고 이것으로 즐거워합니다.

"그대는 어디로 가십니까?"
"일을 하러 나갑니다."

"무엇으로 일을 합니까?"
(손을 들어 보인다.)

"겨우 그것밖에 쓰지 않습니까?"
(다시 손을 들어 보인다.)

"그대는 무엇으로 밥을 먹습니까?"
(꾸벅 인사를 한다.)

"어떻게 인사하는 것으로 밥을 먹을 수 있습니까?"

(다시금 꾸벅 인사한다.)

"바보처럼 인사만 할 줄 아는군요?"
(다시금 꾸벅 인사를 한다.)

일을 하는 것이 손을 드는 것이고,
손을 드는 것이 밥을 먹는 것입니다.
밥을 먹는 것이 인사를 하는 것이고,
인사를 하는 것이 나이기도 하고 남이기도 합니다.

모든 말이 한 개의 말이고, 모든 행위가 한 개의 행위이며,
모든 생각이 한 개의 생각이어서, 모든 것이 평등합니다.
모든 것이 하나이니 말을 한 적이 없으며,
움직인 적이 없으며, 만난 적이 없으며,
이루고 이루지 못한 일이 없습니다.

오직 이 순간,
이 모든 영화와 같은 것들을 드러내고 있는 이 자리.
아무것도 없지만 모든 것이 평등합니다.

꾸벅!

35. 있는 그대로, 아무런 일이 없는 그대로

한 생각을 일으키면 세계가 일어나고,
한 생각이 없으면 세계도 없습니다.
한 생각에 사로잡히면 온갖 것이 서로를 구속하고,
한 생각이 비었음을 보면 온갖 것이 그것 그대로
아무런 힘이 없습니다.

소리를 따라가면 온갖 소리들이 존재하고,
소리를 따라가지 않으면 온갖 소리들이 소리가 아닙니다.
소리에 사로잡히지 않으면 바람 소리, 새 소리, 사람 소리,
물건 소리 그대로 소리가 아니지만,
소리에 사로잡히면 안팎으로 온갖 환란과
시끄러움 속에 헤맵니다.

감정이 일어나면 내면의 물결이 출렁거리고,
감정이 없으면 아무런 일이 없습니다.
감정에 사로잡히면 아픔, 슬픔, 행복, 기쁨,
고통, 두려움이 스스로를 삼키지만,

감정에 사로잡히지 않으면 온갖 감정 그대로
아무런 위력이 없습니다.

모든 것이 허공 같은 마음 가운데 울려 퍼지는
벨 소리, 바람 소리, 아지랑이일 뿐입니다.
들을 자도 없고, 받을 일도 없는,
일 아닌 일이 펼쳐지고 있을 뿐입니다.

이것을 이름하여 마음이니 진여니 여여부동이니, 진공묘유,
참나, 선, 불성, 진실, 본성이라고 하지만,
그저 지금 인연이 이러하여 말을 꺼낸 것일 뿐
그 이름에 해당하는 무엇이 따로 있는 것이 아닙니다.

늘 있는 그대로, 아무런 일이 없는 그대로.
이것이 늘 있는 그대로인 세계입니다.

36. 고요조차 없는 고요

어떤 행위에 있지 않으며, 어떤 생각에 있지 않으며,
어떤 마음으로 보느냐에 있지 않습니다.
그러나 행하는 것, 생각하는 것, 느끼는 것, 보이는 것,
모든 것이 하나의 일입니다.
이 모든 것이 자기를 떠나 일어날 수 없으며,
모든 현상적인 것이 자기 마음의 투영입니다.

어떤 생각, 특정한 모양, 눈에 띄는 사물,
이름할 수 있는 것 등은 모두 마음을 가리키고,
마음 하나로 평등합니다.

그러니 어떤 생각이나 감정이나 행위나 사물에
관심을 갖고 탐구해 간다면 영원히 멀어지지만,
이 모든 것이 나고 사라지는 가운데 항상한 여기에 통한다면
모든 일이 하나임을 스스로 수긍할 것입니다.

늘 이 속에서 살아왔기에 낯설지 않습니다.

늘 이것을 떠난 적이 없었기에 외로운 적이 없습니다.
늘 여기를 벗어날 수 없기에
찾을 필요가 없고, 지킬 일도 없습니다.

이것은 인간의 의지나 욕망과는 아무런 상관이 없는 일입니다.
그러니 여기에서 깨달으려는 의지마저 내려놓아야 합니다.

마음에 아무런 바라는 바가 없더라도
새 소리는 한결같고 사물사물이 영롱합니다.
생각도 장애가 없이 나고 사라지고,
감정도 시시때때로 다른 모습을 보입니다.
그러나 아무런 일이 없고 아무런 장애가 없습니다.
가볍게 살아 있고, 자유롭게 갖가지 일이 벌어지고 있습니다.

온갖 세찬 파도가 일어나도 일이 없는 고요이고,
고요라는 개념조차 없는 고요입니다.
말로 할 수 없는 고요, 고요조차 지키지 않는 고요가
이미 도래해 있습니다.

37. 분명해지는 것, 흐릿해지는 것

모든 알 수 있는 것은 변하는 것이고,
변하는 것은 허깨비와 같은 것입니다.
다만 모든 변화하는 것을 드러내는 이것은
변하지도 않고 알 수도 없습니다.

알려는 시도, 아는 대상, 모르는 상태, 모르는 어떤 것은
스스로에게서 일어난 생각이어서 그림자와 같습니다.
사물, 생각, 감정, 소리, 맛, 감촉을 따라 헤매던
마음의 습관이 멈추어졌을 때,
이미 있는 이것을 체감할 수 있습니다.

마음에 품고 있던 온갖 의도와 욕망,
좋은 것과 나쁜 것, 가치 있는 일과 그렇지 않은 일,
옳고 그른 일을 돌아보지 않습니다.

현상에 사로잡히지 않으면,
깨어서 모든 것으로 드러나는 이 하나를

분명히 깨달을 수 있습니다.

이 하나에 통하면 나날이 쉬어지고, 나날이 비워집니다.
마음에 기댈 만한 것이 모두 사라지고 애씀도 쉬어져서,
고요하지만 살아 있는 소식이 분명해집니다.

바로 지금 이 순간 온갖 현상 변화가 바로 하나의 일입니다.
여기에 마음을 두고, 온갖 생각과 감정과 추구를
놓아 버릴 수 있어야 합니다.

여기에 통해 이 자리에 익숙해지다 보면
그동안 존재하는 것으로 여겨졌던 온갖 것들이
허깨비처럼 힘을 잃어버릴 것입니다.

진실한 것에 익숙해질수록 허망한 것은 저절로 그 힘을 잃습니다.
자기도 모르게 사로잡혀 있던 고정관념들의
정체를 제대로 보게 되고, 이런 경험들을 통해
이 길에 확신을 갖고 더 깊이 나아가게 됩니다.
진실은 나날이 선명해지고, 허망한 것은
점점 실체감을 잃어 그림자처럼 변할 것입니다.

이 길을 믿고 들어가야 합니다.
당장 눈앞에 밝은 진실에 모든 것을 내려놓고 들어가야 합니다.

진정한 자유의 문은 바로 눈앞에 있지
우리가 찾아 나서야 할 행로가 아닙니다.

애써 찾을 필요가 없는 이것.
모든 것이 이것이고, 이것이 모든 것입니다.

38. 사랑 I

사랑하는 이가 내 밖에 있다면 그 사랑은 구속입니다.
그의 행동 하나하나, 그의 표정 하나하나,
그의 말 한마디 한마디가 나를 흔듭니다.
나는 그의 하인이 되어 그의 표정에 따라 춤을 춥니다.
마치 주인 없는 배가 물결 따라 출렁이는 것처럼.

그 사랑의 감정은 짜릿하고 강렬하며
자극적이고 혼란스럽습니다.
어디로 향할지, 어떤 강도로 요동칠지 모르는
롤러코스터처럼 마법에 걸렸습니다.

사랑하는 이가 내 밖에 있지 않다면, 그 사랑은 자애입니다.
그의 말, 그의 행동, 그의 표정에 그저 담연합니다.

나의 사랑은 조급하지 않습니다.
나의 사랑은 여유롭습니다.
강렬하지도 자극적이지도 않은 미소가 감돕니다.

그와 나 사이의 거리는 사뭇 다른 사랑의 풍경을 만들어 냅니다.
그 거리가 사랑을 구속이게 하고 자애이게 합니다.

어떤 것이 참된 사랑일까요?
강렬하지만 좌절과 실망으로 꺼져 버리는 마법과 같은 사랑.
늘 미소가 떠나지 않는 여유로운 사랑.

마법이 주는 강렬함이 매력이 없는 것은 아니지만,
피로합니다.

일상 속 모든 것들과 나 사이에 거리가 없어
나처럼 그들을 보는 사랑.
흥분은 사라지고 없지만 그 자리에 안식과 자애가 흐릅니다.
그런 사랑이 있습니다.

39. 사랑 Ⅱ

진정한 사랑이라면 조건이 없어야 할 것입니다.
진정한 사랑이라면
어느 때나 어떤 공간에서나 사랑이어야 할 것입니다.

진정한 사랑이라면 그 상대가 굳이 사람이기만 한 것이 아니라,
대상이 한정되지 않는 사랑이어야 할 것입니다.

우리가 사랑이라는 말을 하려 한다면, 이 사랑은 언제 어디서나
나의 생각, 기분, 처지에 상관없이 늘 사랑이어야 합니다.

그러니 진정한 사랑은 내가 하는 것이 아니라
사랑이 사랑하고, 나 또한 언제나 사랑이어야 합니다.

이 큰 사랑을 느끼고 있습니까?
늘 사랑 속의 삶을 만끽하고 있습니까?
우리가 누군가를 사랑하는 것이 아니라,
이미 사랑 속에 존재함을 실감합니까?

이 사실을 사무치게 깨닫고 나서야
나를 비롯한 나의 모든 것,
그 밖의 것들이 남김없이 사랑이 될 것입니다.

40. 삶은 진실의 바다

하루 종일 움직이지만 움직인 적이 없고,
때에 따라 밥을 먹지만 한 톨도 씹은 적이 없습니다.
매 순간 들숨 날숨을 쉬지만 한 번도 숨을 쉰 적이 없고,
시시때때로 하늘을 보지만 구름 한 점 보지 않았습니다.
사람이 찾아오면 만나고 헤어지지만,
단 한 번도 오고 간 적이 없습니다.

모든 경험하는 것, 인지할 수 있는 것, 알고 모르는 것들이
내 마음에 드러난 환상과 같은 것입니다.
모든 것이 나에게로 돌아오고 내가 모든 것과 다르지 않아서
물 샐 틈이 없어지면 여기에 아무런 일이 없습니다.
삶은 장애 없이 흐를 것이고,
흐른다고 하나 지나간 시간이 없고, 다가올 일들이 없습니다.
받을 사람이 없고, 받을 일들이 없는 것입니다.

과거는 지나가지 않았고, 미래는 오지 않으며,
현재는 머물러 있지 않습니다.

그런 다른 시간들이지만
이 모든 시간은 바로 내 마음 하나입니다.
모든 것이 내 마음이면 내 마음도 없고 남의 마음도 없습니다.
바로 지금 경험하는 온갖 것이 진실하며,
바로 지금 느끼는 모든 감정들이 축복이 됩니다.

본래 이렇습니다.
그러니 이런 경지를 위해 힘쓸 일이 아무것도 없습니다.
다만 이런 사실에 밝아질 일이 있는 것입니다.

깨달음을 위한 모든 의도가 놓아졌을 때
이 일이 저절로 밝아집니다.
깨달음을 성취하려는 욕망이 장애였음을 돌아볼 때
본래 이러함을 깨닫습니다.
깨달음을 위해 보고 배우고 알려는 마음의 조작이 멈추어졌을 때
본래 이러함을 분명히 볼 수 있습니다.

도를 위해 할 일은 아무것도 없습니다.
아무것도 할 일이 없다는 것마저 염두에 둘 필요가 없습니다.

진실로 이러할 수 있다면,
삶은 고통이 아니라 진실의 바다가 될 것입니다.

41. 이 삶 그대로 아무 일이 없다

바른 길을 간다는 것은
우리가 살아오던 모습을 버리는 것이 아닙니다.
바른 길을 간다는 것은
삶의 모습에 상관없이 마음에 아무런 장애가 없는 것입니다.

일어나는 일들은 예전과 별반 다르지 않습니다.
보고 듣고 느끼고 아는 일이 달라지지 않습니다.
하늘은 여전히 푸릅니다. 그러나 그 자취가 없습니다.
땅은 여전히 발밑에 버티고 있습니다.
하지만 객관적으로 존재하지 않습니다.
나라는 생각, 나의 육체, 생각, 느낌, 취향 등 모든 것이
그대로 있으나, 그 어느 것도 자취가 없고 남겨진 것이 없습니다.

생사고락의 온갖 어두운 일이 그대로 아무 일이 아닌 것입니다.
삶과 죽음의 그 모습 그대로 삶도 없고 죽음도 없습니다.

온갖 어려움이 그 모습 그대로 있습니다.

그러나 그 모든 일이 갈등인 채로 갈등이 아니고,
문제투성이인 채로 문제가 사라져 버렸습니다.

아무리 찾아보아도 부처의 모습이 없습니다.
모습은 그대로 평범한 사람의 모습입니다.
그러나 그 삶 그대로 아무것도 없습니다.
그러니 부처의 삶과 부처의 모습이라는 것이
본래 따로 없었습니다.

일상 그대로의 삶에 아무런 장애가 없건만,
문제투성이의 삶이라고 여겼습니다.
이 모습을 버리지 않은 채 그대로 부처의 마음입니다.

그래서 일 마친 평범한 사람이고,
청소하고 빨래하는 것이 부처행인 것입니다.
부처의 길이 끊어져 버리고 나니,
중생의 삶 그대로가 부처의 길이었습니다.

도라는 것, 깨달음이라는 것은
여기에서 그 임무를 다한 것입니다.
그러니 누군가 도를 물으면, 아무 말이 없거나,
굳이 자비를 베푼다면 "가을 날씨가 쌀쌀합니다."라고
하는 것입니다.

42. 삶 자체가 축제의 장

우리 삶 가운데는 여러 잔치가 있습니다.
가난하고 어려운 사람들에게 재물을 베푸는 잔치가 있고,
탄생을 축복하는 잔치, 만수무강을 비는 잔치,
죽음을 애도하며 슬픔을 함께 나누는 잔치가 있습니다.

어쩌면 삶은 잔치의 연속입니다.
슬퍼도 잔치하고 기뻐도 잔치합니다.
잔치란 함께 나누는 것입니다.
그러나 진정한 잔치란 그러한 것이 아닙니다.

나눌 수 없는 것을 나누는 것이 진정한 잔치입니다.
이미 모두가 부족함 없이 갖추고 있어서
다시 베풀거나 받을 필요가 없는 것이 참다운 잔치입니다.
태어남을 축하하고 죽음을 애도하는 잔치가 아니라,
태어난 적도, 죽는 일도 없음을 밝게 보게 되는 것이
참된 잔치입니다.

모든 사람들이 너나없이 번뇌와 갈등에서 벗어나게 하는 것이
진정한 베풂의 잔치입니다.
기뻐도 기뻐할 사람이 없고 슬퍼도 슬퍼할 사람이 따로 없는 것이
진정한 축복입니다.
온갖 경조사가 따로 없는 것이 참된 잔치입니다.

슬프면 슬픔인 채로 다르지 않고, 기쁘면 기쁨인 채로
다르지 않은 것이 진정한 슬픔이고 기쁨입니다.
고통과 갈등과 장애가 있는 닫힌 꿈의 세계에서 벗어나
전체로 깨어나는 것이 삶의 찬연한 잔치입니다.

모든 것이 스스로에게서 일어난 생각이자 느낌이며 이미지여서
아무런 구속력이 없는 것임을 볼 줄 안다면,
이 삶 그대로 풍요로운 잔치입니다.

잔치는 언제 어디서나 벌어지고 있습니다.
재물을 베풀고, 축하하고, 아파하고, 나누고, 거두어들이고,
저마다의 색깔대로 찬란한 삶을 펼쳐 보이지만,
이 그대로가 모두 한결같은 일이라면
이것은 분열된 삶이 아니라 축제이고 잔치입니다.

말을 하고, 길을 걸어갑니다. 잔치가 벌어지고 있습니다.
일을 하고, 문제가 일어납니다. 잔치가 생동하고 있습니다.

416

때론 화도 나고 신경이 곤두서기도 합니다.
그러나 그것 그대로 잔치입니다.

지극히 평범한 일상 이 자체가 잔치입니다.
잠시 마음의 헐떡임을 멈추고 둘러보십시오.
이 찬연한 축제의 장을.

나에게 길이 있다

나에게 신비가 있습니다.
나에게 길이 있습니다.
나에게 영광이 있고, 오직 나에게만 평화가 있습니다.
모든 길은 나에게 통하며, 모든 안팎의 세계는 나일 뿐입니다.

나를 떠난 신비는 망상이며,
나를 떠난 길은 끝도 없이 얽혀 있는 미궁일 뿐이며,
나를 떠난 평화란 존재하지 않습니다.

나를 보십시오.
나를 눈여겨보십시오.
내가 누구인지 물으십시오.
내 진짜 얼굴이 어떤 것인지 의문을 가지십시오.

세상에서 가장 강한 자, 나를 아는 자이며,
세상에서 가장 복된 자, 나로서 존재하는 자입니다.
나에게 길이 있습니다.

나에게 문이 있습니다.
나에게 모든 평화가 깃들어 있습니다.
오직 나 혼자만이 그곳으로 향할 수 있습니다.

세상의 문제는 모두 나의 문제이며,
세상의 평화는 오직 나에게 달려 있습니다.

나에게 물으십시오.
타자가 존재하지 않는다는 것을 분명히 보십시오.
만약 스스로가 스스로를 깨닫는다면
지금 이대로 완전하여 아무것도 할 일이 없음을 볼 것이지만,
스스로가 스스로를 깨닫지 못한다면
영원토록 고뇌와 불안 속에서 방황할 것입니다.

나에게 길이 있다

초판 1쇄 발행일 2017년 7월 25일
   2쇄 발행일 2023년 11월 20일

지은이 임순희

펴낸이 김윤
펴낸곳 침묵의 향기
출판등록 2000년 8월 30일, 제1-2836호
주소 10401 경기도 고양시 일산동구 무궁화로 8-28,
   삼성메르헨하우스 913호
전화 031) 905-9425
팩스 031) 629-5429
전자우편 chimmukbooks@naver.com
블로그 http://blog.naver.com/chimmukbooks

ISBN 978-89-89590-67-5 03220

* 책값은 뒤표지에 있습니다.